영어 회화의
결정적 콜로케이션들

Luke Kim 김상혁

UCLA Economics 학사
Oxford Seminars TESOL
(현) 룩룩잉글리쉬 대표 | (현) 강남 파고다 어학원 청취/스피킹 강사
저서 〈영어 회화의 결정적 구동사들〉 〈영어 회화의 결정적 패턴들〉 〈영어 회화의 결정적 상황들〉(사람in), 〈매일 쓰는 미국 영어 회화100〉(넥서스), 〈비즈니스 영어 실수 고침 사전〉(길벗이지톡), 〈중학독서평설(2023~) 월간지〉(지학사)

원어민 검수 Sahara Meyer
Bachelor of Science, Missouri State University
Juris Doctorate, Saint Louis University
(현) 룩룩잉글리쉬 자문위원 | (전) Traill International School 원어민교사
(전) Cambridge University Press 에디터

영어 회화의 결정적 콜로케이션들

지은이 룩룩 잉글리쉬
감수 Sahara Meyer
초판 1쇄 인쇄 2025년 6월 5일
초판 1쇄 발행 2025년 6월 16일

발행인 박효상   편집장 김현   기획·편집 장경희, 오혜순, 이한경, 박지행   디자인 임정현
마케팅 이태호, 이전희   관리 김태옥

기획·편집 진행 김현   교정·교열 최주연
본문·표지 디자인 고희선

종이 월드페이퍼   인쇄·제본 예림인쇄·제본

출판등록 제10-1835호   발행처 사람in   주소 04034 서울시 마포구 양화로 11길 14-10 (서교동) 3F
전화 02) 338-3555(代)   팩스 02) 338-3545   E-mail saramin@netsgo.com
Website www.saramin.com

책값은 뒤표지에 있습니다.
파본은 바꾸어 드립니다.

ⓒ 룩룩 잉글리쉬 2025

ISBN
979-11-7101-169-8 14740
978-89-6049-783-2 (세트)

우아한 지적만보, 기민한 실사구시   사람in

저자 서문

그동안 보지 못했던 콜로케이션 책이 세상에 나오다

어떤 단어들마다 꼭 같이 써야 어울리는 그런 '짝'이 있어요. 연어, 짝꿍이라고 하는 콜로케이션은 자연스럽고 유창한 영어를 구사하는 데 정말 중요한 요소입니다. 하지만 막상 관련 책이 너무 적고, 있다 해도 사전식으로 정리돼 있어서 재미도 없고 지루한 경우가 대부분이에요. 그래서 출판사로부터 콜로케이션 책 집필을 제안받았을 때, 저는 이미 한국은 물론 전 세계에서 출간된 영어 콜로케이션 책들을 거의 다 분석하고 있던 중이라 흔쾌히 수락했죠. '세상에 없던 콜로케이션 책을 만들어 보자!'는 다짐으로 말이에요.

기존 콜로케이션 책은 대부분 리스트 중심이에요. 하지만 이 책은 하나의 이야기가 드라마처럼 진행되는 대화 속에서 콜로케이션이 자연스럽게 등장하고, 상황과 감정 속에서 그 의미와 쓰임이 녹아들게 구성했어요. 주인공 Cassie가 겪는 다양한 에피소드를 따라가다 보면, 어느새 콜로케이션이 '머리가 아닌 감정과 입에 남는' 경험을 하게 될 거예요.

함께 작업한 미국인 친구 Sahara는 이미 〈영어 회화의 결정적 구동사들〉 책에서도 큰 도움을 준 정말 똑똑하고 창의적인 파트너예요. 이번에도 함께 수많은 콜로케이션을 연구하고, 너무 쉽거나 거의 쓰이지 않는 표현은 과감히 걸러냈어요. 언어의 4대 영역에서 모두 유용한 '진짜 원어민이 자주 쓰는 콜로케이션'만을 골라 정성스럽게 담았어요.

본책에는 크게 두 가지 흐름이 있어요. 하나는 Cassie의 이야기를 따라가는 메인 대화이고, 또 하나는 각 장에서 다룬 콜로케이션을 짧은 일상 대화를 통해 정리한 것으로 중요 콜로케이션을 다시 한 번 복습할 수 있게 했어요. 그리고 최신 AI 기술로 제작한 원어민 음성 mp3도 함께 수록했어요. 다양한 억양과 말투, 그리고 실제 말하는 속도까지 경험할 수 있어, 학습자의 '영어 귀'를 확실히 열어 줄 거예요.

영어는 몇 달 단기 몰입으로 끝나는 공부가 아니에요. 문법, 단어, 구동사, 이디엄, 콜로케이션... 그 어떤 것도 단번에 끝나지 않죠. 하지만 중요한 건 그 과정을 즐기며, 반복하고, 익히고, 자신만의 방식으로 영어를 자기 것으로 만들어 가는 거예요. 이 책이 그 여정에 함께하며, 든든한 길잡이가 돼 주기를 바랍니다. 감사합니다.

룩쌤

Message to our Readers:

I am so excited to share this book with you! It has been my passion for a long time to teach English in a way that is logical, informational, and entertaining. Collocations are used constantly, and often unknowingly, by native speakers. It is one of the hardest subjects to learn when studying the English language, and I wanted to present the content in a way that hasn't been seen before.

This book is not a list of collocations for you to memorize. Instead, it presents how collocations are used in real-life dialogues between American-English natives. The collocations I chose to cover in this book are very common, yet at the same time, very challenging. Therefore, the book is organized in a way that purposefully categorizes collocations according to type and/or topic to better your understanding of them and help with retention.

But most excitingly, this book tells a story. I am thrilled to give my readers the chance to learn English through an ongoing and engaging narrative. I hope you enjoy learning more about collocations while also following these lovable characters as they face the trials of everyday real-life scenarios.

From Sahara

이 책의 구성과 특징

콜로케이션(collocation)은 '같이(co)' '놓이는 것(location)'의 의미로, 짝꿍처럼 붙어다니는 단어의 쌍을 말합니다. 조금 어려운 말로 '연어'라고 하는데, 확 다가오지 않지요? 예를 들어, 우리말 '시치미를 떼다'를 '시치미를 떨어뜨리다'라고 하면 어색하고 이상하게 들릴 겁니다. '시치미'라는 단어는 '떼다'라는 동사와 함께 쓰이는 게 자연스러운 것으로 되어 있으니까요.

영어도 그렇게 같이 쓰이는 것들이 있습니다. 예를 들어 '샤워하다'를 do a shower가 아니라 take a shower라고 해야 하고, '결정하다'는 do a decision이 아니라 make a decision이라고 해야 하는 것이죠. 이런 것들이 콜로케이션입니다.

영어에는 수많은 콜로케이션들이 있는데, 외국어 학습자로서 이 많은 것을 다 하기란 불가능합니다. 그럴 필요도 없고요. 원어민들이 일상 회화에서 많이 쓰는 것들을 위주로 배우는 것이 최선의 방법입니다. 그럼 〈영어 회화의 결정적 콜로케이션들〉이 왜 콜로케이션 학습에 최상인지 알아볼까요?

1 원어민 최다 사용 회화 콜로케이션 엄선

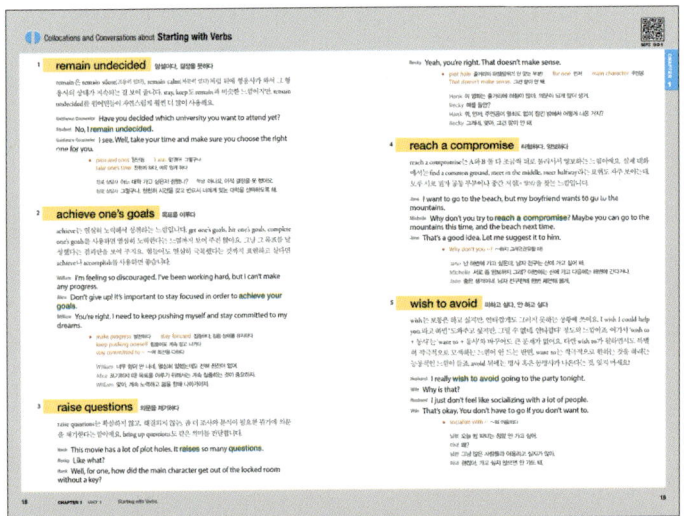

바이링구얼인 한국인 저자와 미국인 감수자가 실제 회화에서 가장 많이 쓰이는 콜로케이션 중에서도 외국인 영어 학습자가 우선적으로 알아야 할 것들을 취합했습니다. 해당 카테고리별로 꼭 알아야 하고 한국인들이 한국어 뜻만으로 잘못 쓸 수 있는 것들이 무엇인지 누구보다 잘 아는 저자의 명쾌한 설명으로 하나를 배우려다 5개를 배우는 효과를 얻게 됩니다.

2   원어민의 생각과 문화가 담긴 구어체 회화가 가득

회화를 위한 회화가 아니라 실제 원어민들의 생활이 녹아 있는 구어체 회화를 담았습니다. 한국어 해석을 보면서 영어로 이게 뭘까 싶은, 콜로케이션 책이지만, 써 보고 싶은 회화 문장이 가득이라서 통째로 외워서 활용한다면 더없이 좋을 회화 자료입니다.

3   스토리라인을 따라 진행되는 본문 전개

효율적인 콜로케이션 학습을 위해 주인공 Cassie가 미국 대학으로 유학을 준비하는 과정부터 새로운 친구들과 만나고 학업을 이어하고 졸업을 하고 직장을 구하면서 새로운 가정을 꾸리는 과정까지 하나의 스토리로 엮었습니다. 언어와 문화가 다를 뿐 현 세대와 공감되는 부분이 많아 등장인물들의 회화에서 유용한 내용을 많이 접할 수 있습니다.

왼쪽의 QR코드를 스캔하시고 '바로듣기'를 탭하세요.
해당 도서의 음원을 바로 들으실 수 있습니다.
반복 재생과 속도 조절도 가능합니다.

차례

저자 서문 ··· 4
이 책의 구성과 특징 ·· 6
주요 등장인물 소개 ·· 12

CHAPTER 1 WHERE TO START? 콜로케이션의 출발

UNIT 1 Starting with Verbs 동사 콜로케이션 ··· 16
UNIT 2 Starting with Adjectives 형용사 + 명사 콜로케이션 ························ 20
UNIT 3 Starting with Adverbs 부사 콜로케이션 ··· 24
UNIT 4 Starting with Nouns 명사 콜로케이션 ··· 28
UNIT 5 Starting with Prepositions 전치사 콜로케이션 ·································· 32

CHAPTER 2 TAKING ACTION 실행하기

UNIT 1 To Be and to Have 동사 be, have 콜로케이션 ··································· 40
UNIT 2 To Go and to Take 동사 go, take 콜로케이션 ···································· 44
UNIT 3 To Do and to Pay 동사 do, pay 콜로케이션 ······································ 48
UNIT 4 To Get and to Come 동사 get, come 콜로케이션 ····························· 52
UNIT 5 To Make and to Keep 동사 make, keep 콜로케이션 ························ 56

CHAPTER 3 THE WAYS TO CHANGE 변화하는 방법

UNIT 1 Goodness Modifiers 좋고 나쁜 정도를 나타내는 형용사, 부사 콜로케이션 ········ 64
UNIT 2 Consistency Modifiers 지속성 관련 형용사, 부사 콜로케이션 ················ 68
UNIT 3 Pace Modifiers 속도 관련 형용사, 부사 콜로케이션 ····························· 72
UNIT 4 Clarity Modifiers 명확함의 정도를 나타내는 형용사, 부사 콜로케이션 ········ 76
UNIT 5 Degree Modifiers 정도를 나타내는 형용사, 부사 콜로케이션 ················ 80

CHAPTER 4   WORLD AROUND ME 나를 둘러싼 세계

UNIT 1	Weather 날씨	88
UNIT 2	Countryside 시골	92
UNIT 3	Nature 자연	96
UNIT 4	Around a City 도시 주변	100
UNIT 5	A New Place 새집	104

CHAPTER 5   TRAITS AND EXPRESSIONS 특성과 표현

UNIT 1	Feelings 감정	112
UNIT 2	Appearances 외모	116
UNIT 3	Personalities 성격	120
UNIT 4	Behaviors 행동	124
UNIT 5	Colors and Traits 색깔과 특성	128

CHAPTER 6   RELATIONSHIPS 인간관계

UNIT 1	Friendship 감정	136
UNIT 2	Family 가족	140
UNIT 3	Childhood Memories 어린 시절의 추억	144
UNIT 4	Dating 데이트	148
UNIT 5	Attraction 매력	152

CHAPTER 7   ACADEMICS 학업

UNIT 1	School Life 학교생활	160
UNIT 2	Studying 공부	164
UNIT 3	Computers 컴퓨터	168
UNIT 4	Beliefs and Opinions 믿음과 의견	172
UNIT 5	A Fresh Start 새로운 시작	176

CHAPTER 8 — HOBBIES AND INTERESTS 취미와 관심사

- UNIT 1 Sports 스포츠 184
- UNIT 2 Books 책 188
- UNIT 3 Movies 영화 192
- UNIT 4 Music 음악 196
- UNIT 5 Eating Out 외식 200

CHAPTER 9 — WORK 일

- UNIT 1 Getting a Job 직장 잡기 208
- UNIT 2 Types of Jobs 직업의 종류 212
- UNIT 3 Earning Money 돈 벌기 216
- UNIT 4 Work Hours 근무 시간 220
- UNIT 5 Job Tasks 업무 224

CHAPTER 10 — HOUSING 주택

- UNIT 1 Buying or Renting 매매냐 임대냐 232
- UNIT 2 Spending Money 돈 사용 236
- UNIT 3 Deciding and Choosing 결정과 선택 240
- UNIT 4 Preparing a Meal 식사 준비 244
- UNIT 5 A House-warming Party 집들이 248

CHAPTER 11 — BUSINESS 사업

- UNIT 1 Starting a Business 사업 시작 256
- UNIT 2 Competition 경쟁 260
- UNIT 3 Gaining Success 성공의 획득 264
- UNIT 4 Dealing with Failure 실패에 대처하기 268
- UNIT 5 Travel 여행 272

CHAPTER 12 LOVE AND MARRIAGE 사랑과 결혼

- UNIT 1 Falling in Love 사랑에 빠지다 ········ 280
- UNIT 2 Engagement 약혼 ········ 284
- UNIT 3 Disagreements 의견 충돌 ········ 288
- UNIT 4 Marriage and Divorce 결혼과 이혼 ········ 292
- UNIT 5 Beginnings and Endings 시작과 끝 ········ 296

CHAPTER 13 HEALTH 건강

- UNIT 1 Injuries 부상 ········ 304
- UNIT 2 Illnesses 병 ········ 308
- UNIT 3 Treatment 치료 ········ 312
- UNIT 4 Pregnancy 임신 ········ 316
- UNIT 5 Results and Outcomes 결과 ········ 320

INDEX ········ 326

주요 등장인물 소개

Cassie
주인공(캐나다인)

성격: 소심하고 걱정이 많지만 친절하고 헌신적인 성격

관심사: 미스터리·판타지 소설, 코미디·판타지 영화, 매운 음식, 초콜릿

가족: 외동딸, 부모님과 친밀한 관계

직업: 저널리즘 전공 → 학교 신문 기자 → 지역 신문사 기자

연애: Ben과 연인

Amber
Cassie의 절친(미국인)

성격: 외향적이고 명랑하며 미신을 믿음

관심사: 점성술, 인디 영화, 대체 음악

가족: 부모 이혼 (10살 때)

직업: 영어 전공 → 식당 아르바이트 → 카피에디터

연애: Derek과 연인

Shawn
Cassie의 남사친(미국인)

성격: 유머러스하고 사교적이며 자신감 넘침

관심사: 패션, 미스터리 소설, 음악 페스티벌

가족: 부모님, 형

직업: 금융 전공 → 리테일 아르바이트 → 금융회사 근무

연애: Jesse와 연인

Ben
Cassie의 연인(미국인)

성격: 수줍음 많지만 착하고 여유로운 성격

관심사: IT, 코미디·판타지 영화, 매운 음식

가족: 입양아, 부모 이혼, 새어머니 있음

직업: IT 전공 → IT 회사 근무 → 창업

Derek
Cassie와 친구이자 Ben의 절친(미국인)

성격: 직설적이고 논쟁을 좋아하지만 충성심 강함

관심사: 농구, 인디 영화, 스포츠

가족: 싱글맘 밑에서 성장, 여동생 두 명

직업: 금융 전공 → 금융회사 근무 (Shawn 취업을 도와줌)

연애: 처음엔 Cassie에게 관심 → 나중에 Amber와 연인

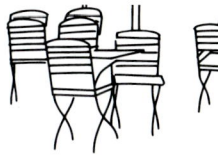

Rachel
Cassie의 어린 시절 친구(캐나다인)

성격: 긍정적이고 다정하며 약간 장난기 있음

CHAPTER 1
WHERE TO START?
콜로케이션의 출발

 왼쪽의 QR코드를 스캔하시고 '바로듣기'를 탭하세요.
해당 도서의 음원을 바로 들으실 수 있습니다.
반복 재생과 속도 조절도 가능합니다.

UNIT 1
Starting with Verbs
동사 콜로케이션

(Cassie is talking to her best friend Rachel about college applications. Cassie wants to study in the U.S., but doesn't think her parents will be okay with it.)

Rachel Hi Cassie, how's it going?

Cassie Hey, Rachel. It's okay.

Rachel Are you still stressed about your college applications?

Cassie How did you know?

Rachel I'm your best friend, of course, I know.

Cassie The problem is: I want to study abroad, but my parents want me to stay close to home.

Rachel Well, you can't [1]**remain undecided** for too long. The deadlines are approaching fast.

Cassie I know.

Rachel Why don't you apply to schools here and abroad?

Cassie I can't afford all those application fees. What I really want is to study in the U.S., but I know my parents won't like that very much.

Rachel Cassie, it's your life. You know what you have to do to [2]**achieve your goals**. If you want to study in the U.S., then apply to schools in the U.S. and just don't tell them.

Cassie But they've already started [3]**raising questions** about my applications.

Rachel Then maybe you should try and talk to them. I'm sure you will be able to [4]**reach a compromise** with them if you explain your reasons why you want to go there.

Cassie That's a conversation I'd [5]**wish to avoid**. I don't know what I'll do.

---

be stressed about ~ ~에 스트레스 받다   can't afford ~ ~할 형편이 안 되다

(Cassie는 가장 친한 친구 Rachel과 대학 지원에 대해 이야기 중이다. Cassie는 미국에서 공부하고 싶지만 부모님이 좋아하지 않을 거라고 생각한다.)

Rachel 안녕, Cassie, 어떻게 지내?

Cassie 안녕, Rachel. 그냥 괜찮아.

Rachel 대학 지원 때문에 아직도 스트레스야?

Cassie 어떻게 알았어?

Rachel 그야 내가 네 베프니까, 당연히 알지.

Cassie 문제는, 난 외국에서 공부하고 싶은데, 부모님은 집 가까운 곳에서 공부하길 바라서.

Rachel 음, 그렇게 계속 망설이고 있을 순 없어. 원서 마감일이 빠르게 다가오는데.

Cassie 알아.

Rachel 국내랑 해외 학교에 다 지원하는 건 어때?

Cassie 그 지원 수수료를 다 감당할 수가 없어. 난 정말 미국에서 공부하고 싶은데, 부모님이 그걸 별로 좋아하지 않을 거라는 걸 알거든.

Rachel Cassie, 네 인생이야. 목표를 이루려면 뭘 해야 하는지 네가 알잖아. 미국에서 공부하고 싶으면 미국에 있는 학교에 지원하고, 부모님께는 그냥 말씀드리지 마.

Cassie 그런데 이미 부모님이 원서 지원 관련해서 묻기 시작하셨어.

Rachel 그럼 부모님하고 대화를 해 봐. 미국 대학에 가고 싶은 이유를 설명하면 부모님과 타협점을 찾을 수 있을 거야.

Cassie 그 대화는 피하고 싶어. 뭘 어떻게 해야 할지 모르겠어.

Collocations and Conversations about **Starting with Verbs**

1 remain undecided 망설이다, 결정을 못하다

remain은 remain silent(조용히 있다), remain calm(차분히 있다)처럼 뒤에 형용사가 와서 그 형용사의 상태가 지속되는 걸 보여 줍니다. stay, keep도 remain과 비슷한 느낌이지만, remain undecided를 원어민들이 자연스럽게 훨씬 더 많이 사용해요.

Guidance Counselor Have you decided which university you want to attend yet?
Student No, I **remain undecided**.
Guidance Counselor I see. Well, take your time and make sure you choose the right one for you.

- pros and cons 장단점   I see. 알겠어. 그렇구나
  take one's time 천천히 하다, 여유 있게 하다

  진로 상담사 어느 대학 가고 싶은지 정했니?   학생 아니요, 아직 결정을 못 했어요.
  진로 상담사 그렇구나. 천천히 시간을 갖고 반드시 너에게 맞는 대학을 선택하도록 해.

2 achieve one's goals 목표를 이루다

achieve는 열심히 노력해서 성취하는 느낌입니다. get one's goals, hit one's goals, complete one's goals를 사용하면 열심히 노력한다는 느낌까지 보여 주진 않아요. 그냥 그 목표를 달성했다는 결과만을 보여 주지요. 힘들어도 열심히 극복했다는 것까지 표현하고 싶다면 achieve나 accomplish를 사용하면 좋습니다.

William I'm feeling so discouraged. I've been working hard, but I can't make any progress.
Alice Don't give up! It's important to stay focused in order to **achieve your goals**.
William You're right. I need to keep pushing myself and stay committed to my dreams.

- make progress 발전하다   stay focused 집중하다, 집중 상태를 유지하다
  keep pushing oneself 힘들어도 계속 밀고 나가다
  stay committed to ~ ~에 최선을 다하다

  William 너무 힘이 안 나네. 열심히 일했는데도 전혀 진전이 없어.
  Alice 포기하지 매 목표를 이루기 위해서는 계속 집중하는 것이 중요하지.
  William 맞아. 계속 노력하고 꿈을 향해 나아가야지.

3 raise questions 의문을 제기하다

raise questions는 확실하지 않고, 해결되지 않는, 좀 더 조사와 분석이 필요한 뭔가에 의문을 제기한다는 말이에요. bring up questions도 같은 의미를 전달합니다.

Hank This movie has a lot of plot holes. It **raises** so many **questions**.
Becky Like what?
Hank Well, for one, how did the main character get out of the locked room without a key?

Becky Yeah, you're right. That doesn't make sense.

- plot hole 줄거리의 허점(앞뒤가 안 맞는 부분)   for one 먼저   main character 주인공
  That doesn't make sense. 그건 말이 안 돼.

Hank 이 영화는 줄거리에 허점이 많아. 의문이 되게 많이 생겨.
Becky 예를 들면?
Hank 뭐, 먼저, 주인공이 열쇠도 없이 잠긴 방에서 어떻게 나온 거지?
Becky 그러네, 맞아. 그건 말이 안 돼.

4 reach a compromise 타협하다, 양보하다

reach a compromise는 A와 B 둘 다 조금씩 뒤로 물러서서 양보하는 느낌이에요. 실제 대화에서는 find a common ground, meet in the middle, meet halfway라는 표현도 자주 보이는데, 모두 서로 뭔가 공통 부분이나 중간 지점(= 양보)을 찾는 느낌입니다.

Jane I want to go to the beach, but my boyfriend wants to go to the mountains.
Michelle Why don't you try to **reach a compromise**? Maybe you can go to the mountains this time, and the beach next time.
Jane That's a good idea. Let me suggest it to him.

- Why don't you ~? ~하지 그래?(권유할 때)

Jane 난 해변에 가고 싶은데, 남자 친구는 산에 가고 싶어 해.
Michelle 서로 좀 양보하지 그래? 이번에는 산에 가고 다음에는 해변에 간다거나.
Jane 좋은 생각이네. 남자 친구한테 한번 제안해 볼게.

5 wish to avoid 피하고 싶다, 안 하고 싶다

wish는 보통은 하고 싶지만, 안타깝게도 그러지 못하는 상황에 쓰여요. I wish I could help you.라고 하면 '도와주고 싶지만, 그럴 수 없네. 안타깝다' 정도의 느낌이죠. 여기서 'wish to + 동사'는 'want to + 동사'와 바꾸어도 큰 문제가 없어요. 다만 wish to가 원하면서도 특별히 적극적으로 모색하는 느낌이 안 드는 반면, want to는 적극적으로 원하는 것을 하려는 능동적인 느낌이 들죠. avoid 뒤에는 명사 혹은 동명사가 나온다는 것, 잊지 마세요!

Husband I really **wish to avoid** going to the party tonight.
Wife Why is that?
Husband I just don't feel like socializing with a lot of people.
Wife That's okay. You don't have to go if you don't want to.

- socialize with ~ ~와 어울리다

남편 오늘 밤 파티는 정말 안 가고 싶어.
아내 왜?
남편 그냥 많은 사람들과 어울리고 싶지가 않아.
아내 괜찮아. 가고 싶지 않으면 안 가도 돼.

UNIT 2
Starting with Adjectives
형용사 + 명사 콜로케이션

(Cassie talks to her parents about her college applications. She ends up telling them she wants to study in the US.)

Mom Pickle! There you are.

Dad [1]**Perfect timing**; we were just discussing your college applications. Have you finished filling them all out?

Cassie I have most of them done.

Dad That's a [2]**huge relief**; the deadlines are coming up soon.

Mom Finally, my daughter is going to college! College will be an [3]**unforgettable experience**!

Dad Yes, you will have some [4]**remarkable achievements** in the future, with the right college education. So where have you applied to?

Cassie I know you want me to study nearby, but…

Mom Yes, we do, but if you want to go somewhere further away, we understand.

Dad Even if it's across the country, as long as the school is good, we support that.

Cassie But the thing is, I know this is a [5]**controversial topic**, but I want to study abroad.

Mom What?

Dad Where?

Cassie I want to study in the U.S.

Pickle은 Cassie를 친근하게 부르는 애칭 표현

(Cassie는 부모님과 대학 지원에 대해 이야기한다. 결국 미국에서 공부하고 싶다고 말한다.)

엄마 Pickle! 여기 있었구나.

아빠 타이밍 기가 막히네. 우리 방금 네 대학 지원에 대해 이야기하고 있었어. 지원서는 다 쓴 거니?

Cassie 거의 다 했어요.

아빠 정말 다행이다. 마감이 얼마 남지 않았잖아.

엄마 드디어 우리 딸이 대학에 가네! 대학은 잊지 못할 경험이 될 거야!

아빠 그래, 대학 교육을 제대로 받으면 앞으로 놀라운 성취를 이룰 거야. 그래서 어디에 지원했어?

Cassie 엄마, 아빠는 제가 가까운 곳에서 공부하길 원하시는 건 아는데요…

엄마 그래, 그랬으면 하지만 좀 더 멀리 가고 싶다면 그것도 이해해.

아빠 전국 어디든, 학교만 좋다면 엄마, 아빠는 응원하지.

Cassie 하지만 문제는, 논쟁의 여지가 있겠지만, 전 외국에서 공부하고 싶어서요.

엄마 뭐?

아빠 어디에서?

Cassie 미국에서 공부하고 싶어요.

Collocations and Conversations about Starting with Adjectives

1 perfect timing 딱 맞는 타이밍

perfect 자체가 100%라는 말이라서 정말 타이밍이 기가 막힐 때 사용하면 좋아요. 물론 right timing, good timing, great timing 등도 비슷한 뜻이기는 하지만, perfect timing만큼 강하진 않습니다.

Paula I just finished baking the cake. Can you help me take it out of the oven?
James Sure thing! That's **perfect timing**. The guests should be arriving very soon.

- Sure thing! (= Sure!) 당연하지. 물론이지.
  should ~할 예정이다(will의 의미지만 좀 부드러운 느낌)

Paula 방금 케이크 다 구웠어. 오븐에서 꺼내는 것 좀 도와줄래?
James 그럼! 타이밍 딱이다. 손님들이 곧 도착할 거니까.

2 huge relief 큰 안도

relief와 가장 어울리는 형용사는 big, great, huge인데요, huge relief가 안도를 좀 더 강하게 표현합니다. big, great, huge 말고도 다른 표현을 사용할 수는 있지만, large relief처럼 좀 어색하게 들리는 표현들이 있으니, 이 세 가지 표현만 가져가세요.

Katherine I just got my test results back and I passed!
Lauren Congratulations! That must be a **huge relief**.
Katherine It definitely is. I was so worried about failing.

Katherine 방금 시험 결과를 받았는데 나 합격했어!
Lauren 축하해! 마음 푹 놓이겠다.
Katherine 정말 그래. 떨어질까 봐 엄청 걱정했거든.

3 unforgettable experience 잊을 수 없는 경험

말 그대로 forget할 수 없을 정도로 뇌리에 팍 남는 경험이니 상황에 따라 life-changing experience(인생을 바꿀 정도의 경험), once-in-a-lifetime experience(평생 한 번 있을 법한 경험)로도 표현 가능해요. 추가로 unforgettable memory(잊을 수 없는 추억)도 같이 기억하는 걸 추천합니다.

Marcus That was such an amazing concert!
Peter I'm so glad you enjoyed it.
Marcus It was truly an **unforgettable experience**. I'll never forget tonight.

Marcus 정말 멋진 콘서트였어!
Peter 즐거웠다니 정말 기쁘네.
Marcus 정말 잊을 수 없는 경험이었어. 오늘 밤을 절대 잊지 못할 거야.

4 remarkable achievements 놀라운 성취/성과

remarkable은 '주목할 만한, 언급할 만한 가치가 있는'이란 뜻이에요. 그래서 remarkable progress(대단한 발전), remarkable talent(대단한 재능) 같은 표현도 종종 볼 수 있습니다.

Roger　I just read about some **remarkable achievements** in the field of science.
Tonya　Really? What kind of achievements?
Roger　Well, they've made a lot of progress in developing treatments for certain diseases.
Tonya　That's amazing. It's great to see the impact that science can have on people's lives.

> Roger　최근 과학 분야에서 나온 놀라운 성과에 대해 읽었어.
> Tonya　정말? 어떤 성과인데?
> Roger　음, 특정 질병에 대한 치료법 개발에서 많은 발전을 했더라고.
> Tonya　대단하다. 과학이 사람들의 삶에 미치는 영향을 보면 참 뿌듯해.

5 controversial topic 논쟁적인 주제

controversial topic은 낙태, 총기 소유, 이민처럼 찬반이 나누어져 다투는 주제이고, sensitive topic은 개인적인 사생활 문제나, 돈 문제, 종교 문제 등 약간 민감한 주제를 말해요. 물론 양쪽에 다 속하는 주제도 있겠죠. controversial issue(논쟁적인 이슈), controversial decision(논쟁적인 결정)도 같이 기억해 주세요!

Victor　I was reading about a **controversial topic** in the news today.
Simon　What was it about?
Victor　It's about a proposed law that would limit access to certain medical procedures.
Simon　That does sound controversial. I know a lot of people who would be against that.

- medical procedure 의료 시술

> Victor　오늘 뉴스에 나온 논란의 여지가 있는 주제에 관해 읽었어.
> Simon　뭐에 관한 내용인데?
> Victor　특정 의료 시술에 대한 접근을 제한하는 법안 상정에 관한 거야.
> Simon　정말 논란이 될 만하네. 그것에 반대하는 사람들을 내가 많이 알고 있거든.

UNIT 3
Starting with Adverbs
부사 콜로케이션

(Cassie talks to Rachel about her conversation with her parents.)

Rachel So, did you talk to them?

Cassie Yeah…

Rachel How did it go?

Cassie Well, I'm **¹not entirely satisfied** with how the conversation went.

Rachel Why not?

Cassie They didn't say it, but I could tell that they don't want me to study abroad. They really want me to stay here to go to college. I **²desperately need** to find a way to convince them.

Rachel Do you think you can?

Cassie I don't know. Maybe I can convince my mom, but sometimes it is **³utterly impossible** to change my dad's mind once it's made up.

Rachel Yeah, **⁴I'm fully aware** of what your dad is like.

Cassie What should I do?

Rachel I told you already; just apply without them knowing. When is the deadline?

Cassie Two weeks from Friday. I **⁵distinctly remember** because it's also the last day of school.

(캐시는 레이첼과 부모님과의 대화에 대해 이야기한다.)

Rachel 그래서 부모님이랑 얘기했어?

Cassie 응…

Rachel 어떻게 됐어?

Cassie 글쎄, 대화가 그리 만족스럽게 흘러가진 않았어.

Rachel 왜 잘 안 흘러갔는데?

Cassie 말씀은 안 하셨지만, 내가 외국에서 공부하는 걸 원치 않으신다는 건 알았어. 내가 정말 여기에서 대학을 다니면 해서. 부모님을 설득할 방법을 꼭 찾아야 하는데.

Rachel 설득할 수 있을 거 같아?

Cassie 모르겠어. 엄마는 아마도 설득할 수 있을지 몰라도, 아빠는 한번 마음먹으면 절대로 돌릴 수 없을 때가 있거든.

Rachel 그래. 나도 네 아빠가 어떤 분인지 잘 알지.

Cassie 어떻게 해야 하지?

Rachel 이미 말했잖아. 그냥 부모님 모르게 지원해. 마감일이 언제야?

Cassie 이번 금요일로부터 2주 후야. 학교 마지막 날이기도 해서 확실히 기억해.

Collocations and Conversations about Starting with Adverbs

1 **not entirely satisfied** 썩 만족스럽지 않은

'만족스러운' 하면 satisfied가 가장 많이 나오는데요, 정말 만족스러울 때는 I'm fully satisfied. 표현을 사용하고, 조금 부족한 점이 있을 때는 I'm not entirely satisfied. 또는 I'm not fully satisfied.를 사용해 보세요.

Waiter   Are you finished with your meal, ma'am?
Woman   Yes, but I'm **not entirely satisfied** with it.
Waiter   I'm sorry to hear that. What seems to be the issue?
Woman   It's not that it's bad, but it just doesn't taste as good as I was expecting.

- It's not that ~, but it just ... ~한 건 아니고, …이다

웨이터 식사 다 하셨어요?
여성 네, 그런데 식사가 썩 만족스럽진 않네요.
웨이터 아, 죄송합니다. 어떤 점이 문제일까요?
여성 나쁘진 않은데, 제가 기대한 것만큼 맛있지가 않아요.

2 **desperately need** 몹시 필요하다

desperately need는 필요함의 정도를 최고로 강하게 나타낸 표현이라고 생각하시면 돼요. really need, need badly, urgently need 등도 사용할 수 있지만, desperately need는 당장 안 하면 안 된다는 긴급함을 강하게 전달합니다.

Nina   I **desperately need** your help with something.
Zachary   Of course, what can I do for you?
Nina   I'm moving to a new apartment this weekend, and I need help moving my furniture.
Zachary   Sure thing! I'd be happy to help.

- Sure thing! 당연하죠(상대방 말에 강하게 동의, 맞장구 침)

Nina 네 도움이 몹시 필요해.
Zachary 그래. 뭘 도와주면 될까?
Nina 이번 주말에 새 아파트로 이사하거든. 가구 옮기는 데 도움이 필요해.
Zachary 당근이지! 도와줄게.

3 **utterly impossible** 완전히 불가능한

impossible 앞에 utterly가 나옴으로써 정말 불가능한 것의 극단을 보여주는 느낌이 듭니다. utterly는 utterly ridiculous(완전 어이없는), utterly amazing(완전 멋진)처럼도 종종 쓰여요.

Sarah   I'm supposed to finish this report by the end of the day, but there's still so much work left to do.
Vivian   Maybe you can just prioritize and do the most important tasks first.
Sarah   I still won't get it all done. It's **utterly impossible**!

- prioritize 우선순위를 정하다

Sarah 오늘까지 이 보고서 끝내야 하는데, 아직도 할 일이 너무 많아.
Vivian 우선순위를 정해서 가장 중요한 일부터 먼저 하면 되잖아.
Sarah 그래도 다 할 수는 없어. 완전히 불가능하다고!

4 be fully aware 충분히 인지하다

fully understand, completely understand와 같은 표현을 사용해도 좋아요. 정말 casual한 상황에서는 know for sure, know exactly 식으로 종종 말하기도 합니다.

Investor 1 **Are you fully aware** of the risks involved in this project?
Investor 2 Yes, I am, and I understand the potential challenges we may face.
Investor 1 That's good to hear. It's important to know what we're getting into.

- potential 잠재적인   face 접하다   get into ~ ~를 (시작)하나(여기서는 '투자하다')

투자자 1 이 프로젝트와 관련된 위험을 충분히 인지하고 있나요?
투자자 2 네, 우리가 직면할 수 있는 잠재적인 어려움도 이해하고 있어요.
투자자 1 다행이네요. 우리가 무슨 일에 투자하는지는 알아야 하니까요.

5 distinctly remember 확실히 기억하다

이 표현은 확실히 머릿속에 그림 그리듯이 떠오르는 기억을 말할 때 사용해요. 물론 casual하게 clearly remember, vividly remember도 많이 사용합니다.

Paige Hi, how are you?
Naomi I'm sorry, do I know you?
Paige Yes. I **distinctly remember** meeting you at the New Year's Eve party four years ago.
Naomi Oh, really? I'm sorry, but I don't remember meeting you.

- Do I know you? 저 아세요?(Do you know me?로 말하지 않도록 하세요.)

Paige 안녕하세요, 어떻게 지내세요?
Naomi 죄송한데, 저 아세요?
Paige 네, 4년 전에 새해 전야 파티에서 만났던 걸 확실히 기억해요.
Naomi 오, 정말요? 죄송하지만, 전 본 기억이 없네요.

UNIT 4
Starting with Nouns
명사 콜로케이션

(Cassie's parents come to talk to her and try to convince her to study close to home.)

Dad Pickle, can we talk?

Cassie Sure, what's up?

Dad We understand you want to apply to schools in the U.S., but we would prefer it if you stayed closer to home.

Mom But we still want you to have your independence. You can still get [1]**a place of your own**.

Dad And, in exchange, we will plan a trip to America before you start.

Mom Just for visit, as a family vacation, wouldn't that be nice?

Cassie …Ummm… I guess… Maybe it would be [2]**a waste of time** to apply anyways.

Mom Why do you think that?

Cassie I've been looking at the admission rates, and I doubt I have the grades to get in anywhere.

Mom Don't say that. You're a great student. But America is just so far, far away.

Dad And it's not necessary for you to travel so far to get a good education. The universities here are just as good.

Mom But ultimately, it is your [3]**choice to make**.

Cassie Maybe I will just study close to home.

Dad Fantastic!

Mom That's [4]**a cause for celebration**. Let's go get some ice cream!

Dad Yes, and just remember that no matter where you go, college will be [5]**the time of your life**.

---

in exchange 그 대신, 답례로

(Cassie 부모님이 Cassie에게 집 근처에서 공부하라고 설득한다.)

아빠 Pickle, 우리 이야기 좀 할까?

Cassie 네, 무슨 일인데요?

아빠 우리도 네가 미국에 있는 학교에 지원하고 싶어 하는 거 이해해. 그런데 엄마, 아빠는 네가 좀 더 집 가까운 데 있으면 좋겠어.

엄마 하지만 엄마, 아빤 네가 독립하기를 바라기도 해. (국내에 있어도) 너만의 공간을 가질 수 있잖아.

아빠 대신, 대학 가기 전에 미국 여행 계획을 짜 보는 거야.

엄마 그냥 가족 여행으로 한 번 가 보는 거지. 괜찮지 않니?

Cassie …음, 네… 아무래도 지원하는 게 시간 낭비일지도 모르겠어요.

엄마 왜 그런 생각을 하는데?

Cassie 입학률을 보니까, 제 성적으론 어디에도 합격할 수 있을 것 같지가 않아요.

엄마 그런 말 하지 마. 네가 얼마나 훌륭한 학생인데. 그냥 미국이 너무 멀어서 그래.

아빠 그리고 좋은 교육 받으려고 꼭 그렇게 멀리 가야 할 필요는 없어. 여기 대학들도 충분히 좋잖아.

엄마 하지만 결국엔 선택은 네가 하는 거야.

Cassie 그냥 가까운 곳에서 공부해야겠어요.

아빠 그래, 잘 결정했어!

엄마 축하할 일이네. 우리 아이스크림 먹으러 가자!

아빠 그래, 그리고 어디로 가든 대학 생활이 네 인생의 소중한 시간이 될 거라는 걸 기억하렴.

Collocations and Conversations about Starting with Nouns

1 a place of one's own ~만의 공간

'나만의 공간'은 place of my own이라고 하면 되는데, my own place라고 해도 좋아요. 상대방(원어민)이 place of my own이라고 할 때 이해할 수 있으면 되니까요. '공간'이라는 단어 space를 사용해서 my own space라고 해도 좋습니다.

Mary   I have some exciting news.
Kyle   Tell me!
Mary   I'm thinking about moving out of my parent's house and getting **a place of my own**.
Kyle   That's such a big step. Are you sure you're ready to have your own space?

Mary   정말 신나는 소식이 있어.
Kyle   말해 봐!
Mary   부모님 집을 나와서 나만의 공간을 구하려고 해.
Kyle   정말 큰 결정이네. 정말 너만의 공간을 가질 준비가 된 거야?

2 a waste of time 시간 낭비

a waste of time은 말 그대로 (소셜 미디어를 멍하니 보는 것 같이) 쓸데없이, 목적 없이 시간을 낭비할 때 사용해요. 비슷한 느낌의 형용사 표현으로 pointless(무의미한), inefficient(낭비가 많은, 비능률적인) 등이 있습니다.

Isaac   What did you do this weekend?
Bryan   Nothing, I just stayed home and watched TV.
Isaac   Really? I feel like watching TV all day is **a waste of time**. I prefer to be more productive on the weekends.

Isaac   이번 주말에 뭐 했어?
Bryan   아무것도 안 했어. 그냥 집에서 TV만 봤어.
Isaac   정말? 난 온종일 TV 보는 건 시간 낭비인 것 같아. 주말에는 좀 더 생산적으로 보내는 게 좋아.

3 choice to make 할 선택

I made a choice.(난 선택했다.), I have a choice to make.(난 선택할 것이 있어.)처럼 make a choice는 '선택하다'라는 뜻이에요. 좀 더 캐주얼하게 말할 때는 call을 써서 It's your call.(네가 알아서 결정해.)라고도 합니다. choice to make는 말 그대로 '할 선택'인데, call to make라고 해도 괜찮아요. 함께 기억하면 좋은 표현은 make a decision(결정하다)이에요.

Claire   I have a big **choice to make**, and I don't know what to do.
Evan   What's the choice you're facing?
Claire   I have two job offers. One pays more and the other is in a field that I'm really interested in. I don't know which one to take.

Claire 정말 큰 결정을 내려야 하는데 어떻게 해야 할지 모르겠어.
Evan 어떤 선택을 해야 하는데?
Claire 두 직장에서 입사 제의를 받았는데, 한 곳은 돈을 더 주고, 다른 한 곳은 내가 정말 관심 있는 분야거든. 어떤 걸 선택해야 할지 모르겠어.

4 a cause for celebration 축하할 일/이유

비슷한 표현으로 a reason to celebrate, something to celebrate가 있어요. 뭔가 큰 축하할 일이 있을 때 사용해 보세요!

Athlete 1 We just got the news that our team won the championship!
Athlete 2 This is definitely **a cause for celebration**!
Athlete 1 We should plan a party to celebrate.

선수 1 우리 팀이 우승했다는 소식 들었어!
선수 2 이거 정말 축하할 일인데!
선수 1 축하 파티를 계획해야겠어.

5 the time of one's life 최고의 시간

이 표현에서 the time은 일반적인 행복한 경험을 말해요. 이것을 강조하고 싶다면 the best time이라고 할 수 있죠. casual하게는 blast라는 표현도 많이 써요. 또 최고의 시간이 있으면 최악의 시간도 있을 수 있는데, 그때는 the worse time of one's life이라고 하면 됩니다.

Hannah I'm so excited about our trip to Hawaii next week.
Jody Me too! It's going to be **the time of our lives**!
Hannah I couldn't agree more. I've always wanted to visit Hawaii, and I can't wait to explore all the amazing sights.

- I couldn't agree more. 정말 그래.(너무 동의해서 이보다 더 많이 동의할 수는 없다는 느낌)
  can't wait to + 동사 어서 빨리 ~하고 싶다

Hannah 다음 주에 있을 하와이 여행이 정말 기대돼.
Jody 나도! 이번 여행이 우리 인생 최고의 시간이 될 거야!
Hannah 나도 그렇게 생각해. 항상 하와이를 가고 싶었는데, 어서 빨리 멋진 장소들을 둘러보고 싶다.

UNIT 5

Starting with Prepositions
전치사 콜로케이션

(Cassie talks to Rachel about deciding to apply to college in the U.S. and not tell her parents.)

Cassie I've decided to apply to three colleges in the U.S.

Rachel That's great! Good for you!

Cassie Thanks! I know when I was younger, I wanted to stay here after school to study journalism, but, [1]**in recent years**, I've wanted to study in the U.S. more and more.

Rachel You know I'll miss you, but I think I've known [2]**for a while** that you would probably go abroad when we graduate.

Cassie I'll miss you too.

Rachel So, are you telling your parents?

Cassie No. I'm applying [3]**without their knowledge**. I feel like I'm [4]**at a stage in my life** where I should decide for myself where to study. Plus, I know they don't approve.

Rachel Exactly, decide for yourself [5]**for a change**.

Cassie Besides, I don't see why I would tell my parents [6]**at the moment** because maybe I won't even get into any of them.

Rachel I'm sure you will get accepted to all of them, and you'll get to go to the school [7]**of your choice**. But wait, didn't you say the deadline was soon?

Cassie Yeah, but I'm sending them off with an express service. I've checked, and they can get the applications to the U.S. [8]**in plenty of time**.

Rachel But, Cassie. The post office closes in 30 minutes, and it will be closed for the next three days for the holidays!

Cassie Oh no! That's [9]**just my luck!** I better go mail these off [10]**as soon as possible** then! Bye!

(Cassie가 Rachel에게 미국 대학에 지원하기로 결정하고 부모님께 말하지 않기로 한 것에 대해 이야기한다.)

Cassie 나 미국 대학 세 곳에 지원하기로 했어.

Rachel 잘했다! 잘됐어!

Cassie 고마워! 어렸을 때는 고등학교 졸업하고 여기(국내)에서 저널리즘 공부하고 싶었는데, 최근에는 더더욱 미국에서 공부하고 싶어졌어.

Rachel 네가 보고 싶겠지만, 난 네가 졸업하면 유학 갈지도 모르겠다고 예전부터 알고 있었던 것 같아.

Cassie 나도 네가 보고 싶을 거야.

Rachel 그럼, 이제 부모님께 말할 거야?

Cassie 아니, 부모님 몰래 지원할 거야. 이젠 어디서 공부할지 스스로 결정해야 할 시기라고 생각해. 또 부모님이 허락하지 않으실 거라는 것도 알고.

Rachel 그래. 기분 전환 차원에서 한번 스스로 결정해 봐.

Cassie 게다가 지금 당장 부모님께 말할 이유도 없어. 어쩌면 어느 대학에도 합격 못할 수도 있으니까.

Rachel 분명 모든 대학에 합격해서 네가 원하는 학교를 골라 갈 수 있을 거야. 잠깐만, 마감일이 얼마 안 남았다고 하지 않았어?

Cassie 응, 그런데 특급 배송 서비스로 보낼 거야. 확인해 보니 여유 있게 미국에 신청서 보낼 수 있대.

Rachel 그런데 Cassie. 우체국이 30분 뒤에 문 닫고, 공휴일이라 앞으로 3일 간 쉬잖아!

Cassie 아이고! 내가 하는 일이 그렇지! 그럼 지금 최대한 빨리 보내러 가야겠다! 안녕!

Collocations and Conversations about Starting with Prepositions

1 in recent years 최근 몇 년간

in recent years는 정해진 기간은 말해 주지 않지만, 최근 짧은 기간 동안의 변화 트렌드(사회, 기술, 환경 등)를 설명할 때 자주 사용해요. lately, recently, these days, nowadays, in the past few years와 비슷한 표현입니다.

Reporter In recent years, there's been a significant increase in the number of people using social media.
Expert Yes, social media has become an integral part of our daily lives.
Reporter It's amazing how much it's grown and evolved in such a short period of time.

- integral 중요한   evolve 발전하다

기자 최근 몇 년간 소셜 미디어 사용자 수가 크게 증가했습니다.
전문가 네, 소셜 미디어는 우리 일상 생활의 중요한 부분이 되었죠.
기자 짧은 기간에 얼마나 많이 성장하고 발전했는지 정말 놀랍습니다.

2 for a while 한동안

while은 정해지지 않은 시간을 나타낼 때 사용할 수 있는데, 몇 년이 될 수도 있고, 심지어는 몇 분도 for a while이 가능할 수 있어요. for a while 자체가 정해진 시간이 없으니 짧은 시간을 나타내려면 only와 함께 써 주세요. 전화 통화할 때 I can only talk to you for a while.(잠깐 동안만 통화할 수 있어.)처럼 말할 수 있는데, 여기서 '잠깐'이라는 짧은 시간을 강조하고 싶을 때는 for a bit으로 대체해도 좋습니다.

Betsy I've been thinking about starting a new hobby for a while now.
Liam What hobby is that?
Betsy Gardening.
Liam That sounds like a great idea. You do love plants and flowers.

Betsy 한동안 새로운 취미를 시작해 볼까 생각해 왔어.
Liam 어떤 취미?
Betsy 정원 가꾸기.
Liam 좋은 생각이네. 넌 식물이랑 꽃들 엄청 좋아하잖아.

3 without one's knowledge 모르는 사이에

누구 몰래 뭔가를 한다고 할 때 without someone knowing 또는 behind someone's back도 casual한 대화에서 많이 사용해요.(이때 someone과 someone's는 me, you, him, her, us, them 같은 목적격이나 my, your, his, her, our, their 같은 소유격으로 바뀔 수 있어요.) 참고로 behind one's back은 부정적인 상황에서 사용합니다.

Brianna Someone recently used my credit card without my knowledge.
Dylan That's terrible! Have you contacted your bank about it?

Brianna Yes, I reported it to the bank as soon as I noticed the unauthorized charges.

- unauthorized 승인 안 된, 승인되지 않은

Brianna 최근에 내 신용카드를 누군가 몰래 썼어.
Dylan 정말 끔찍하다! 은행에 연락했어?
Brianna 응, 미승인 청구 요금을 발견하자마자 은행에 신고했어.

4 at a stage in one's life 인생의 상황/단계

인생에도 10대, 20대, 30대, 40대처럼 단계가 있습니다. 우리가 무슨 일을 시작하면 초기 단계가 있고, 조금씩 발전해서 전문가가 되죠. 이렇게 시기의 단계를 말할 때 stage 표현을 종종 사용합니다. 이 콜로케이션 뒤에는 where가 매우 잘 어울려요. 비슷한 표현으로는 '단계'보다 '시점'에 포커스를 맞춘 at this point in one's life가 있어요.

Kathy I'm **at a stage in my life** where I'm thinking about making some big changes.
Maxine What kind of changes are you thinking about?
Kathy I'm thinking about going back to school to get a degree in a different field.
Maxine That sounds like a great idea.

Kathy 지금 내가 인생에서 큰 변화를 생각하는 단계에 있어.
Maxine 어떤 변화를 생각하고 있는데?
Kathy 다시 학교에 다니면서 다른 분야의 학위를 딸까 생각 중이야.
Maxine 정말 좋은 생각 같은데.

5 for a change 기분 전환으로

I'm studying English for my job.이라고 하면 직업 때문에 영어를 공부하는 거죠. for가 영어를 공부하는 목적을 나타내는 건데요. for a change에서 for 역시 목적을 나타냅니다. 같은 것을 계속하면 지루해서 변화가 필요합니다. 이때 for a change라는 표현이 자연스럽죠.

Roommate 1 Should we stay in tonight?
Roommate 2 Let's do something different, **for a change**.
Roommate 1 Sure, what do you have in mind?
Roommate 2 How about we go to a new restaurant that just opened up downtown?

- stay in (나가지 않고) 머물다

룸메이트 1 오늘 밤에는 나가지 말고 안에 있을까?
룸메이트 2 기분 전환 차원에서 좀 다른 걸 해 보자.
룸메이트 1 그래, 뭐가 좋을까?
룸메이트 2 시내에 새로 문 연 식당에 가 보는 건 어때?

Collocations and Conversations about Starting with Prepositions

6 at the moment 현재, 지금

이 콜로케이션을 대체할 수 있는 간단한 표현은 right now입니다. currently도 비슷한 뜻이지만, 조금 formal하게 들려요. 헷갈릴 수 있는 표현 중에 in the moment가 있는데, 이것은 '그 순간에 빠져 있는, 현재를 즐기는'의 뜻이에요. Just live in the moment and enjoy today!(지금 이 순간을 살면서 오늘을 즐기세요!)처럼요.

Nathan What are you up to **at the moment**?
Penelope I'm just working on some projects for work. What about you?
Nathan I've just finished studying for my exams. Will you be done soon?
Penelope Very soon. Let's go for a walk when I'm done.

- go for a walk 산책하다

Nathan 지금 뭐 하고 있어?
Penelope 업무 관련 프로젝트 좀 하고 있어. 넌?
Nathan 막 시험 공부 끝냈어. 넌 곧 끝나는 거야?
Penelope 곧 끝나. 끝나면 산책하러 가자.

7 of your choice 직접 선택하는

상대방에게 원하는 것을 직접 선택하라고 할 때 사용할 수 있는 표현이에요. 물론 Choose what you want. 또는 Whatever you prefer.라고 풀어서 사용해도 좋아요. 또는 Your pick!, Your decision!, Your call! 이렇게도 간단히 말할 수 있어요.

Rob What movie do you want to watch tonight?
Wyatt I don't know, what options do we have?
Rob We can watch a comedy or a drama. It's up to you. Tonight, it's the movie **of your choice**.
Wyatt Hmm, I think I'm in the mood for a comedy.

- It's up to you. (결정은) 너한테 달려 있어.
  in the mood for ~ ~할 기분이 드는

Rob 오늘 밤에 어떤 영화 보고 싶어?
Wyatt 모르겠어. 어떤 선택지가 있는데?
Rob 코미디나 드라마 볼 수 있어. 네가 결정해. 오늘 밤은 네가 선택한 영화로 하자.
Wyatt 음, 나 지금은 코미디가 좋을 거 같은데.

8 in plenty of time 여유 있게, 넉넉하게

plenty of는 '많은'의 뜻으로, plenty of time은 '충분한 시간'을 말합니다. 앞에 in이 나와서 이벤트 시간(정해진 스케줄)까지 시간이 많은 상태를 말해 주고 있어서 in plenty of time은 뭔가를 하기 전에, 또는 도착하기 전에 여유가 있다는 것을 보여 줍니다. 비슷한 표현은 ahead of schedule이 있어요.

Nick Are you almost ready to go? We need to leave soon if we want to make it

to the festival on time.
Shannon Relax, I'm nearly finished getting ready. We'll get there **in plenty of time**.
Nick Okay, great. I just want to make sure we arrive early enough to get a good spot.

- **make it** (제때) 도착하다   **spot** 자리, 장소

Nick 이제 거의 갈 준비됐어? 축제에 제시간에 도착하려면 우리 빨리 출발해야 해.
Shannon 걱정하지 마. 거의 준비 다 끝나가. 여유 있게 도착할 거야.
Nick 알았어. 그냥 좋은 자리 맡을 수 있게 빨리 가고 싶어서.

9 just one's luck 글렀네

버스를 바로 눈앞에서 놓쳤어요. 시험에서 1점 차이로 떨어졌어요. 정말 운이 지지리도 없는 상황이죠. 이런 상황에서 사용할 수 있는 표현이 Just my luck!으로, '글렀네!' 또는 '에구, 내 팔자야!' 정도의 의미를 나타냅니다. That's my luck!이라고 해도 좋아요.

Krystal Hey, did you hear that there's a huge sale going on at the mall this weekend?
Maggie No way, that's awesome! I was just thinking about getting some new clothes.
Krystal Yeah, it's too bad it's only for this weekend though.
Maggie **Just my luck!** I'm away this weekend and won't be able to make it.

- **No way** 말도 안 돼(놀랐을 때 종종 사용)

Krystal 이번 주말에 쇼핑몰에서 왕창 세일하는 거 들었어?
Maggie 말도 안 돼, 대박! 안 그래도 새 옷 몇 벌 살까 했는데.
Krystal 응, 이번 주말만 하는 게 너무 아쉽긴 하다.
Maggie 글렀네! 이번 주말에는 나 여기 없어서 못 가겠네.

10 as soon as possible 최대한 빨리

as soon as possible의 앞 글자를 딴 ASAP 표현도 많이 사용해요. 그리고 business 상황에서 조금 정중하게 말할 때는 at your earliest convenience를 사용합니다. right away, immediately 역시 비슷한 상황에서 사용해요.

Supervisor Can you send me that report by the end of the day?
Employee Sure, I'll get started on it right away.
Supervisor Actually, I need it **as soon as possible**. We have a meeting with the boss in an hour.
Employee Oh! I didn't realize it was that urgent. I'll stop what I'm doing and start on it now.

관리자 오늘 안으로 그 보고서 좀 보내 줄 수 있나?
직원 그럼요, 바로 시작하겠습니다.
관리자 사실 가능한 한 빨리 필요한데 말이야. 한 시간 후에 사장님과 미팅이 있거든.
직원 오! 그렇게 급한 건 줄 몰랐습니다. 하던 일 멈추고 바로 시작할게요.

CHAPTER 2
TAKING ACTION
실행하기

 왼쪽의 QR코드를 스캔하시고 '바로듣기'를 탭하세요.
해당 도서의 음원을 바로 들으실 수 있습니다.
반복 재생과 속도 조절도 가능합니다.

UNIT 1
To Be and to Have
동사 be, have 콜로케이션

(Cassie visits her aunt because she is planning a party and wants Cassie's help. Then Cassie tells her about applying to schools in the U.S. and not telling her parents.)

Cassie Hi, Auntie! Sorry, I can't stay long today. I have a lot of shopping to do.

Aunt Oh Cassie, you [1] **are** always **on the go**! But, I'm so glad you're here. I wanted to talk about Marty's birthday. It's coming up soon. How about we throw a surprise party? I [2] **have a feeling** your cousin would just love that!

Cassie I think that's a great idea! Let me know how I can help.

Aunt Wonderful! I'll start making the plans. So, you're about to graduate, are you excited?

Cassie Of course!

Aunt Have you decided where you're going for college?

Cassie No, not yet. I've sent my applications in, but I'm still waiting to hear back.

Aunt Where did you apply?

Cassie Actually… I applied to three universities… in the U.S.

Aunt Really? How do your parents feel about that?

Cassie Um… I didn't tell them… I just know they wouldn't approve…

Aunt Cassie?! [3] **I'm afraid I disagree** with that decision. You should tell them, or this secret could [4] **have a major impact** on your relationship with them.

Cassie I know, I will find a way to tell them, eventually…

Aunt Please do. And, look, even though I [5] **have a different opinion** on this, I am here for you if you need anything.

Cassie Thanks, Auntie!

(Cassie는 파티를 계획 중이라 Cassie의 도움이 필요한 이모의 집을 방문한다. Cassie는 이모에게 미국 학교에 지원하고 부모님께는 말하지 않은 것을 이야기한다.)

Cassie 이모, 안녕하세요! 죄송해요, 저 오늘은 오래 못 있어요. 쇼핑할 게 많아서요.

이모 어머, Cassie. 넌 늘 정신없이 바쁘구나! 그래도 네가 와서 너무 좋다. Marty 생일 관련해서 말하고 싶었는데, 곧 개 생일이잖니. 깜짝 파티를 열면 어떨까? 네 사촌이 되게 좋아할 것 같은데!

Cassie 좋은 생각인 것 같아요! 도와드릴 것 있으면 알려 주세요.

이모 좋아! 슬슬 계획을 세워야겠네. 그래, 너 곧 졸업하는구나. 신나니?

Cassie 그럼요!

이모 대학은 어디로 갈지 정했어?

Cassie 아니요, 아직이요. 지원서 보냈고, 아직 연락 기다리고 있어요.

이모 어디에 지원했는데?

Cassie 사실은… 미국에 있는 대학교 세 곳에 지원했어요.

이모 정말? 니희 부모님은 어떻게 생각해?

Cassie 어… 부모님께는 말씀 안 드렸어요… 허락하지 않으실 거 아니까…

이모 Cassie?! 이모가 네 그 결정에는 동의 못 하겠다. 부모님께 말씀드려야지. 안 그러면, 이 비밀이 너와 부모님 관계에 큰 영향을 미칠 수도 있어.

Cassie 저도 알아요. 결국은 부모님께 말씀드릴 방법을 찾을 거예요…

이모 꼭 그렇게 해. 그리고 이 문제에 우리가 의견 차이가 있어도, 네가 도움이 필요하면 언제든 이모가 도와줄게.

Cassie 고마워요, 이모!

Collocations and Conversations about **To Be and to Have**

1 be on the go 매우 바쁘다, 정신없다

여기서 전치사 on은 뭔가 계속 진행되는 느낌이에요. on the move(계속 움직이는), on track(진행되는), on duty(근무 중)를 보면 on의 느낌이 더 확실히 다가오죠.

Ashley   Hey, do you want to have lunch together today?
Megan   Sorry, I can't. I have a lot of errands and I will **be on the go** all day.
Ashley   Oh, I understand. Maybe we can catch up another time then.

- errand 심부름, (자질구레한) 일   catch up 만나다

Ashley 저기, 오늘 같이 점심 먹을래?
Megan 미안하지만 안 될 것 같아. 오늘 할 일이 많아서 종일 바쁠 거야.
Ashley 아, 알았어. 그럼 다음에 시간 잡아서 보지.

2 have a feeling ~한 예감이/느낌이 들다

어떤 직감, 그럴 거라는 느낌, 나의 판단을 말할 때 매우 유용한 표현이에요. 약간의 느낌 차이는 있지만 I think, I feel like, I believe, I just know도 비슷한 의미를 전달하는 표현들 입니다.

Brandon   I **have a feeling** that today is going to be a good day.
Jessica   Oh yeah? Why is that?
Brandon   I don't know, I just woke up feeling really positive and energized.
Jessica   Way to go, Brandon!

- Way to go! 잘했어! 바로 그거야!(칭찬이나 축하할 때 많이 사용)

Brandon 오늘 왠지 좋은 하루가 될 것 같아.
Jessica 오, 그래? 왜?
Brandon 몰라, 그냥 되게 긍정적이고 활기찬 기분으로 일어났거든.
Jessica 좋았어, Brandon!

3 I'm afraid I disagree. (미안하지만) 난 생각이 좀 달라.

상대방의 의견에 대해서 No. I disagree.(아니. 난 반대해.)라고 하면 너무 직설적일 수 있어요. 좀 부드럽게 말하는 방법 가운데 하나가 I'm afraid를 붙이는 거죠. 마찬가지 맥락으로 I'm sorry, but...도 많이 사용한답니다.

Husband   I think we should buy that house we saw last week. It has everything we're looking for.
Wife   **I'm afraid I disagree.** The location isn't ideal, and the price is a bit high.
Husband   Hmm, fair point. Let's consider everything carefully before deciding.
Wife   You're right. We need to think it through.

남편 지난주에 본 집을 사는 게 좋을 것 같아. 우리가 찾던 조건을 다 갖추고 있잖아.
아내 미안하지만, 난 좀 다르게 생각해. 위치가 별로고 가격도 조금 부담스러워.
남편 음, 그것도 맞는 말이네. 결정을 내리기 전에 모든 것을 잘 고려해 보자.
아내 맞아. 신중하게 생각해 봐야 해.

4 have a major impact 큰 영향을 미치다

have an impact on~은 '~에게 영향을 미치다'라는 말이에요. 원어민들은 impact 앞에 major라는 표현을 참 많이 사용합니다. 물론 major 대신 big, huge, significant, substantial 등 다양한 형용사를 써도 돼요. 비슷한 표현으로 make a big difference, have a significant effect 정도가 있습니다.

Colleague 1 I just read an article about remote work. It says it can **have a major impact** on employee productivity and job satisfaction.
Colleague 2 That's true! I've noticed that working from home occasionally helps me focus and avoid distractions.

- remote work 원격 근무   occasionally 가끔

동료 1 방금 원격 근무에 관한 기사를 읽었어. 생산성과 직업 만족도에 큰 영향을 미친다고 하네.
동료 2 맞아! 가끔 집에서 근무하면 집중력을 높이고, 방해 요소를 피하는 데 도움이 되는 것 같아.

5 have a different opinion 의견을 달리하다

상대방 의견과 다름을 표현할 때 have a different opinion을 많이 씁니다. 이것 외에 have a difference of opinion이 있는데, 이건 조금 더 부드럽게 말하는 표현이라서, 주로 professional한 상황(정치, 회의 등)에서 사용해요.

Jeffery I think we should go to the pool today.
Lucia Actually, I **have a different opinion**. I think we should go on a hike.
Jeffery Oh, really? Why is that?
Lucia Well, I just prefer the cooler weather and the beautiful scenery up in the mountains.

- go on a hike 하이킹 하다

Jeffery 오늘 수영장에 가는 게 어떨까?
Lucia 실은, 난 의견이 좀 다른데. 하이킹 가면 좋을 것 같아.
Jeffery 오, 그래? 왜 하이킹 가고 싶은데?
Lucia 그냥 산의 시원한 날씨와 아름다운 풍경을 더 좋아해서.

UNIT 2
To Go and to Take
동사 go, take 콜로케이션

(Cassie gets the first letter from school and goes to tell Rachel about how she got the letter just in time without her parents knowing.)

Cassie Rachel! There you are! Do you have time to **¹take a break**? It's important!

Rachel Sure. What is it?

Cassie Look! I got it, my first letter! It's from Colombia, one of the American universities I applied to!

Rachel Wow! But how did you get the letter without your parents seeing it?

Cassie Don't worry, I **²took care of** it. Every day when the mail comes, I tell them I'm going for a walk. Then I check the mailbox before they do to see if any letters have arrived.

Rachel Wow, way to **³take action**! So, did you get in?

Cassie I haven't read it yet. I'm too nervous. I wanted to read it with you.

Rachel You must be **⁴going insane** wondering what it says! Go on, open it!

Cassie Okay… Oh no… I didn't get in…

Rachel Are you sure?

Cassie Yes, it says, "We regret to inform you that your application has been rejected at this time." Then it just **⁵goes on and on** about how I can try and apply next year.

Rachel I'm sorry, Cassie. But, hey, there are still two more colleges to hear from! I'm sure you'll get into one of those. Maybe both?

(Cassie는 지원한 학교에서 온 첫 번째 편지를 받고 Rachel에게 가서 부모님 몰래 어떻게 제때 편지를 받았는지 이야기한다.)

Cassie Rachel! 여기 있었구나! 잠깐 시간 좀 낼 수 있어? 중요한 일이야!

Rachel 그래. 무슨 일인데?

Cassie 봐! 나 첫 레터를 받았어! 콜롬비아 대학에서 온 건데, 내가 여기도 지원했거든!

Rachel 와! 그런데 어떻게 부모님 안 보시게 그걸 받은 거야?

Cassie 걱정하지 마! 내가 다 잘 처리했지. 우편물이 올 때마다 엄마, 아빠한테 산책하러 간다고 말하고, 부모님이 보시기 전에 우편함에 편지가 도착했는지 확인하거든.

Rachel 와, 저 행동력 좀 보소! 그래서, 합격했어?

Cassie 아직 안 읽어 봤어. 나 너무 긴장돼. 너랑 함께 읽고 싶었어.

Rachel 뭐라고 써 있는지 궁금해서 너 미칠 것 같겠다! 어서 열어 봐!

Cassie 알았어… 아, 이런… 떨어졌어…

Rachel 정말이야?

Cassie 응. '이번에는 지원이 거절되었음을 알려 드리게 되어 유감입니다'라고 적혀 있어. 그리고 내년에 다시 지원해 보라는 이야기가 주저리주저리 쓰여 있네.

Rachel 어쩌냐, Cassie. 하지만 연락 받을 대학 두 곳이 아직 남아 있잖아! 그중 하나는 분명 합격할 거야. 어쩌면 둘 다?

Collocations and Conversations about **To Go and to Take**

1 take a break 휴식을 취하다

수업 중간이나 운동 중간, 회의 중간에 쉬는 시간을 break time이라고 해요. '휴식'을 뜻하는 말로 rest가 있는데요, break가 짧은 시간, 구체적인 상황의 휴식에 쓰이는 반면에, rest는 좀 더 일반적인 휴식이라는 느낌을 줍니다.

Mariana I feel like I've been working non-stop for hours.
Owen Yeah, you do look a bit tired. Why don't you **take a break**?
Mariana You're right. I'll take a 10-minute break and go for a walk outside.

> Mariana 나 쉬지 않고 몇 시간째 일한 것 같아.
> Owen 그래, 너 좀 확실히 피곤해 보여. 좀 쉬지 그래?
> Mariana 네 말이 맞아. 10분 정도 쉬고 바깥에 나가서 산책 좀 할게.

2 take care of ~ ~를 돌보다, 처리하다

'take care of + 사람'은 '그 사람을 돌보다'라는 말이에요. 비슷한 표현으로 look after ~가 있죠. 그런데 'take care of + 일/책임'에서 take care of는 handle, deal with와 비슷한 표현으로 '~를 해결하다, 처리하다'라는 뜻입니다.

Student Professor, I'm overwhelmed with assignments and exams.
Professor It's important to tackle these tasks one step at a time. **Take care of** the most urgent tasks first, and then handle the rest.
Student Thanks, I'll start with the most pressing ones.

- urgent 시급한   pressing 긴급한

> 학생 교수님, 과제와 시험으로 너무 힘들어요.
> 교수 이런 과제들은 한 번에 한 단계씩 해결해 나가는 것이 중요하네. 가장 시급한 과제 먼저 처리하고, 나머지를 처리해야지.
> 학생 고맙습니다. 가장 급한 일부터 시작할게요.

3 take action 조치를 취하다, 행동을 하다

문제가 발생하면 행동, 조치를 취해야겠죠. 그때 take action을 사용해요. 비슷한 표현으로 do something, take steps, make a move 정도가 있어요. 참고로 take an action은 일반적인 상황보다는 구체적인 상황, 예를 들어 변호사가 어떤 특정한 문제로 조치를 취하는 경우 등에 쓰입니다.

Kayla I'm really worried about the environment and all the pollution we're causing.
Aaron Yeah, it's definitely a serious problem, but what can we do about it?
Kayla Well, I think we need to **take action**. Let's start making changes by using less plastic and recycling more, and we can try to use public transportation or carpool more.

> Kayla 나는 환경이랑 우리가 일으키는 공해가 정말 걱정스럽다.
> Aaron 그러게. 확실히 심각한 문제이긴 한데, 우리가 그에 대해 뭘 할 수 있을까?
> Kayla 음, 뭔가 행동을 취해야 할 것 같아. 플라스틱 덜 쓰고, 재활용을 더 하고, 대중교통이나 카풀을 더 이용하면서 변화를 시작해 보자고.

4 go insane 미치다, 정신 나가다

insane의 동의어는 crazy입니다. 문맥에 따라서 insane은 부정적으로 또는 긍정적으로도 사용이 가능해요. 비슷한 표현은 go crazy, go nuts, lose one's mind 등이 있어요.

Sam This song is so good. I've been listening to the same song on repeat for hours.
Anna Wow, that would make me **go insane**!
Sam Strangely, it's keeping me focused while I work.

> Sam 이 노래 넘 좋아. 나 벌써 몇 시간째 계속 반복해서 듣고 있어.
> Anna 와, 나라면(그렇게 같은 음악을 몇 시간째 들으면) 돌아버렸을 거야!
> Sam 이상하게도, 일할 때 이걸 들으면 집중하게 된다니까.

5 go on and on 계속해서 하다

on은 '진행, 계속'의 의미가 있는데, on and on은 그것을 더 강조합니다. 보통은 누가 이야기를 오래 하거나, 회의가 오래 계속되거나 해서 듣는 사람이 짜증이 날 때 사용하는 표현이에요. keep talking, drag on, never shut up 등이 비슷한 표현이에요.

Employee 1 Did you talk to Richard about the project yet?
Employee 2 Yeah, I did. But he just kept **going on and on** about his ideas without really listening to mine.
Employee 1 Oh no, that doesn't sound good. He does like to talk a lot.

> 직원 1 그 프로젝트에 대해서 Richard한테 말했어요?
> 직원 2 네. 했어요. 그런데 제 말은 듣지도 않고 계속 자기 생각만 얘기하더라고요.
> 직원 1 아… 별로 안 좋네요. Richard가 말이 많긴 하죠.

UNIT 3
To Do and to Pay
동사 do, pay 콜로케이션

(Cassie's aunt finds Cassie because she intercepted the second letter before her parents could see it when she was over there discussing the party, and she tells Cassie about it.)

Aunt Here you go.

Cassie My letter from Georgetown! But wait, how do you have this?

Aunt Well, your parents are helping me with Marty's surprise party, so I ¹**paid** them **a visit** to do the planning. While I was there, I saw the mail on the table and noticed this one addressed to you.

Cassie Did they see it?

Aunt I don't think so. But while I was there, your father was about to start opening the mail. I ²**did my best** to distract him.

Cassie What did you do?

Aunt Oh, I ³**paid** him **a compliment**. I told him what a great gardener he was and asked for some suggestions on how to improve our backyard. It works every time. Then, when he and your mother weren't ⁴**paying attention**, I grabbed the letter and put it in my handbag.

Cassie Thank you so, so much, Auntie!!

Aunt Please, ⁵**do me a favor** and tell them the truth.

Cassie I will, as soon as I get in.

Aunt Well, let's see if you got into Georgetown.

Cassie Okay… No. I didn't get into Georgetown either. Just one more chance… Boston.

---

distract 관심을 딴 데로 돌리다

(Cassie의 이모는 파티에 대해 이야기하고 있을 때 부모님이 보기 전에 두 번째 편지를 몰래 가로챈 것을 Cassie에게 알려 준다).

이모 여기 있다.

Cassie 조지타운 대학교에서 저한테 온 편지네요! 그런데 잠깐만요. 이걸 이모가 어떻게 갖고 있어요?

이모 네 엄마, 아빠가 Marty 깜짝 파티 준비를 도와줄 거라서 어떻게 할지 계획을 세우려고 너희 집에 갔잖니. 그러다 탁자 위에 있는 우편물을 봤는데, 너한테 온 편지가 있는 거야.

Cassie 엄마, 아빠도 봤어요?

이모 그런 거 같진 않아. 그런데 내가 거기 있을 때 형부가 우편물을 열려고 하더라고. 형부 시선 다른 데로 돌리려고 나 정말 최선을 다했다.

Cassie 뭘 하셨는데요?

이모 응, 형부한테 칭찬을 했지. 정원 가꾸는 일을 너무 잘한다고 하고서 우리 집 뒷마당은 어떻게 개선할지 제안 좀 해달라고 했어. 칭찬은 언제든 통하거든. 그러고 나서 네 부모님이 안 보고 있는 동안, 편지 확 잡아채서 핸드백에 넣었어.

Cassie 정말 정말 고마워요, 이모!!

이모 부탁인데, 엄마, 아빠한테 솔직히 말해.

Cassie 합격하자마자 할게요.

이모 자, 조지타운 대학에 합격했는지 한번 보자.

Cassie 네… 에휴. 아니에요. 조지타운 대학에도 떨어졌어요. 이제 한 군데… 보스턴 대학만 남았어요.

Collocations and Conversations about To Do and to Pay

1 pay a visit 방문하다, 찾아 뵙다

'방문하다'는 visit라고 하면 되는데, 왜 pay a visit라고 할까요? pay할 (돈을 지불할) 때는 신중하게 생각하고 하죠? 그것처럼 그냥 방문한다는 느낌보다 특정 목적으로 방문하는 경우에 사용해요. 경찰이 사건 조사 때문에 방문하는 경우, 교수님께 추천서 부탁하려고 방문하는 경우, 할머니가 편찮으셔서 방문하는 경우는 pay a visit가 자연스럽죠. 물론 visit라고 해도 문제는 없어요. stop by, drop in, come over 등도 비슷한 표현입니다.

Sister Have you seen your grandma lately? I think she's been feeling a bit lonely.
Brother Oh, really? I'll go **pay** her **a visit** this weekend.
Sister That's a great idea. She'd love to see you.

* pay her a visit는 pay a visit to her라고 해도 좋아요.

누나 최근에 할머니 뵈었어? 할머니가 좀 외롭다고 느끼시는 것 같아.
남동생 아, 그래? 이번 주말에 찾아뵐게.
누나 좋은 생각이야. 할머니가 널 정말 보고 싶어 하셔.

2 do one's best 최선을 다하다

'최선을 다하다'는 do one's best 말고도 많아요. try one's best, give it one's all, try as hard as one can, give (it) one's best shot, try one's hardest 등이 비슷한 표현들입니다.

Sandra I'm really nervous about this upcoming job interview.
Jason Don't worry, just **do your best**.
Sandra What if my best isn't good enough?
Jason It is. Just focus on being confident and showing them what you're capable of.

• upcoming 곧 있을

Sandra 이번에 있을 면접 때문에 정말 긴장돼.
Jason 걱정 말고 그냥 최선을 다해.
Sandra 최선을 다했는데도 부족하면 어쩌지?
Jason 충분해. 그냥 자신감 있게 네가 할 수 있는 것들을 보여 주는 데 집중하라고.

3 pay a compliment 칭찬하다

pay a visit처럼 여기서의 pay에도 진지함이 들어가 있어요. 좀 더 formal 하고, 상대방에 대한 존경의 느낌이 더 담겨 있습니다. 물론 give a compliment, give praise처럼 칭찬을 해 '주다'라는 느낌의 give를 사용해도 괜찮아요. 참고로 take it as a compliment는 '칭찬으로 받아들이다'의 의미예요.

Hillary I just wanted to say, I really like your outfit today. You look great!
Angela Thank you so much! That means a lot to me.

Hillary　No problem. I think it's important to **pay a compliment** when you notice something positive about someone. It can really brighten their day.

- outfit 옷　　brighten ~ ~를 밝게 해 주다

Hillary 말하고 싶었는데, 오늘 네 옷 정말 너무 마음에 든다. 멋져 보여!
Angela 고마워! 정말 나에게 큰 응원이 되는 말이야.
Hillary 별 말을. 누군가의 긍정적인 면을 발견하면 칭찬하는 게 중요하다고 생각해. 그게 그 사람 하루를 정말 밝게 할 수 있거든.

4　pay attention　집중하다, 주의를 기울이다

attention은 '주의, 집중'으로, 앞에서 pay가 나오면 진지한 느낌이 들어간다고 했죠? pay attention to ~는 '~에 집중하다'의 뜻입니다. pay attention은 뒤에 명사가 나오면 전치사 to를 동반하니 pay attention to로 기억해 주세요. 비슷한 표현으로 focus on, concentrate on, keep one's eyes on 등이 있습니다.

Student　I'm having a hard time understanding this math problem.
Tutor　You really need to **pay attention** to the details of the problem to solve it correctly.
Student　I know, but I can't seem to figure it out.
Tutor　Let me help you.

- can't seem to ~ ~하려고 해도 안 되다　　figure out 해결하다, 이해하다

학생 이 수학 문제 이해하는 게 참 힘들어요.
과외 선생님 문제를 바르게 풀려면 문제의 세부 사항에 주의해야 해.
학생 아는데요, 이해해 보려고 해도 안 돼요.
과외 선생님 내가 도와줄게.

5　do me a favor　부탁 좀 들어줘

상대방에게 부드럽고 편하게 부탁할 때 많이 쓰는 표현이에요. 정중하게 할 때는 Would you please 또는 Could you please로 시작할 수도 있고, Would you mind ~?도 쓸 수 있어요. 조금 직설적으로는 Help me (out)! 표현도 사용합니다.

Wife　Hey, can you **do me a favor**? Can you pick up some groceries on your way home?
Husband　Yeah, no problem. What do you need me to get?
Wife　Just a few things. Some milk, bread, and eggs.
Husband　Alright, I can do that.

아내 자기야, 부탁 좀 해도 될까? 집에 오는 길에 장 좀 봐 올 수 있어?
남편 응. 알았어. 뭐 사다 줄까?
아내 몇 가지만. 우유, 빵, 달걀 좀.
남편 알았어.

UNIT 4
To Get and to Come
동사 get, come 콜로케이션

(Cassie talks with her parents while they are all shopping for gifts and decorations for Marty's party, and they are confused as to why she hasn't heard back from any schools yet.)

Mom Come along, Pickle! We have lots of shopping to do for Marty's party.

Dad Yes, let's [1]**get started**. Should we buy the decorations first or the food?

Cassie We're [2]**coming close** to the electronics store; let's get his gift first.

Mom Great idea. He wants a new video game, right? Do you know which one, Pickle?

Cassie Yep, I know what he likes… Here it is.

Dad Okay, that was easy. Let's check out.

Cashier That [3]**comes to a total of** 14.98.

Mom Oh, I think it was on sale!

Cashier Yes, ma'am. Have a nice day.

Dad Thank you. So, Pickle, have you heard back from any colleges yet?

Cassie No… why do you ask?

Dad No reason, it just [4]**came to mind**.

Mom I spoke to Cindy from next door the other day. Honestly, it was a very long conversation. She was going on and on about her son's achievements, but when she finally [5]**got to the point**, she told me that he has already received several acceptance letters in the mail.

Dad That's strange. And you haven't even received one?

Cassie Um…

---

on sale 세일 중인

(Marty 파티에 쓸 선물과 장식을 쇼핑하면서 Cassie는 부모님과 이야기를 나눈다. 부모님은 왜 아무 학교에서도 연락이 오지 않았는지 걱정한다.)

엄마 Pickle, 어서 가자! Marty 파티에 사야 할 것들이 많아.

아빠 그래, 슬슬 시작해 볼까. 장식품을 먼저 살까, 음식부터 먼저 살까?

Cassie 전자제품 매장에 거의 다 왔으니까, Marty 선물부터 사요.

엄마 그래, 좋아. Marty가 새 비디오 게임 가지고 싶다고 했지? 너 어떤 건지 아니, Pickle?

Cassie 네, 걔가 좋아하는 것 알아요… 여기 있네요.

아빠 좋아. 이건 쉽게 해결됐고. 이제 계산하자.

Cashier 총 14.98달러입니다.

엄마 오. 세일 중이었나 봐요!

Cashier 네, 맞습니다. 좋은 하루 보내세요.

아빠 고마워요. 그래 Pickle, 아무 대학에서도 아직 연락 받은 게 없어?

Cassie 네(안 받았어요)… 왜 물어보세요?

아빠 그냥, 그냥 갑자기 생각이 나서.

엄마 며칠 전에 옆집 Cindy와 이야기했는데, 정말 오래도 얘기했지. Cindy가 자기 아들이 얼마나 잘했는지 계속 이야기했는데, 결국 핵심은, 아들이 이미 여러 대학에서 입학 허가서를 받았다는 거더라고.

아빠 이상하네. 그런데 너는 하나도 못 받은 거야?

Cassie 음…

Collocations and Conversations about **To Get and to Come**

1 get started 시작하다

get started는 start(시작하다)의 casual/informal한 표현이에요. 동사 start는 뒤에 시작하는 대상이 바로 나오는 반면, get started는 Let's get the meeting started.처럼 대상을 중간에 집어넣거나, Let's get started with the presentation. 또는 Let's get started on the project.처럼 전치사 with/on을 써요. 비슷한 표현으로 begin, kick off, commence 등이 있습니다.

Teammate 1 We have a lot of work to do today.
Teammate 2 Yes, I think we should **get started** right away. The sooner we begin, the sooner we'll be done.
Teammate 1 Great, so let's start now.

팀원 1 오늘 할 일이 많네.
팀원 2 응. 바로 시작하는 게 좋겠어. 빨리 시작할수록, 더 빨리 끝낼 수 있으니까.
팀원 1 좋아, 그럼 지금 바로 시작하자.

2 come close 가까이 다가가다

come close는 위치에 가까이 다가가는 것 외에 시간상으로 아주 가까이 다가갈 때 '거의 ~할 뻔하다'의 의미로도 쓰여요. I came close to missing my flight.는 '비행편을 거의 놓칠 뻔했다'는 말로, 이때는 almost, nearly의 의미가 있습니다.

Bailey Do you see that bird on the fence over there?
Callie Oh, yeah. I see it. It's really pretty.
Bailey I wonder if we can get closer without scaring it off.
Callie Give it a shot! Move slowly and quietly as you **come close** to it.

- scare off 겁을 주어 쫓아내다   give it a shot 시도하다

Bailey 저기 울타리에 있는 새 보여?
Callie 응. 보이네. 정말 예쁘다.
Bailey 저 새를 놀라게 하지 않고 더 가까이 갈 수 있을까?
Callie 한번 해 봐! 조용히 천천히 움직여서 가까이 다가가 봐.

3 come to a total of ~ 총계가/총액이 ~가 되다

come to ~는 '~에 이르다'의 뜻이 있어요. '총 합계'라는 표현의 total을 써서, 결국 총계가 얼마가 된다고 할 때 come to a total of ~라는 표현을 사용할 수 있지요. 비슷한 표현으로 add up to, amount to, sum up to 등이 있습니다.

Girlfriend How much did you spend on groceries for the week?
Boyfriend I have the receipt right here. It **came to a total of** $75.
Girlfriend Okay, that's not too bad.

여자 친구 이번 주 식료품에 얼마나 썼어?
남자 친구 여기 영수증 있어. 총 75달러 썼네.
여자 친구 그래, 그렇게 나쁘진 않은데. (= 그렇게 많이 쓰진 않았네.)

4 come to mind 떠오르다

갑자기, 의도치 않게 뭔가 머릿속에 확 떠오를 때 come to (one's) mind를 씁니다. 비슷한 표현으로 occur to someone, cross one's mind, pop into one's head, hit 정도가 있어요. come to one's head를 써도 좋지만, come to mind가 훨씬 많이 쓰입니다.

Daniel What do you want to do today?
Ella I don't know. Nothing really **comes to mind**. What about you?
Daniel I was thinking we could go for a walk in the park.
Ella That sounds like a good idea.

> Daniel 오늘 뭐 하고 싶어?
> Ella 잘 모르겠어. 딱히 떠오르는 건 없어. 넌?
> Daniel 공원에서 산책하는 건 어떨까 생각 중이었어.
> Ella 좋은 생각 같은데.

5 get to the point 핵심을 말하다

point는 '핵심', get to ~는 '~에 도달하다'라는 뜻이어서 get to the point는 '핵심에 도달하다, 핵심을 말하다'입니다. 비슷한 표현으로는 cut to the chase, get to the bottom line, get straight to it 등이 있어요.

Jared Hey, can I talk to you about something?
Miguel Sure, what's on your mind?
Jared Well, it's kind of hard to explain... Um... Well...
Miguel Sorry, but can you **get to the point**? I'm in a hurry.

- What's on your mind? 뭔데 그래?   in a hurry 급한

> Jared 어이, 이야기 좀 할 수 있을까?
> Miguel 그럼, 뭔데 그래?
> Jared 음, 설명하기 좀 어려워서… 음… 있잖아…
> Miguel 미안한데, 핵심만 말해 줄래? 나 급해.

UNIT 5
To Make and to Keep
동사 make, keep 콜로케이션

(Cassie and her parents are on their way to Marty's party when her parents check the mail and find her last letter. They aren't happy to find out that she applied in secret.)

Mom Okay, are we all ready? Hang on, Pickle, let me [1]**make some adjustments** to your hair…

Cassie Mom, my hair is just fine for Marty's party.

Mom Okay, I was only trying to help… Oh! Can you please [2]**keep track of** your father tonight?

Dad What makes you say that?

Mom Every time we go to my sister's, you have to [3]**make comments** about their backyard.

Dad So, what? You would think having a gardener in the family would [4]**make an impact**, but no. They ignore all my suggestions and refuse to [5]**make improvements** on it.

Cassie Dad! You can't say that to them tonight. Don't worry, Mom, I'll [6]**keep an eye on** him.

Mom Thank you! Okay, let's go… Oh, one more thing, I just need to check the mail.

Cassie Okay… Wait! No!

Mom What's this… Cassie? Why is there a letter in here for you from Boston University?

Dad Did you apply to school there? How could you [7]**keep this secret** from us?

Cassie I'm sorry, I just… I knew that you didn't approve so I didn't tell you that I applied.

Dad Now, you're just [8]**making an assumption** there. We don't disapprove, it's just…

Mom You'd be so far away! How would we ever [9]**keep in touch**?!

Cassie I probably didn't even get in…

Dad Well, there's only one way to find out… Here, open it.

Mom And [10]**keep in mind** we are proud of you no matter what.

Cassie Okay… "Dear applicant, we are pleased to inform you…" Oh my! I got in… I GOT IN!

What makes you say that? 왜 그렇게 말하는데?

(Cassie와 부모님이 Marty의 파티에 가던 중 부모님이 우편물을 확인하다 Cassie의 마지막 편지를 발견한다. 부모님은 Cassie가 몰래 지원했다는 사실에 씁쓸해한다.)

엄마 그럼, 우리 다 준비된 건가? 잠깐만, Pickle, 엄마가 머리 좀 만져 줄게…

Cassie 엄마, 제 머리면 Marty 파티 가기에 괜찮아요.

엄마 알았어. 엄마는 그냥 도와주려고 했던 건데… 아! 너 오늘 밤에 아빠 좀 지켜볼래?

아빠 왜 그러는데?

엄마 당신은 내 동생네 집에 갈 때마다 걔네 뒷마당에 대해 얘기를 해야 직성이 풀리잖아요.

아빠 그래서 뭐? 가족 중에 정원사가 있으면 뭔가 달라질 줄 알았는데, 안 그래. 아무리 이렇게 저렇게 해보라고 해도 당신 동생 내외는 듣지도 않고 개선하지도 않아.

Cassie 아빠! 오늘 저녁에는 그런 말 하지 마세요. 걱정 마세요, 엄마, 제가 아빠 잘 지켜볼게요.

엄마 고마워! 좋아, 가자… 어, 한 가지만 더. 나 우편함 좀 확인해야겠다.

Cassie 네… 잠깐만요. 안 돼요!

엄마 이게 뭐야… Cassie? 여기에 왜 보스턴 대학교에서 너한테 온 편지가 있는 거야?

아빠 너 거기에 지원했어? 어떻게 이걸 우리한테 비밀로 할 수 있지?

Cassie 죄송해요. 그냥… 엄마, 아빠가 반대할 줄 알고, 지원한 것 말씀 안 드렸어요.

아빠 넌 그럴 거라고 지레 짐작하는 거야. 우리가 반대하는 건 아니야, 그냥…

엄마 네가 너무 멀리 있게 되잖아! 어떻게 연락이나 계속할 수 있겠니?!

Cassie 아마 합격하지도 못했을 거예요…

아빠 그걸 알아낼 방법은 단 하나지… 여기, 열어 봐.

엄마 그리고 되든 말든, 우리가 너를 자랑스럽게 생각한다는 건 명심해.

Cassie 네… '지원자님께, 기쁜 마음으로 알려드립니다…' 와! 저 합격했어요… 합격했어요!

Collocations and Conversations about To Make and to Keep

1 make adjustments 조절하다

make adjustments to까지 외우면 더 좋아요. to 뒤에 조절하는 대상을 넣으면 돼요. make adjustments to the temperature(온도를 조절하다), make adjustments to the schedule(스케줄을 조정하다)처럼요. 간단하게 make changes도 비슷한 느낌입니다.

Hairstylist How would you like your hair done today?
Customer Just a trim, please.
Hairstylist Okay, no problem. Would you like me to **make** any other **adjustments**?
Customer Could you make it a little shorter on the sides?

- trim 손질, 다듬기

미용사 오늘은 머리를 어떻게 해드릴까요?
고객 그냥 다듬어만 주세요.
미용사 알겠습니다. 다른 부분도 좀 봐 드릴까요?
고객 옆 부분을 조금 더 짧게 해 주시겠어요?

2 keep track of ~를 계속 파악하다

track 하면 가장 먼저 떠오르는 것이 달리기 경주 트랙이에요. 달릴 때 다른 lane으로 벗어나면 안 되죠? 그처럼 keep track은 '(다른 곳으로 빠지지 않고) 계속 제대로 하고 있는지 파악하다'라는 말이에요. keep track of time, keep track of expenses 등이 가장 많이 나와요. 비슷한 표현으로 monitor, keep an eye on 정도가 있습니다.

Andre Do you have any idea how much money you've spent on shoes this year?
Nancy Not really, I haven't been **keeping track of** it.
Andre Well, it was over $3,000!
Nancy Really, no way!

Andre 올해 네가 신발에 얼마나 썼는지 알아?
Nancy 잘 모르겠는데. 계산해 보진 않았어.(← 얼마나 썼는지 계속 챙겨 보진 않았어.)
Andre 그게, 3,000달러가 넘었어!
Nancy 정말? 말도 안 돼!

3 make a comment (의견을) 말하다

comment는 어떤 것에 대해 의견을 말하는 거예요. 온라인상에서 유튜버나 블로거들이 leave a comment(의견을 남기다)라고 하는 것을 많이 보셨을 겁니다. 그냥 간단하게 comment를 동사로 사용해서 comment라고 해도 좋고요, 뒤에 전치사가 올 때는 about이 아니라 on 이라는 점, 꼭 알아 두세요.

Connie What do you think of my new shirt?

Alexandria I was just about to **make a comment** on it. It looks great on you!
Connie Thanks! It's very comfortable.

- look great on ~ ~에게 잘 어울리다

Connie 새로 산 내 셔츠 어때?
Alexandria 안 그래도 그거 말하려고 했는데. 너한테 정말 잘 어울려!
Connie 고마워! 이거 정말 편해.

4 make an impact 영향을 미치다[주다]

여기서 make 대신 have를 써도 좋아요. 동사형인 impact 또는 influence를 사용해도 좋고, make a difference도 자주 쓰입니다.

Emily I want to do something that will **make an impact** in my community.
Grant That's great! What do you have in mind?
Emily I was thinking about organizing a food drive for the local homeless shelter.
Grant That's an excellent idea!

- food drive 음식 모금 행사   homeless shelter 노숙자 쉼터

Emily 제 커뮤니티에 영향을 줄 수 있는 뭔가를 하고 싶어요.
Grant 좋은 생각이에요! 어떤 일을 생각하고 있어요?
Emily 지역 노숙자 쉼터에 보낼 음식 모금 행사를 기획하고 싶어요.
Grant 정말 좋은 생각이에요!

5 make an improvement 개선하다, 좋아지다

사실 improve라고 해도 좋은데, make an improvement라고 하면 improvement하는 행동을 더 강조하는 느낌입니다. 보통 대화에서는 improve 또는 get better를 사용하고, 어떤 부족한 점을 인지하고, 그것에 대해 행동을 취하는 것을 보여주고 싶을 때, 또는 writing에는 make an improvement도 사용해 보세요.

Teacher This essay is not very well-written.
Student What do you think needs to be improved?
Teacher The arguments are not well-supported, and the language is too vague.
Student Okay, I'll **make an improvement** by adding evidence and using clearer language.

- well-supported 잘 뒷받침된   language 글   vague 애매모호한(= unclear)

선생님 이 에세이가 좀 별로네.
학생 어떤 부분이 개선되어야 할까요?
선생님 논거가 잘 뒷받침되지 않고 있고, 글이 너무 모호해.
학생 알겠습니다. 논거를 추가하고 더 명확하게 써서 개선해 볼게요.

Collocations and Conversations about **To Make and to Keep**

6 keep an eye on 계속 지켜보다, 주시하다

뭔가에 계속 눈을 맞추는 상황을 떠올려 보세요. 어린아이가 놀이터에서 놀고 있을 때, 중요한 물건을 탁자 위에 두었을 때, 손님이 새로 들어오면 이렇게 계속 지켜보게 됩니다. 비슷한 표현으로 monitor, watch out for 등이 있어요.

Stranger 1   Hey, can you **keep an eye on** my bag while I go to the restroom?
Stranger 2   Sure, no problem.
Stranger 1   Thanks, I appreciate it. It has my laptop and other valuables in it.
Stranger 2   Don't worry, I'll make sure nothing happens to it.

- valuables 귀중품

낯선 사람 1 화장실에 갈 동안 제 가방 좀 봐 주실래요?
낯선 사람 2 네, 그러죠.
낯선 사람 1 정말 고맙습니다. 안에 노트북이랑 다른 귀중품들이 들어 있거든요.
낯선 사람 2 걱정 마세요, 별일 없도록 제가 잘 챙길게요.

7 keep ~ secret ~를 비밀로 하다

여기서 secret는 형용사로 쓰였어요. keep 다음에 오는 명사를 '비밀스러운 방식으로 지킨다', 즉 '비밀로 한다'는 뜻이에요. 명사 secret이 들어가는 표현 중 share a secret(비밀을 공유하다), let me in on a secret(나에게 비밀을 알려 주다), spill a secret (비밀을 누설하다)도 같이 기억하세요. 마지막으로 Keep it to yourself.(너만 알고 있어.)도 굉장히 잘 쓰이는 표현입니다.

Jacob   I have something to tell you, but can you **keep this secret**?
Ricky   Of course, I promise not to tell anyone.
Jacob   I just found out that I got a promotion, but I don't want to tell anyone until it's official.
Ricky   Congratulations! That's great news. Don't worry, your secret is safe with me.

- Your secret is safe with me. 나한테 말하면 안전해. (누구에게도 비밀이 안 새어 나가.)

Jacob 자네한테 할 말이 있긴 한데, 이거 비밀로 해 줄 수 있어?
Ricky 그럼! 아무에게도 말 안 할게.
Jacob 방금 내가 승진했다는 걸 알았는데, 공식 발표가 있기 전까진 아무에게도 말하고 싶지 않아.
Ricky 축하해! 정말 좋은 소식이네. 걱정 마, 비밀 지킬게.

8 make an assumption 추정하다, 가정하다

assumption은 정확한 사실이 아닌, 과거의 경험이나 편견 등을 통해 만들어지는 생각들을 말합니다. 직업, 외모, 거주지를 보고 '아! 그러겠지'라고 생각하는 것들 모두 assumption을 하는 거예요. 간단하게 동사로 assume이라고 해도 좋아요. 비슷한 표현으로 jump to conclusions, suppose, guess, speculate 등이 있어요.

Gabby I can't believe Juliet didn't show up to our meeting. She's always so reliable.
Erica Maybe there was an emergency that she couldn't avoid.
Gabby I don't know, I just find it hard to believe.
Erica It's not fair to **make assumptions** without knowing the full story.

- reliable 믿을 만한   It's not fair to ~ ~하는 것은 옳지 않다

Gabby Juliet이 우리 모임에 참석 안 했다니 믿기지가 않아. 항상 믿을 만한 사람인데.
Erica 피치 못할 긴급한 일이 발생한 것이 아닐까?
Gabby 몰라, 그냥 믿기 어려워.
Erica 상황을 정확히 알지 못한 상태에서 추측하는 건 옳지 않아.

9 keep in touch 연락을 계속 유지하다

'연락하다'라고 할 때 touch를 자주 사용합니다. keep[stay] in touch(연락을 계속 주고받다), get in touch(연락을 취하다), lose touch(연락이 끊어지다)처럼 말이죠. touch 대신 contact를 사용해서 keep in contact, stay in contact를 사용해도 좋아요.

Friend 1 I'm going to miss you when you leave for the States.
Friend 2 I'll miss you too. Let's still **keep in touch** through text messages and video chats. Right?
Friend 1 Of course. I just wish I had more time to hang out with you.

친구 1 네가 미국 가면 정말 보고 싶을 거야.
친구 2 나도 너 보고 싶을 거야. 문자 메시지와 영상 통화로 연락 계속 유지하자고, 알았지?
친구 1 당연하지. 너랑 좀 더 같이 있을 수 있는 시간이 있으면 좋을 텐데.

10 keep in mind 명심하다

꼭 기억해야 할 내용이 있으면 말 그대로 마음(mind)에 새기라(keep)고 하잖아요. keep in mind와 bear in mind는 그냥 같은 표현으로 기억해 주세요. 편안하게 remember나 don't forget 등을 사용해도 비슷한 느낌을 전달할 수 있습니다.

Caleb I'm thinking of buying a new car, but I'm not sure if I can afford it.
Alan **Keep in mind** that there are additional expenses besides the car itself, such as insurance, gas, and maintenance.
Caleb That's true. I didn't think about that. Thanks for mentioning it.

Caleb 새 차를 살까 생각 중인데, 제대로 감당할 수 있을지 모르겠어.
Alan 차 외에도 보험, 기름, 유지비 등 추가 비용이 든다는 걸 꼭 명심해.
Caleb 맞아. 그걸 생각 못 했네. 말해 줘서 고마워.

CHAPTER 3
THE WAYS TO CHANGE
변화하는 방법

왼쪽의 QR코드를 스캔하시고 '바로듣기'를 탭하세요.
해당 도서의 음원을 바로 들으실 수 있습니다.
반복 재생과 속도 조절도 가능합니다.

UNIT 1
Goodness Modifiers
좋고 나쁜 정도를 나타내는 형용사, 부사 콜로케이션

(Cassie catches Rachel up on what happened when her parents found out and tells her that they've come around to her leaving. Her aunt wants to throw a going-away party for her.)

Cassie I can't believe I'll be leaving in just a few months!

Rachel How're things going with your parents now? I bet they're [1]**terribly sorry** you're leaving.

Cassie They were mad at first, because I lied, but now I think they're coming around.

Rachel Really?

Cassie Yeah, in fact, yesterday I was [2]**pleasantly surprised** when my mom offered to take me shopping for new luggage.

Rachel Wow, that's great!

Cassie I am really nervous about going. I feel like I'm going to [3]**fail miserably** at everything.

Rachel Don't say that! You'll be great! Trust me you're going to have [4]**a** very **pleasant experience** living abroad, I just know it.

Cassie Thanks.

Rachel So how long until you leave?

Cassie At the end of the summer, remember?

Rachel Oh right, you did just say that. Sorry, I have a [5]**terrible memory**.

Cassie It's okay. The weekend before I go, my auntie is throwing me a going-away party. She insisted. You'll be there, right?

Rachel Of course!

come around (기존의) 입장을 바꾸다(여기서는 Cassie의 해외 대학 입학 반대에서 인정하는 쪽으로 돌아선 것을 의미)   going-away party 송별회   mad 화난

(Cassie는 Rachel에게 부모님이 사실을 알게 된 후 무슨 일이 있었는지 밀린 이야기를 들려주고, 부모님이 Cassie가 떠나는 것을 인정하게 되었다고 말한다. 이모는 Cassie의 송별 파티를 열어 주고 싶어 한다.)

Cassie 몇 달 뒤면 떠난다는 게 믿기지 않아!

Rachel 이제 부모님과는 어때? 네가 떠나는 것에 정말 무척 안타까워하실 같아.

Cassie 처음엔 거짓말했다고 화내셨지만, 지금은 화도 가라앉고 내가 떠난다는 것도 받아들이시는 것 같아.

Rachel 정말?

Cassie 응, 사실 어제 엄마가 새 여행 가방 사러 가자고 했을 때 기분 좋게 놀랐어.

Rachel 와, 잘됐네!

Cassie 외국으로 가는 게 정말 긴장돼. 모든 부분에서 완전히 실패할 것 같은 기분도 들고.

Rachel 그런 말 하지 마! 넌 잘할 거야! 해외에 살면서 정말 즐거운 경험을 하게 될 거야. 내가 장담해.

Cassie 고마워.

Rachel 그럼 떠날 때까지 얼마나 남은 거지?

Cassie 여름 끝날 때 떠나, (그때라고 말했는데) 기억해?

Rachel 아, 맞아, 전에 말했지. 미안, 내가 이렇게 기억력이 나쁘다.

Cassie 괜찮아. 떠나기 전 주말에 이모가 송별 파티를 열어 주신대. 꼭 하시겠다고 하네. 너도 올 거지?

Rachel 당연하지!

Collocations and Conversations about Goodness Modifiers

1 terribly sorry 정말로 유감스러운, 안타까운

'미안하다'고 할 때 Sorry.라고만 해도 되지만, 많이 유감스럽거나 미안할 때는 So sorry., Really sorry.와 같이 so나 really를 더해서 강조하는 게 일반적입니다. 여기선 terribly를 사용해 정말로 유감스럽거나 미안하다는 것을 극도로 강조합니다.

Luke My dad was rushed into the hospital last night.
Erin Oh my god. What happened? Is he okay?
Luke It turned out that he didn't eat for a couple of days, and he was dehydrated.
Erin I'm **terribly sorry** to hear that. I hope he will recover sometime soon.

- make it up to ~ ~에게 보상해 주다, 만회하다

Luke 아버지가 어젯밤에 급하게 병원에 입원하셨어.
Erin 저런, 어떻게 된 거야? 아버지는 괜찮으셔?
Luke 알고 보니 며칠 동안 아무것도 안 드시고, 탈수 증세까지 있으셨더라고.
Erin 그 말 들으니 너무 안타깝다. 아버지가 곧 회복되길 바랄게.

2 pleasantly surprised (뜻밖에) 기분 좋게 놀란

기대하지 않았는데 의외로 좋았을 때 유용하게 쓸 수 있는 표현이에요. 기대하지 않은 시험 합격, 기대하지 않은 영화가 너무 괜찮았을 때, 기대 없이 나간 데이트 상대가 너무 괜찮았을 때 pleasantly surprised가 딱입니다. happily surprised도 비슷한 느낌을 전달해 줘요.

Elena I didn't think I was going to like this restaurant, but the food is actually really good.
Aiden I'm **pleasantly surprised** too. This restaurant exceeded my expectations. I'm really enjoying the food.
Elena The service is great too. The waiter is really friendly and attentive.

- exceed one's expectations ~의 기대를 넘어서다   attentive 배려하는, 신경을 쓰는

Elena 내가 이 식당이 마음에 들 거라는 생각은 안 했는데, 음식이 정말 맛있네.
Aiden 나도 기분 좋게 놀랐어. 이 식당, 기대 이상인데? 음식이 정말 맛있어.
Elena 서비스도 아주 좋고 말이야. 웨이터가 정말 친절하고 세심하게 챙겨 준다.

3 fail miserably 완전히/처참하게 실패하다

miserably는 '비참하게, 처참하게'의 뜻이에요. 당연히 부정적인 의미의 동사와 잘 어울리겠죠? 정말 최선을 다했는데, 결과가 부끄러울 정도로 좋지 않았을 때 써 보세요. miserably 대신 completely를 써도 좋아요.

Millie I'm thinking about entering a baking contest, but I'm not sure if I'm good enough.

Harriet You won't know unless you try. And even if you **fail miserably**, at least you'll have learned something from the experience.
Millie That's true. Everyone fails at something at some point.

> Millie 나 제빵 대회에 나갈까 생각 중인데, 내 실력이 충분할지 모르겠어.
> Harriet 해 보지 않으면 몰라. 그리고 완전히 실패한다 해도 적어도 그 경험에서 뭔가는 배울 거잖아.
> Millie 그건 맞아. 누구나 어느 순간에는 무엇에든 실패하기 마련이니까.

4 a pleasant experience 즐거운 경험

great time, wonderful experience, enjoyable moment, fun time, awesome experience도 비슷한 표현들로 활용할 수 있어요.

Robin I went to the art museum yesterday, and it was such **a pleasant experience**.
Sawyer What did you see?
Robin They had a new exhibit on modern art, and it was really interesting.
Sawyer I'll have to check it out.

- exhibit 전시

> Robin 나 어제 미술관에 갔는데 정말 즐거운 경험이었어.
> Sawyer 뭐 봤는데?
> Robin 현대 미술에 관한 새로운 전시가 있었는데, 정말 흥미롭더라고.
> Sawyer 나도 한번 가 봐야겠다.

5 terrible memory 형편없는/최악의 기억력

기억력이 좋지 않다는 것을 강조해 terrible memory라고 할 수 있어요. terrible 대신 bad, poor라고 쓰기도 합니다. 그리고 뭔가를 이렇게 잘 잊는 사람을 forgetful하다고도 말해요. 참고로 memories라고 하면 과거의 추억들을 말합니다.

Neil I keep forgetting people's names. I have a **terrible memory**.
Travis You could try repeating someone's name back to them when you first meet them or associating their name with something memorable.
Neil Thanks for the tips. I'll give them a try and hopefully improve my memory.

- associate A with B A와 B를 연결하다

> Neil 내가 계속 사람들 이름을 까먹네. 난 기억력이 너무 안 좋아.
> Travis 처음 만날 때 상대방 이름을 되풀이해서 말하거나 이름을 어떤 기억에 남는 것과 연결해 봐.
> Neil 팁 고마워. 한번 해 볼게. 기억력이 좋아지면 좋겠다.

UNIT 2

Consistency Modifiers
지속성 관련 형용사, 부사 콜로케이션

(Cassie is visiting her aunt and cousin who are asking her about moving to the U.S. and also about what she wants for the going away party.)

Aunt Cas, you're leaving in just a few weeks… Are you excited?

Cassie Of course, but there is so much to do… as Mom is **¹constantly reminding** me.

Aunt There's so much I have to do for your party still, too. Actually, can we have a **²brief chat** about your cake? I know chocolate is your favorite, but your cousin is allergic. So I'm thinking of having two cakes or you could pick a different flavor…

Marty So, Cassie, do you know what you're going to major in?

Cassie Actually, yes. Journalism.

Marty What's journalism?

Cassie Well, I would interview people about something that has happened and then **³briefly summarize** it on the news or in the paper.

Marty Oh, like a reporter?

Cassie Exactly.

Marty But isn't being a reporter hard? I'd think there would be a **⁴constant struggle** to find a good story.

Aunt Well, I'm sure Boston is a lot more exciting than here, and Cassie will have a **⁵steady stream** of news to report on in a place like that. Now back to the cake…

(Cassie는 이모와 사촌을 만나는데, 그들은 Cassie에게 미국에 가는 것에 관해, 또 송별 파티에 무엇을 원하는지 묻는다.)

이모 Cas, 몇 주 후면 떠나네… 신나고 기대되고 그러니?

Cassie 네, 하지만 엄마가 계속 상기시켜 주시는 것처럼 할 일이 정말 많아요.

이모 나도 네 송별 파티에 할 일이 아직 많이 남았어. 저기, 네 케이크에 대해 간단히 얘기 좀 할 수 있을까? 초콜릿이 네가 제일 좋아하는 거라는 건 아는데, 네 사촌이 (초콜릿에) 알레르기가 있잖니. 그래서 케이크를 두 개 준비할까 하는데 아니면 네가 다른 맛을 골라도 되고…

Marty Cassie 누나, 전공은 뭘로 할 거야?

Cassie 응, 저널리즘 전공할 거야.

Marty 저널리즘이 뭐야?

Cassie 음, 어떤 일이 생기면 그 일에 대해 사람들을 인터뷰해서 뉴스나 신문에 간단히 정리하는 거야.

Marty 아, 기자처럼?

Cassie 그렇지.

Marty 그런데 기자 되는 거 어렵지 않아? 좋은 이야깃거리를 계속 힘들게 찾아야 할 거 같은데.

이모 음… 분명히 보스턴은 여기보다 훨씬 더 재미있을 거니, Cassie는 그런 곳에서라면 뉴스를 끊임없이 전할 수 있을 거야. 이제 케이크 이야기로 다시 돌아가서…

Collocations and Conversations about **Consistency Modifiers**

1 `constantly remind` 계속해서 상기시키다(잊지 않도록 알려 주다)

Remind me.는 내가 혹시 잊을 수도 있으니 상대방에게 "나에게 알려 줘."라고 말하는 거예요. 그런데 그걸 계속할 때는 constantly와 잘 어울립니다. 이 remind는 뭔가를 통해 옛 기억이 떠오를 때도 사용해요. 그때는 뒤에 전치사 of가 같이 쓰입니다. This photo reminds me of my childhood memories.(이 사진 보니까 어린 시절 추억이 떠오르네.)처럼요.

Joslyn Hey, could you remind me to drink water throughout the day? I always forget.
Nicole Sure, I can do that.
Joslyn Thank you so much! I really need someone to **constantly remind** me to stay hydrated.

- stay hydrated 수분을 충분히 섭취하다

Joslyn 저기, 하루 종일 물 좀 마시라고 나한테 계속 알려 줄 수 있어? 내가 항상 까먹는다.
Nicole 그래, 그럴게.
Joslyn 정말 고마워! 나한테 수분 섭취를 충분히 하라고 끊임없이 상기시켜 줄 사람이 정말 필요하거든.

2 `brief chat` 간단한 대화

brief 단어 자체가 보통 '빠른 시간에 뭔가를 정리하는' 느낌이에요. 그래서 간단하게 미팅할 때 brief meeting, 간단하게 대화할 때 brief chat, 간단하게 요약할 때 brief summary라고 하죠. 문장 앞에서 부사로 쓰일 때는 in brief의 형태가 됩니다. 캐주얼하게 말할 때는 brief chat을 quick talk이라고 해도 좋아요.

Friend 1 Hey, do you have a minute for a **brief chat**?
Friend 2 Sure, what's up?
Friend 1 I just wanted to check in and see how you're doing. Is everything okay?
Friend 2 Yeah, everything's good. Thanks for asking.

- check in 안부를 묻다. 잘 지내는지 확인하다

친구 1 저기, 잠깐 이야기할 시간 돼?
친구 2 그래, 무슨 일이야?
친구 1 그냥 너 어떻게 지내는지 확인하고 싶었어. 별일 없어?
친구 2 응, 다 괜찮아. 물어봐 줘서 고마워.

3 `briefly summarize` 간략히 요약하다

brief는 '간략한', briefly는 '간략하게'라서 briefly summarize는 '간략하게 요약하다'라는 뜻이에요. 뭔가를 요약할 때 많이 사용하는데, 비슷한 표현으로 recap briefly, sum up quickly 정도가 있어요.

Luis　Can you **briefly summarize** the main points of the article you just read?
Joy　Sure, the article was about the benefits of meditation. It talked about how regular meditation practice can reduce stress, improve focus, and promote overall well-being.
Luis　Oh, interesting.

- meditation 명상　　overall 전반적인

> Luis 방금 읽은 기사의 주요 내용을 간략하게 요약해 줄래?
> Joy 그래. 기사는 명상의 이점에 관한 거야. 정기적으로 명상을 하는 게 어떻게 스트레스를 줄이고, 집중력을 향상시키며, 전반적인 건강을 증진시킬 수 있는지 말하고 있어.
> Luis 오, 흥미로운데.

4　constant struggle　끊임없는 힘겨움

struggle은 뭔가를 힘들게 하는 모습을 떠오르게 합니다. 그 앞에 constant(계속적인)가 나왔으니 이 힘들게 뭔가를 하는 상황이 오래 지속되는 거죠. 비슷한 느낌의 표현들로 daily struggle, never-ending battle, ongoing challenge 정도가 있습니다.

Henry　How's work going for you?
Adam　It's been a **constant struggle** lately. I have so much to do and not enough time to get everything done.
Henry　I'm sorry to hear that. You should really talk to your manager about it.

> Henry 요즘 일은 어떻게 돼 가?
> Adam 최근에 계속해서 힘드네. 할 일은 너무 많고, 모든 일을 다 하기에는 시간이 부족하고.
> Henry 아이고 어쩌냐. 너 정말 매니저하고 이야기 좀 해 봐야겠다.

5　steady stream　꾸준한 유입

steady seller(스테디 셀러)라고 들어 보셨죠? '꾸준하게 팔리는 책'에 주로 많이 쓰이는데요 steady는 '꾸준한'의 뜻이에요. steam 하면 개울에 물이 흘러가는 것이 떠오르는데 '정보의 흐름', '고객의 유입'이란 뜻으로도 stream을 사용한답니다. 비슷한 표현으로 continuous flow가 있습니다.

Blake　How's business been lately?
Edith　It's been good. We've had a **steady stream** of customers coming in.
Blake　That's great to hear. Any particular reason for the increase in business?
Edith　It's a combination of things, but mainly I think it's because of our targeted marketing.

> Blake 요즘 사업은 어때?
> Edith 괜찮아. 고객들이 꾸준히 계속 들어와.
> Blake 좋은 소식이네. 사업이 더 잘되는 특별한 이유가 있어?
> Edith 여러 가지가 복합적으로 작용하겠지만, 주로 타깃 마케팅 덕분이 아닐까 싶어.

UNIT 3
Pace Modifiers
속도 관련 형용사, 부사 콜로케이션

(Cassie and her parents are talking while Cassie is packing. Her mom keeps trying to get her to pack things she doesn't need.)

Mom Hey, Pickle, I'm back from seeing Grandma!

Cassie How is she?

Mom Unfortunately, her overall strength is still [1]**slowly declining** from the chemo, but she seemed to be much better today. I hope she'll be at your party. So, are you packed?

Cassie Yeah, I'm almost done.

Mom Let me see… I think you should also pack your pink cozy blanket.

Cassie No, Mom, I won't have any room for it.

Mom Well, I've been checking the weather in Boston, and there are often [2]**rapid changes** in the temperature.

Cassie Okay, so…

Mom So, what if it [3]**rapidly decreases** at night? You might need it.

Cassie I'm sure they will give us blankets in the dorms, Mom.

Mom You're probably right. Don't you want to pack a second winter coat? It's really cold there.

Cassie I already packed one, I don't need two… Mom, what are you doing?

Mom Just let me take a [4]**quick glance** in your toiletries bag.

Cassie Mom, mom! [5]**Slow down**! I can pack myself.

Dad Come on, dear. Let Pickle finish packing on her own.

Mom Okay… but don't forget your toothbrush!

Cassie Mom! I've got this.

---

overall 전반적인   chemo 항암치료   cozy 포근한   toiletries 세면도구
I've got this. 제가 할 수 있어요.(걱정 마세요.)

(Cassie가 짐을 싸는 동안 Cassie와 부모님이 이야기를 나눈다. 엄마는 Cassie에게 필요 없는 물건을 계속 챙기라고 한다.)

엄마 Pickle, 할머니 뵙고 왔다!

Cassie 할머니는 어떠세요?

엄마 안타깝게도 항암 치료 때문에 전반적인 체력이 계속 천천히 떨어지고는 있지만, 오늘은 훨씬 나아 보이셨어. 네 파티에도 오시면 좋겠는데. 그래, 짐은 다 챙겼니?

Cassie 네, 거의 다 됐어요.

엄마 어디 보자… 핑크색 포근한 담요도 챙기는 게 좋을 것 같은데.

Cassie 아니요, 엄마, 그거 넣을 공간이 없어요.

엄마 글쎄, 엄마가 보스턴 날씨를 확인했는데, 기온이 자주 급격하게 변해.

Cassie 네, 그래서요…?

엄마 그러니까 밤에 기온이 급격히 떨어지면 어떡해? 그게 필요할 수도 있어.

Cassie 기숙사에서 담요를 줄 거예요, 엄마.

엄마 네 말이 맞겠다. 겨울 외투 하나 더 챙기고 싶지 않니? 거긴 정말 추운데.

Cassie 이미 하나 챙겼으니, 두 벌은 필요 없어요… 엄마, 뭐 하세요?

엄마 네 세면도구 가방 좀 잠깐만 볼게.

Cassie 엄마, 엄마! 천천히요! 제가 혼자 짐 쌀 수 있어요.

아빠 이봐, 여보. Pickle 혼자 짐 싸게 내버려 두라고.

엄마 좋아… 칫솔 꼭 챙기는 거 잊지 마!

Cassie 엄마! 제가 알아서 챙길게요.

Collocations and Conversations about **Pace Modifiers**

1 slowly decline 천천히 감소하다, (체력 등이) 천천히 떨어지다

slowly 대신에 gradually, steadily를 사용해도 좋아요. 모두 '천천히 조금씩'이라는 느낌을 줍니다. 체력이 천천히 감소하는 거니까 '체력이 떨어지다, 건강이 서서히 안 좋아지다'라는 의미입니다. 물론 decline은 다양한 상황이 안 좋아질 때 사용할 수도 있어요.

Leslie How's your grandfather doing?
Kimberly Not so great, unfortunately. His health has **slowly** been **declining** over the past few months.
Leslie I'm sorry to hear that.

> Leslie 너희 할아버지는 어떻게 지내셔?
> Kimberly 안타깝지만 그렇게 잘 못 지내셔. 몇 달 동안 천천히 건강이 악화되고 있어.
> Leslie 어쩌니.

2 rapid change 빠른 변화

rapid는 fast, quick의 의미지만 rapid change가 fast change, quick change보다 더 많이 쓰입니다. 빠른 변화는 갑작스러운 변화이기도 하니 sudden change도 비슷한 느낌을 전합니다.

Kelly Have you seen how much the neighborhood has changed recently?
Mary Yeah, it's crazy how fast things are shifting.
Kelly I know, it feels like there's **rapid change** happening everywhere we look.
Mary Tell me about it. Just last year, there were hardly any new shops around here, and now there's a whole row of them.

> Kelly 최근에 동네가 얼마나 변했는지 봤어?
> Mary 응, 정말 장난 아니게 빨리 바뀌네.
> Kelly 그러게 말이야. 보이는 데마다 빠른 변화가 생기는 것 같아.
> Mary 내 말이 그 말이야. 작년만 해도 여기 주변에 새로운 상점이 생기는 일이 드물었는데, 지금은 아주 줄지어 있어.

3 rapidly decrease 빠르게 감소하다

slowly decrease는 조금씩 천천히 감소하는 것을, rapidly decrease는 급격하게 감소하는 것을 말해요. 이때 rapidly decrease 대신 많이 사용하는 표현들로는 drop, plummet, fall, crash 등이 있습니다.

Jo How's your phone battery doing?
Danny It's not great. It's been **rapidly decreasing** over the past hour or so.
Jo You might want to try closing some of your apps or putting your phone in low-power mode.
Danny Yeah, I think I'll have to do that. I don't want it to die on me when I need it most.

- You might want to ~ ~하는 게 어때?(부드러운 제안)

Jo 네 휴대폰 배터리 어때?
Danny 별로 좋지 않아. 지난 한 시간 동안 급격하게 줄어들고 있어.
Jo 앱을 몇 개 닫거나 절전 모드로 해 보는 건 어때?
Danny 응. 그렇게 해야 할 것 같아. 정말 필요한 때 휴대폰이 꺼지면 안 되니까 말이지.

4 quick glance 빠르게 (휙) 봄

glance는 휙 볼 때 많이 사용해요. quick look, brief look도 비슷한 의미예요. glance 단어 자체에 빠르게 보는 느낌이 있어서 앞에 quick을 놓으면 이 의미를 더 강조하는 느낌입니다.

Girlfriend Hey, can you help me find my sunglasses? I think I left them on the desk.
Boyfriend Sure, let me take a **quick glance** around the room and see if I can spot them.
Girlfriend Thanks, I appreciate it. I've been looking for it everywhere, but I can't find them.
Boyfriend Ah, here they are. They were hiding behind your laptop.

- spot 발견하다

여자 친구 내 선글라스 좀 찾아봐 줄래? 책상에 두었던 것 같은데.
남자 친구 그래. 방을 한 번 휙 둘러보고 보이는지 확인해 볼게.
여자 친구 고마워. 사방을 다 찾아봤는데도 못 찾겠어.
남자 친구 아, 여기 있네. 네 노트북 뒤에 숨어 있었어.

5 slow down 천천히 하다

slow down은 과속하는 친구에게, 음식을 급하게 먹는 친구에게, 말을 너무 빨리하는 친구에게 말할 때처럼 다양한 상황에서 쓸 수 있습니다. Take it easy.도 비슷한 의미인데, 이건 상대가 주로 너무 지나치게 일, 인간관계 등으로 스트레스를 받을 때 해 줄 수 있는 표현이에요.

Jordan I've been feeling really overwhelmed lately. I don't know how to handle it all.
Louise I understand how you feel. Have you tried to take a break?
Jordan I haven't really had the time to do that. I just feel like I'm always rushing.
Louise Maybe you should **slow down** a bit. It's important to take care of yourself.

Jordan 요즘 정말 벅차고 치이는 느낌이야. 이걸 다 어떻게 처리해야 할지 모르겠어.
Louise 그 느낌 이해하지. 좀 쉬려고 해 봤어?
Jordan 그럴 시간적 여유가 그다지 없었어. 그냥 늘 급하게 움직이는 것 같아.
Louise 좀 천천히 하는 게 좋지 않을까? 너 자신을 챙기는 게 중요하다고.

UNIT 4

Clarity Modifiers
명확함의 정도를 나타내는 형용사, 부사 콜로케이션

(Cassie's aunt has thrown the big family going-away party. Cassie mainly talks to Rachel.)

Rachel Wow, Cas, your aunt did an amazing job with this party! What's with all the cookies?

Cassie Oh, she couldn't decide on which kind of cake she wanted to do, so she made every other kind of dessert out there.

Rachel And she has a [1]**clear preference** for chocolate chip.

Cassie Yeah, she knows I love chocolate.

Rachel Hey, so, who are those people over there? Have I met them before?

Cassie I don't think so. Those are my dad's cousins and their kids.

Rachel Oh, right. I think I [2]**vaguely remember** meeting them at your grandparents' 50th-anniversary party a few years ago. Wow, there are a lot of your relatives here.

Cassie Yeah, Auntie really got the entire family to come even though I [3]**clearly stated** that I wanted a small going-away party.

Rachel Ha! This is far from small… So, you're leaving soon. You ready? How are you feeling?

Cassie Honestly, I haven't the [4]**vaguest idea** why I decided to do this. I'm terrified.

Rachel Come on, don't be like that.

Cassie What's worse is I heard a [5]**faint sound** coming from my parent's room last night. I think my mom was crying.

Rachel I'm sure both of your parents are sad to see you go, but this is an amazing opportunity! Don't let that stop you from enjoying it, okay? Promise me.

Cassie I promise.

going-away party 작별 파티(송별회)

(Cassie의 이모가 대가족이 모이는 송별 파티를 열어 주었고, Cassie는 주로 Rachel과 대화한다.)

Rachel 와, Cas, 너희 이모가 이 파티 정말 준비 잘하셨다! 이 쿠키들은 다 뭐야?

Cassie 아, 이모가 어떤 종류의 케이크를 만들지 결정 못 해서, 그냥 온갖 디저트를 다 만들었어.

Rachel 확실히 너희 이모는 초콜릿 칩을 좋아하시나 봐.

Cassie 응, 이모는 내가 초콜릿 엄청 좋아한다는 걸 아시거든.

Rachel 그런데 저기 있는 사람들은 누구야? 내가 저분들과 만난 적이 있던가?

Cassie 없을걸. 우리 아빠의 사촌이랑 그 아이들이야.

Rachel 아, 맞아. 몇 년 전에 너희 할아버지, 할머니 50주년 결혼기념일 파티에서 봤던 기억이 희미하게 나는 것 같아. 와, 여기 너희 친척들이 정말 많이 왔구나.

Cassie 응. 내가 소소하게 작은 송별회를 원한다고 확실히 말씀드렸는데도, 이모가 가족 전체를 초대했어.

Rachel 하하! 이건 작은 파티하곤 거리가 먼데… 아무튼 너 곧 떠나는구나. 준비는 됐어? 기분은 어때?

Cassie 솔직히, 내가 왜 이런 결정을 했는지 전혀 모르겠어. 너무 겁이 나.

Rachel 야아, 그러지 마.

Cassie 더 속상한 건, 내가 어젯밤에 부모님 방에서 희미한 소리를 들은 거야. 엄마가 우시는 것 같았어.

Rachel 부모님 두 분 다 널 떠나 보내는 게 슬퍼서 그러시는 거야. 하지만 이건 멋진 기회야! 그러니까 마음껏 즐겨야 돼, 알았지? 약속해 줘!

Cassie 약속할게.

Collocations and Conversations about Clarity Modifiers

1 clear preference 확실한 선호(확실히 좋아하는 것)

prefer는 선택 가능한 상황에서 '~이 더 좋다'고 할 때 많이 사용해요. prefer의 명사형 preference는 주어진 상황에서 선호하는 것을 말하는데, 앞에 clear를 써서 확실히 더 선호하는 것을 나타냅니다. 비슷한 표현으로 favorite choice가 있어요.

Gavin Do you have a preference for what we should have for dinner tonight?
Marsha Actually, I have a pretty **clear preference**. I've been craving sushi all week.
Gavin Oh, that sounds good to me too.

- crave ~ ~를 몹시 원하다

Gavin 오늘 저녁 식사로 뭐 먹고 싶은 거 있어?
Marsha 실은, 나 확실하게 원하는 게 있어. 일주일 내내 스시가 먹고 싶었거든.
Gavin 오, 나도 그게 좋을 거 같아.

2 vaguely remember 기억이 가물가물하게 나다

vague는 '애매모호한(unclear)', 부사형인 vaguely는 '애매모호하게'입니다. 뭔가 기억이 가물 가물할 때 remember 앞에 vaguely를 써서 vaguely remember로 나타내요. 비슷한 표현으로 can't quite remember가 있고, 참고로 '거의 기억나지 않다'는 barely remember라고 합니다.

Aubrey Hey, do you remember that movie we watched together last year?
Donald Hmm, I **vaguely remember** it. What was it about?
Aubrey It was the one with the aliens that invaded Earth.
Donald Oh, right! I remember now. That was a pretty good movie.

- alien 외계인

Aubrey 저기, 작년에 너랑 나랑 같이 본 영화 기억나?
Donald 음, 기억이 가물가물하네. 뭐에 관한 영화였지?
Aubrey 지구를 침략한 외계인이 나오는 영화였어.
Donald 아, 맞아! 이제 기억나네. 영화 꽤 괜찮았지.

3 clearly state 명확하게/확실하게 말하다(적혀 있다)

state는 정보나 메시지를 전달할 때 사용하는 동사로, 보통은 formal하고 공식적인 상황에서 많이 사용해요. 캐주얼한 대화에서는 state 대신 say라고 많이 합니다. 자기 의사를 분명히 밝히거나 어떠한 내용이 적혀 있다고 할 때, state 앞에 clearly를 써서 표현합니다. make it clear라는 causal한 표현도 비슷한 느낌으로 많이 쓰이죠.

Coworker 1 What's the deadline for this project, again?
Coworker 2 Didn't you read the email? It **clearly states** that the deadline is on Monday.
Coworker 1 Wow, I almost missed the deadline. Thanks for reminding me.

동료1 이 프로젝트 마감일이 언제라고 했지?
동료2 이메일 안 읽었어? 월요일이 마감일이라고 명확하게 적혀 있는데.
동료1 오. 하마터면 마감일을 놓칠 뻔했네. 알려 줘서 고마워.

4 vague idea 대충 알고 있는 것

'애매모호한, 확실하지 않은'의 vague와 짝꿍을 이루어 잘 쓰이는 표현으로 이 '대충 아는 것'의 의미인 vague idea가 있고, 이 외에도 vague memory(가물가물한 기억), vague answer(애매한 대답) 등이 있어요. vague idea 대신 더 쉽게 unclear idea 또는 rough idea라고 해도 좋아요.

Diego Do you have any idea where we can find good coffee around here?
Fiona I have a **vague idea**. I remember seeing a coffee shop on the corner of 5th and Main.
Diego Okay, let's check it out.

Diego 이 근처에 커피 맛있게 하는 데 어디 있는지 알아?
Fiona 잘은 모르겠어. 5번가와 Main가 모퉁이에서 커피숍을 본 기억은 있지만 말이야.
Diego 좋았어. 한번 가 보자.

5 faint sound 희미한 소리

faint는 '아주 희미한' 것을 의미해요. 그래서 faint sound는 '아주 희미한 소리'죠. 응용해서 faint smell 하면 '희미하게 나는 냄새', faint memory는 '희미한 기억'을 말합니다. faint sound와 비슷한 표현으로 soft sound, low noise 정도가 있어요.

Mother Did you hear that noise?
Son No, what noise?
Mother I heard a **faint sound** coming from upstairs, like someone whispering.
Son Maybe it's just the wind. I'll go check it out.

엄마 저 소리 들었니?
아들 아니요, 어떤 소리요?
엄마 위층에서 희미한 소리가 들렸어. 마치 누군가가 속삭이는 것처럼.
아들 아마 바람 소리일 거예요. 가서 확인해 볼게요.

UNIT 5
Degree Modifiers
정도를 나타내는 형용사, 부사 콜로케이션

(Cassie's parents are dropping her off at the airport.)

Mom Just pay for parking, honey. I know you have this **¹deep dislike** for airport parking lots, but Cassie has a lot of luggage, and we should go in and help her with it.

Dad Okay, fine… Now, Pickle, don't forget your passport, that is **²absolutely essential**. Always keep it in your hand or in the secret travel wallet I bought you.

Mom And don't lose your ticket. That would be an **³absolute disaster**… Oh! I **⁴completely forgot** to pack your travel pillow for the plane!

Cassie It's okay, mom, I can buy one when I get inside.

Dad Actually, I **⁵strongly suggest** you wait. They might give you a pillow on the flight.

Mom Oh, even if they do give her one, it's **⁶highly unlikely** that she'll be able to get any decent sleep. They are so small. Here, here's some money to buy a new one.

Dad We need to hurry! With all these people, I'm starting to get **⁷deeply concerned** about how long the security lines will be. That reminds me! After you get through security, refill your water bottle.

Cassie Okay. Okay.

Dad Seriously, it was the **⁸highest recommendation** in Travel Magazine this month. Not many people know that you get dehydrated while flying, so drink plenty of water.

Cassie Okay, Dad. I will.

Mom So, how are you feeling?

Cassie Honestly, I **⁹have** this **strong feeling** that I'm going to be a **¹⁰complete failure**…

Dad Nonsense. You're a smart and amazing young woman. You'll be just fine.

Mom Our little Pickle!! We believe in you!

---

get dehydrated 탈수되다   We believe in you. 우린 네가 잘할 거라고 믿어.

(Cassie 부모님이 Cassie를 공항에 데려다 준다.)

엄마 여보, 그냥 주차비 내고 주차해. 당신이 공항 주차장 아주 싫어하는 건 알지만, Cassie가 짐이 많아서 우리도 들어가서 도와줘야지.

아빠 알았어, 알았다고… 자, Pickle, 여권 꼭 챙겨. 그건 완전 필수다. 항상 손에 들고 있거나 아빠가 사 준 비밀 여행 지갑에 넣어둬.

엄마 그리고 티켓도 잃어버리지 말고. 그러면 정말 큰일나… 아! 비행기에서 쓸 여행용 베개를 깜빡하고 안 샀네!

Cassie 괜찮아요, 엄마. 안에 들어가서 사도 돼요.

아빠 아빠 생각엔 좀 기다려 보는 게 좋겠는데. 비행기에서 베개를 줄 수도 있잖아.

엄마 아무리 베개를 준다고 해도, 제대로 잠을 자기는 힘들 거야. 너무 작으니까. 자, 여기 새 베개 살 돈.

아빠 서둘러야 해! 이렇게 사람들이 많으니, 보안 검색 줄이 얼마나 길지 몹시 걱정되기 시작하네. 그러고 보니 생각난다! 보안 검색 통과하고 나면 물병에 물 다시 채워라.

Cassie 알았어요. 알았어요.

아빠 진심으로 말하는 거야. 이번 달 Travel Magazine에서 가장 추천한 거야. 비행 중에 탈수 증상을 겪는다는 걸 아는 사람이 별로 없거든. 그러니까 물을 많이 마셔.

Cassie 알겠어요, 아빠. 그럴게요.

엄마 그래, 기분이 어때?

Cassie 솔직히 말해서, 완전 실패할 것 같은 느낌이 강하게 들어요…

아빠 말도 안 돼. 넌 똑똑하고 아주 멋진 젊은 여성이야. 그냥 다 괜찮을 거야.

엄마 우리 이쁜이 Pickle!! 엄마, 아빠는 네가 잘할 거라 믿어!

Collocations and Conversations about Degree Modifiers

1 deep dislike 정말 싫어하는 것, 깊은 혐오

dislike는 동사로도, 명사로도 쓰여요. 정말 싫은 것을 나타낼 때 앞에 deep을 써서 표현합니다. dislike와 비슷한 느낌의 단어로 조금 강한 느낌이긴 하지만 hatred가 있고요, 캐주얼한 표현으로는 real turn-off, big no-no가 있습니다. 싫어하는 대상은 뒤에 for를 써서 나타내요.

Mike How's it going with the new sales manager?
Jan Not great. I have a **deep dislike** for his aggressive sales tactics.
Mike Have you talked to your supervisor?
Jan Yes, we're working to address the issue.

• tactic 전술   address the issue 문제를 해결하다

Mike 새로 온 영업 팀장이랑은 어떻게 지내?
Jan 별로. 그분의 공격적인 영업 방식이 난 정말 싫어.
Mike 상사와 얘기해 봤어?
Jan 응, 그 문제를 해결하려고 하고 있어.

2 absolutely essential 정말 꼭 필요한

absolutely는 essential과 아주 찰떡으로 잘 쓰여요. 비슷한 느낌의 표현으로 totally necessary, super important, 또는 key, crucial, vital, mandatory 등이 있습니다.

Sales Clerk Good morning! Can I help you with anything?
Customer Yes, I need to buy some **absolutely essential** items for my trip.
Sales Clerk Sure thing! What are you looking for?
Customer I need some sunscreen, insect repellent, and a first aid kit.

• Sure thing. 물론이죠.   insect repellent 방충제   first aid kit 구급상자

판매원 안녕하세요! 뭐 좀 도와드릴까요?
고객 예, 여행에 꼭 필요한 물건들을 좀 사야 해서요.
판매원 그러시군요! 뭘 찾으시는데요?
고객 선크림, 방충제, 구급상자가 필요해요.

3 absolute disaster 대형 참사, 끔찍한 일, 엉망진창

되돌릴 수 없을 정도로 크게 실패했을 때 많이 사용하는 표현이에요. complete disaster, total disaster라고도 합니다. disaster와 함께 사용하는 표현 중 많이 나오는 것으로 '자연재해'를 말할 때 사용하는 natural disaster가 있어요.

Coworker 1 What happened to your presentation? It looks like an **absolute disaster**!
Coworker 2 I had everything prepared, but my computer crashed right before the meeting. I had to improvise with just a few notes, and it didn't go well.
Coworker 1 That sounds like a nightmare.

- crash (컴퓨터가) 다운되다   improvise 즉석에서 하다

동료 1 너 발표 어떻게 된 거야? 완전히 망한 것 같아!
동료 2 다 준비했는데, 회의 직전에 컴퓨터가 다운됐어. 메모 몇 개만 가지고 즉흥적으로 해야 했어서, 잘 안 됐어.
동료 1 정말 최악이네.

4 completely forget 완전히 까먹다, 완전히 깜빡하다

totally forget이라고도 자주 하고, totally slip one's mind도 많이 사용하는 표현이에요. 그리고 이렇게 자주 까먹는 사람들을 forgetful, absent-minded하다고 합니다. 참고로 순간적으로 까먹을 때는 go blank를 사용해요. 발표하다가 긴장해서 아무것도 생각이 안 날 때 My mind went blank.라고 합니다.

friend 1 Did you remember to bring the cake for the party?
friend 2 Oh no, I **completely forgot**! I left it on the kitchen counter.
friend 1 That's okay, we still have some time. Can you go back and get it?
friend 2 Of course, I'll be quick. Thanks for reminding me!

친구 1 파티에 쓸 케이크 가져왔어?
친구 2 앗, 이런. 완전히 깜빡했네! 부엌 조리대에다 두고 왔어.
친구 1 괜찮아. 아직 시간 좀 있으니까. 도로 가서 가져올 수 있어?
친구 2 그래야지. 얼른 가져올게. 알려 줘서 고마워!

5 strongly suggest 강하게 제안하다, 강추하다

비슷한 표현으로 highly recommend가 있고, 동사 urge, advise를 사용해도 좋아요.

Brittney I'm thinking about going for a run outside, but it looks like it might rain soon.
Graham I **strongly suggest** that you check the weather forecast before you go. You don't want to get caught in a downpour.
Brittney That's a good point. I'll do that before I head out.

- go for a run 달리기하다   get caught in a downpour 비를 쫄딱 맞다
  head out 나가다

Brittney 밖에서 달리기하려고 하는데, 곧 비가 올 것 같아.
Graham 나가기 전에 일기 예보 꼭 확인하는 것 강추. 폭우에 비 쫄딱 맞고 싶지는 않을 거잖아.
Brittney 옳으신 말씀. 나가기 전에 확인해 볼게.

Collocations and Conversations about Degree Modifiers

6 highly unlikely 정말 그럴 것 같지 않은, ~할 확률이 낮은

어떤 일이 일어날 것 같지 않을 때 unlikely를 사용하는데, highly가 들어가서 가능성이 거의 없을 거라고 강조합니다. 비슷한 표현으로 really doubtful, barely possible이 있어요.

Kendra Do you think it will snow tomorrow?
Alejandro Based on the forecast, it's **highly unlikely**. The temperature is going to stay above freezing.
Kendra Oh, that's too bad. I was looking forward to a snowy day.

- look forward to ~   ~를 고대하다(to 뒤에 명사(구)가 위치)

Kendra 내일 눈 올 것 같아?
Alejandro 일기 예보 보니까 그럴 확률은 낮아. 기온이 영상으로 있을 거야.
Kendra 아, 아쉽네. 눈 오기를 고대했는데.

7 deeply concerned 큰 걱정이 되는

worried와 같은 concerned는 '크게 걱정이 되는'의 의미일 때 deeply와 찰떡입니다. deeply concerned와 비슷한 콜로케이션은 really worried, extremely worried, very anxious 등이 있어요. 또 캐주얼한 대화에서 많이 보이는 worried sick(걱정돼 죽겠는)도 기억해 주세요.

Brad Have you heard about the recent increase in crime in our neighborhood?
Jerry Yes, I have, and I'm **deeply concerned** about it.
Brad Me, too. I'm very worried about the safety of our community.

Brad 우리 동네에서 최근 범죄가 늘었다는 얘기 들었어?
Jerry 응, 들었어. 그것 때문에 걱정이 크다.
Brad 나도 그래. 우리 지역 치안이 정말 걱정되네.

8 high recommendation 강력한 추천

이 표현은 약간 formal한 느낌이긴 해요. 사실 일상적으로 더 많이 쓰는 것은 good recommendation, strong recommendation이죠. 개인적인 경험을 바탕으로 추천할 때는 personal recommendation이라는 표현도 많이 사용해요. 추천 대상을 언급할 때는 뒤에 for를 씁니다.

Guest Can you recommend a good restaurant in town?
Hotel Receptionist Absolutely! I have a **high recommendation** for this Italian restaurant on Main Street. They have amazing pasta dishes and a great atmosphere.
Guest That sounds perfect.

숙박객 이 동네에 있는 좋은 식당 좀 추천해 줄 수 있어요?
호텔 접수 담당자 그럼요! 메인 스트리트에 있는 이탈리아 식당을 강력 추천 드립니다. 파스타 요리가 정말 맛있고, 분위기도 좋아요.
숙박객 완벽하네요.

9 have a strong feeling ~일 것 같다는 느낌이 강하게 들다

어떤 일에 대해 강한 확신이나 직감을 가질 때 쓰여요. 미래에 대한 예감, 특정한 상황에 대한 직관적인 느낌, 혹은 강한 감정을 나타낼 때 사용됩니다. 주로 'have a strong feeling that + 절' 또는 'have a strong feeling about + 명사'로 사용해요.

Kelly How do you feel about the upcoming election?
Ivan I **have a strong feeling** that this election is going to be a close one. Both candidates seem to have a lot of support.
Kelly You're right. It's hard to predict which way it will go.

> Kelly 다가오는 선거에 대해 어떻게 생각해?
> Ivan 이번 선거가 아주 막상막하일 것 같은 느낌이 강하게 들어. 두 후보 모두 많은 지지를 받는 것 같은데.
> Kelly 맞아. 어떻게 될지 예측하기가 힘들어.

10 complete failure 완전한 실패

앞서 살펴본 absolute disaster, complete disaster와 비슷한 표현이에요. total failure라고도 많이 하고, 캐주얼한 대화에서는 epic fail이라는 표현도 사용합니다.

Scientist 1 How did your science experiment go?
Scientist 2 It was a **complete failure**. I followed all the steps, but nothing happened.
Scientist 1 Oh no, that's too bad. But at least you learned something from it, right?
Scientist 2 I learned that even when you do everything right, things can still go wrong.

> 과학자 1 과학 실험은 어땠어?
> 과학자 2 완전히 실패했어. 단계를 다 따랐는데, 아무 일도 안 일어났어.
> 과학자 1 아, 너무 안타깝네. 하지만 그래도 그걸로 뭔가를 배웠겠지?
> 과학자 2 모든 걸 제대로 해도 일이 잘못될 수 있다는 걸 배웠지.

CHAPTER 4
WORLD AROUND ME
나를 둘러싼 세계

왼쪽의 QR코드를 스캔하시고 '바로듣기'를 탭하세요.
해당 도서의 음원을 바로 들으실 수 있습니다.
반복 재생과 속도 조절도 가능합니다.

UNIT 1
Weather
날씨

(Cassie is on an airplane talking to a man about the weather announcements.)

Cassie Woah! Was that a **[1] rumble of thunder**?

Man I think so. Are you okay?

Cassie Yes. I'm good. Thank you.

Pilot Good evening, ladies and gentlemen, this is your captain speaking. I apologize for the **[2] sharp rise** in altitude just now, but there is a storm up ahead that I wish to avoid.

Man Ugh, I hate flying, especially in bad weather.

Cassie I've never flown before. Is it always this bad?

Man First time, eh? Nah, not usually this rough.

Pilot Ladies and gentlemen, we are experiencing some strong winds, so you will continue to feel a bit of turbulence until **[3] the wind dies down**. Please remain seated with your seatbelts fastened.

Man A bit?! Ha!

Pilot As you can probably tell, we're experiencing some **[4] scattered showers**. Unfortunately, I do expect constant rain for the rest of the flight.

Man Scattered showers? More like **[5] heavy rain** if you ask me.

Cassie That's too bad.

Pilot I do, however, expect there to be clear skies when we arrive at our destination.

Man Well, that's a huge relief.

Cassie Do you know how much longer we have until we land in New York?

Man About two more hours, I think.

Cassie Ugh, okay, thanks.

---

altitude 고도   up ahead 그 앞쪽에   turbulence 난기류
if you ask me 개인적인 생각으로는
That's too bad. 남은 시간 내내 비가 온다는 것에 대한 아쉬움을 토로하는 표현

(Cassie는 옆에 앉은 남성과 날씨 공지에 관해 이야기한다.)

Cassie 와! 이게 천둥소리였던 거예요?

남성 그런 것 같네요. 괜찮으세요?

Cassie 네, 괜찮아요. 감사합니다.

기장 안녕하십니까, 승객 여러분. 저는 기장입니다. 방금 전 고도를 급히 올린 것을 사과드립니다. 앞에 폭풍우가 있어서 피하려고 했습니다.

남성 아, 전 비행을 정말 싫어해요. 특히 날씨 안 좋을 때는 더더욱.

Cassie 저 비행기 처음 타봐요. 항상 이렇게 심하게 흔들리나요?

남성 첫 비행이에요? 아니요, 보통은 이렇게 안 좋진 않아요.

기장 승객 여러분, 현재 강풍이 불고 있어 바람이 약해질 때까지 약간의 난기류를 느끼실 겁니다. 안전 벨트를 매고 자리에 앉아 계시기 바랍니다.

남성 약간이라고?! 참 내!

기장 여러분도 아시는 것처럼, 산발적인 소나기가 내리고 있습니다. 안타깝게도, 남은 비행 시간 동안 계속 비가 내릴 것으로 예상됩니다.

남성 산발적인 소나기? 폭우처럼 보이는데.

Cassie 아이고.

기장 하지만 목적지에 도착할 때는 맑은 하늘이 될 것으로 예상됩니다.

남성 그나마 정말 다행이네요.

Cassie 뉴욕에 도착할 때까지 얼마나 남았는지 아시나요?

남성 대략 두 시간 정도 남은 것 같네요.

Cassie 아, 네, 감사합니다.

Collocations and Conversations about **Weather**

1. **rumble of thunder** 천둥 소리

폭풍우가 몰아치면서 나는 저음의 천둥소리를 표현할 때 사용해요. rumble은 저음의 소리를 말하는데, 배에서 나는 꼬르륵 소리 역시 rumble을 사용해 표현할 수 있어요. 이때는 rumble of stomach라고 합니다.

Billy I swear. I heard a UFO fly over my house!
Drew No way… You must've heard something else and thought it was a UFO. Maybe it was just a **rumble of thunder**.
Billy There was no storm, and the sky was clear! I'm telling you. It was a UFO.

- I swear. 정말이야. 맹세해.   I'm telling you. 정말이야.

Billy 정말이야. 우리 집 위를 지나가는 UFO 소리를 들었다고!
Drew 말도 안 돼… 다른 소리 듣고, UFO소리로 착각한 거겠지. 천둥소리였을 수도 있고.
Billy 그때는 폭풍우도 없었고, 하늘도 맑았다니까! 정말이라고. UFO였어.

2. **sharp rise** 급상승

가격 급상승, 혈압 급상승, 기온 급상승 같은 상황에서 sharp rise를 사용할 수 있어요. 비슷한 표현으로 steep increase, dramatic surge 등이 있습니다. 한 단어로 skyrocket, soar, 숙어인 through the roof도 많이 사용하는 표현이에요.

Manager What's the status on the latest product launch?
Employee We're tracking well. We've seen a **sharp rise** in pre-orders, so we're confident in hitting our targets.
Manager That's great news. Keep up the good work.

- Keep up the good work. 잘하고 있어요. 계속 이렇게 해 줘요.

매니저 최근 출시된 제품에 대한 상황은 어때요?
직원 순조롭게 진행되고 있습니다. 선주문이 급증해서, 목표를 달성할 수 있을 걸로 확신합니다.
매니저 좋은 소식이네요. 계속 잘해 주세요.

3. **the wind dies down** 바람이 약해지다

die down은 파티 같은 어떤 활동이 잦아들거나, 불이 났는데 불길이 잦아들거나, 개 짖는 소리가 시간이 지나 잦아들 때 사용할 수 있어요. 아래 대화처럼 '바람이 약해지고 있다'는 현재진행형으로 흔히 씁니다. 반대로 '바람이 강해지고 있다'는 the wind is picking up이지요. 비슷한 표현으로 ease off, subside, taper off가 있습니다.

Father Do you want to go fly the kite today?
Son Yay! Let's go!
Father Hold on, **the wind is dying down**. We'll have to wait for it to pick up again.

아빠 오늘 연 날리러 갈까?
아들 야호! 가요!
아빠 잠깐, 바람이 약해지네. 다시 바람 불 때까지 기다려야겠다.

4 scattered showers 산발적으로 내리는 비

scatter는 '흩뿌리다'라는 말이에요. 간헐적으로 왔다가 그쳤다 하는 느낌이죠. shower는 짧은 시간에 내리는 '소나기'를 말합니다. 따라서 scattered showers는 산발적으로 비가 확 왔다가 그쳤다가 하는 걸 뜻합니다.

Edward Do you still want to go to the park tomorrow?
Jackie What's the weather supposed to be like?
Edward Looks like **scattered showers** all day.
Jackie Then no, I'd rather not take a chance on getting caught in the rain.

- take a chance 위험을 무릅쓰다

Edward 너 아직도 내일 공원에 가고 싶어?
Jackie 날씨가 어떨 것 같아?
Edward 종일 소나기가 오다 말다 할 것 같은데.
Jackie 그럼 싫어. 비 맞을 위험을 감수하면서까지 가고 싶진 않아.

5 heavy rain 폭우

억수로 많이 오는 비를 heavy rain이라고 표현해요. 비가 가볍게 조금 올 때는 heavy의 반대말이 light라서 light rain이라고 합니다. 폭우를 말하는 다른 표현으로 명사로는 downpour가, 동사로는 pour가 있는데, It's pouring.은 "비가 억수로 와."입니다.

Neighbor 1 What happened to your garden? All your flowers are gone!
Neighbor 2 Remember the **heavy rain** we had last week? It washed them all away.
Neighbor 1 Oh, no.

이웃 1 정원이 어떻게 된 거예요? 꽃들이 다 사라졌네요!
이웃 2 지난주에 폭우 온 것 기억하시죠? 폭우로 다 씻겨 내려갔어요.
이웃 1 아이고, 세상에.

UNIT 2

Countryside
시골

(Cassie is chatting to a woman while waiting at the train station.)

Woman Is this the train to Boston?

Cassie Yes, I think so.

Woman Okay, great! Have you been waiting long?

Cassie Um, about 10 minutes or so.

Woman I see… So, is this your first time in New York?

Cassie It's my first time in the U.S.

Woman Oh! What are you here for? Traveling?

Cassie No, I'm a student. I'm going to Boston to study.

Woman Are you nervous?

Cassie A little. Boston is such a big city. And I'm from just a [1]**tiny little village**… see here. This is where I'm from.

Woman Oh my! How picturesque! It looks like it is located at [2]**the foot of a mountain**.

Cassie That's right. You can see the rest of the mountain range [3]**in the distance** there.

Woman How beautiful! The surrounding countryside is breathtaking.

Cassie Here's another picture of the village.

Woman Just look at those [4]**narrow streets**! You won't see many of those here.

Cassie Yeah, I expect not.

Woman So, which of those [5]**cozy little houses** was yours?

Cassie That one right there.

Woman How nice! Oh look, here comes our train!

---

picturesque 그림같이 아름다운   breathtaking 숨 막힐 정도로 아름다운

(Cassie가 기차를 기다리면서 한 여성과 이야기를 나누고 있다.)

여성 이 기차가 보스턴 가는 기차죠?

Cassie 네, 그런 것 같아요.

여성 아이고, 다행이다! 오래 기다렸어요?

Cassie 음, 한 10분 정도요.

여성 아, 네… 뉴욕은 처음이에요?

Cassie 미국 자체가 처음이에요.

여성 오! 여기는 무슨 일로 왔어요? 여행하는 거예요?

Cassie 아니요, 학생이에요. 보스턴에 공부하러 가요.

여성 긴장돼요?

Cassie 약간이요. 보스턴은 정말 큰 도시잖아요. 저는 시골 작은 마을에서 왔거든요… 여기 보세요. 여기가 제가 사는 곳이에요.

여성 어머나! 정말 그림 같아요! 마을이 산기슭에 위치한 것 같네요.

Cassie 맞아요. 멀리서 산맥이 보여요.

여성 정말 아름답네요! 주변의 시골 풍경이 정말 장관이에요.

Cassie 여기 마을의 다른 사진도 있어요.

여성 저 좁은 거리 좀 봐요! 이런 건 여기서는 볼 수 없을 거예요.

Cassie 네, 그럴 것 같아요.

여성 그러면 저 아늑한 작은 집 중 어느 집이 학생 집이에요?

Cassie 저게 바로 우리 집이에요.

여성 멋지네요! 아, 저기 기차가 오네요!

Collocations and Conversations about **Countryside**

1 **tiny little village** 아주 작은 시골 마을

말 그대로 매우 작고, 고풍스러운 시골 마을을 말할 때 사용합니다. 비슷한 표현은 little town, tiny community 등이 있어요.

Tourist I heard about a **tiny little village** in the UK. Have you been there before?
Local Yes, I'm from there actually. It's a beautiful place with a rich history.
Tourist I'd love to visit someday.

> 관광객 제가 영국에 있는 아주 작은 시골 마을에 대해 들었는데요. 거기 가 보셨어요?
> 현지인 네, 사실 제가 거기 출신이거든요. 역사가 깊은 아름다운 곳이죠.
> 관광객 언젠가 한번 방문해 보고 싶네요.

2 **the foot of a mountain** 산기슭

foot은 '발'이고, 발은 몸 가장 아래를 말하는 거라 the foot of a mountain은 산 아래에 위치한 지역을 뜻합니다. 다른 표현으로는 mountain base가 있는데, 그래서 산 등정하기 전에 산 아래에서 준비하는 장소를 base camp라고 해요.

Kevin So, what about you? What's the most daring thing you've ever done?
Regina Well, I went with my parents to Mount Everest when I was a teenager.
Kevin Really? Did you hike any of it?
Regina We just hiked around **the foot of the mountain**. We didn't go all the way to the top.

• daring 과감한, 대담한   go all the way to the top 정상까지 쭉 올라가다

> Kevin 그럼 너는? 지금까지 한 일 중에서 가장 과감한 일이 뭐야?
> Regina 음, 10대때 부모님과 함께 에베레스트 산에 갔어.
> Kevin 정말? 거기 등산도 했어?
> Regina 그냥 산기슭을 따라 걷기만 했어. 정상까지는 안 갔어.

3 **in the distance** 먼 곳에

내가 있는 지점에서 멀리 떨어진 걸 말할 때 사용해요. 멀리 보이는 도시(a city in the distance), 먼 곳에서 다가오는 배(a ship in the distance), 모두 in the distance를 사용해 표현할 수 있습니다. 비슷한 표현은 from far off가 있어요.

Daughter Daddy! Are we almost there?
Dad Just about. Do you see that tall building **in the distance** there? That's where we're headed. Another 20 minutes or so and we'll be there.

• be headed 향해서 가다   or so 대략

> 딸 아빠! 거의 다 왔어요?
> 아빠 거의 다. 저기 멀리 높은 건물 보이지? 저게 우리가 가는 곳이야. 한 20분 정도 더 가면 도착할 거야.

4 narrow streets 좁은 거리

오래된 단독주택이 몰려 있는 동네는 거리가 매우 좁습니다. 이렇게 좁은 거리를 narrow streets라고 할 수 있어요. 이런 좁은 골목길은 다른 말로 alley라고 합니다.

Eric I visited the old town yesterday, and the **narrow streets** were so charming.
Brenda I know, right? The narrow streets really give the place a unique, historical feel.
Eric Yes, but driving through them was quite a challenge!
Brenda I can imagine! It's definitely better to explore those streets on foot.

Eric 어제 구시가지 가 봤는데 좁은 골목길이 정말 매력적이더라.
Brenda 그렇지? 좁은 길 때문에 독특하고 역사적인 느낌이 나.
Eric 그러게. 그런데 운전하는 게 꽤 힘들었어!
Brenda 상상이 간다! 그런 거리는 걸어서 탐험하는 것이 확실히 더 좋아.

5 cozy little house 아담한 작은 집

부동산을 소개할 때 종종 나오는 표현이에요. 작은 집이지만 정감이 넘치는 따뜻함이 느껴지는 곳을 표현합니다. 형용사 순서에 주의하세요. 참고로 cozy는 크기보다는 따뜻하고 포근한 느낌에 포커스를 둔 형용사예요.

Husband Look at this **cozy little house**! I want to buy it.
Wife You should think twice before you decide. You should think about how far it is to drive to work.
Husband You're right. But I really love the peace and quiet of the countryside.

남편 이 아늑하고 작은 집 좀 봐! 이 집 사고 싶다.
아내 결정하기 전에 신중하게 생각해. 직장까지 운전하려면 얼마나 먼지도 생각해야 하잖아.
남편 그래. 하지만 시골의 평화롭고 조용한 분위기가 너무나 마음에 들어.

UNIT 3
Nature
자연

(Cassie gets a video call from her mother while she is on the train.)

Mom Pickle! Finally, I've been trying to reach you for hours! How are you? Where are you?

Cassie Hi, Mom. I'm good. I'm on the train now.

Mom Really? That sounds amazing! Are you near the ocean?

Cassie We're traveling [1]**along the coast**, and I can see the [2]**waves crashing** against the rocks below. It's such a stunning view.

Mom Let me see… Oh yeah. I see the sandy beaches there, and, oh my, just look at those waves! That is some [3]**choppy water**.

Cassie Yes, it's not calm out there. It's been very windy, but pleasantly warm at the same time.

Mom What's out the other window?

Cassie I don't want to show you. There are some [4]**steep cliffs** on that side, and you'll worry.

Mom Come on show me… Oh, my. That looks dangerous. You are being careful, right?

Cassie Of course… If only you had called earlier. The train passed by some incredible scenery an hour ago. There were meadows and [5]**gentle rolling hills**. And when we went over this slow-moving river, I saw a waterfall. It was breathtaking. So, where are you?

Mom I'm just sitting in the garden. Can't you hear the birds chirping?

Cassie Oh yeah, I can hear them now.

Mom Ah! What was that sound?

Cassie That was just a dog barking. It's in the seat across from me.

Mom A dog? On the train?

Cassie It's not loose. It's in a crate with its owner. Stop worrying! I'll call you back later, okay?

Mom Okay, Pickle. Love you! Be safe!

---

travel 이동하다   If only ~ ~했다면 좋았을 텐데   meadow 초원   chirp (새가) 지저귀다
loose 풀려 있는, 느슨한   crate 상자

(Cassie가 기차를 타고 가다가 엄마에게서 온 화상 전화를 받는다.)

엄마 Pickle! 이제야 연락이 되네. 몇 시간째 전화하려고 했는데! 넌 어때? 어디야?

Cassie 안녕, 엄마. 전 괜찮아요. 지금 기차 안이에요.

엄마 정말? 멋지다! 바다 가까이에 있는 거야?

Cassie 해안을 따라 이동 중인데, 아래에 있는 바위로 부딪히는 파도가 보여요. 풍경이 정말 아름다워요.

엄마 어디 보자… 어, 그러네. 거기 모래사장이 보이네. 그리고 와우, 저 파도 좀 봐! 파도가 엄청 세구나.

Cassie 네. 바다가 잔잔하지는 않네요. 바람이 많이 불지만, 기분 좋게 따뜻해요.

엄마 반대쪽 창문 밖에는 뭐가 보이니?

Cassie 그곳은 보여드리기 좀 그래요. 가파른 절벽이 있어서 걱정하실 거예요.

엄마 아이, 그러지 말고 좀 보여줘… 아이고, 위험해 보인다. 조심하고 있는 거지, 그렇지?

Cassie 그럼요… 더 일찍 전화하셨으면 좋았을 텐데. 한 시간 전에 기차가 아주 멋진 풍경을 지나왔거든요. 초원과 부드러운 언덕이 있었어요. 그리고 천천히 흐르는 강을 건널 때는 폭포를 봤어요. 숨이 멎을 정도로 아름답더라고요. 엄마는 어디예요?

엄마 그냥 정원에 앉아 있어. 새 지저귀는 소리 안 들리니?

Cassie 아, 네, 지금 들리네요.

엄마 아! 저 소리는 뭐니?

Cassie 그냥 개 짖는 소리예요. 제 건너편 좌석에 있어요.

엄마 개가? 기차에?

Cassie 풀려 있진 않아요. 주인이랑 케이지 안에 있으니 걱정하지 마세요! 나중에 다시 전화할게요, 알겠죠?

엄마 알았어, Pickle. 사랑해! 조심해!

Collocations and Conversations about **Nature**

이 Unit은 꼭 머릿속에 그림을 그려 보면서 학습하세요! 훨씬 쉽게 기억할 수 있을 거예요.

1 along the coast   해안을 따라

along 자체가 '~을 옆에 두고 나란히 따라'의 뜻이라서 along the coast는 해안을 따라 걷거나 운전하는 것을 생각해 보면 돼요. 물론 coast를 river로 바꾸면 강가를 따라서 움직이는 거죠. street라고 하면 길을 따라서 움직이는 것입니다.

Wayne Hey, have you ever taken a road trip **along the coast**?
Thomas No, I haven't. Is it worth it?
Wayne Absolutely! You get to see some stunning views and experience the ocean breeze. I highly recommend it.

- stunning 놀랄 정도로 멋진   breeze 산들바람, 미풍

Wayne 지금까지 해안 따라 운전해서 여행해 본 적 있어?
Thomas 아니, 그런 적 없어. 해볼 만해?
Wayne 당근이지! 정말 너무나 멋진 경치를 볼 수 있고, 바다 바람도 만끽할 수 있어. 강력히 추천해.

2 waves crashing   파도가 부딪히는 것

wave는 '파도', crash는 '강하게 부딪히다'니까 waves crashing은 파도가 해변가 모래사장에, 바위에, 또는 부두에 부딪히면서 철썩철썩 하는 것을 말해요. 그 모습을 떠올려 보세요.

Hotel Receptionist We've put in a suite with a garden view. Is that alright?
Woman Oh, really? I was hoping for a seafront view. I love listening to the **waves crashing** at night when I go to sleep.
Hotel Receptionist Unfortunately, all of the seafront view rooms are taken.

호텔 접수원 정원 전망이 보이는 스위트룸을 배정해 드렸습니다. 괜찮으신가요?
여성 아, 그래요? 전 바다 전망을 원했는데요. 밤에 잠들 때 파도 소리 듣는 걸 좋아해서요.
호텔 접수원 안타깝게도, 해변 뷰 객실은 모두 예약이 마감되었습니다.

3 choppy water   거친 파도

chop은 '썰다'라는 뜻인데 이것의 형용사형인 choppy는 부드럽지 않고 딱딱 끊어지는 느낌을 줍니다. 그래서 choppy water라고 하면 좀 강하게 끊어지듯이, 딱딱 때리는 듯한 파도를 말해요. 참고로 choppy ride는 비포장 도로를 덜컹덜컹 달리는 느낌이죠.

Surfer The **water** is so **choppy** today. I'm not sure if I should go out.
Beachgoer Yeah, it looks pretty rough out there. Maybe it's best to wait for calmer conditions.
Surfer Good idea. Safety first.

서퍼 오늘 물살이 꽤 거치네요. 나가는 게 좋을지 잘 모르겠어요.
해변 이용객 네. 정말 꽤 거칠어 보여요. 더 잔잔해질 때까지 기다리는 게 좋을 것 같아요.
서퍼 좋은 생각이에요. 안전이 우선이죠.

4 steep cliffs 가파른 절벽

경사가 급할 때 steep이라는 표현을 많이 써요. cliff 자체가 절벽인데 steep을 통해 강조하니 정말 경사가 90도 정도 될 정도로 무서운 절벽인 거죠. sheer cliffs, towering cliffs도 비슷한 표현입니다. 참고로 steep hill(가파른 언덕), steep price(비싼 가격), steep learning curve(매우 노력을 많이 해야 하는 것)처럼 steep과 써야 하는 뭉치 표현들이 있어요.

Rock climber Wow, those are some **steep cliffs**. I'm not sure if I'm ready for this.
Guide It's a bit challenging, but the view from the top is worth it. We'll take it slow and steady.
Rock climber Okay, I trust you. Let's give it a try.

암벽 등반가 오, 가파른 절벽인데요. 제가 이거 오를 준비가 됐는지 잘 모르겠어요.
가이드 조금 힘들긴 하지만, 정상에서 보는 경치는 정말 그만한 가치가 있어요. 천천히, 쭉 가 보죠.
암벽 등반가 네, 그 말씀 믿고, 한번 해 보죠.

5 gentle rolling hills 완만하고 부드러운 언덕

hill(언덕)인데 gentle하다는 건 steep(가파른)한 느낌이 안 들고, 경사가 완만한 걸 뜻해요. 거기에다 rolling이라고 하니 부드럽게 굴러갈 수 있는 듯한 느낌입니다.

Tom I took a drive through the countryside yesterday. The **gentle rolling hills** were absolutely stunning.
Jenny That sounds nice. Did you take any pictures?
Tom I did! The view was so relaxing, especially compared to the city.
Jenny Wow, that must have been a great drive. I hope we can go together next time.

Tom 어제 시골 드라이브했거든. 완만하고 부드러운 언덕이 정말 멋지더라.
Jenny 듣기만 해도 좋네. 사진은 찍었어?
Tom 응! 경치가 특히 도시와 비교하면 정말 한가로웠어.
Jenny 와, 정말 멋진 드라이브였겠다. 다음엔 같이 가보면 좋겠어.

UNIT 4

Around a City
도시 주변

(Cassie finally arrives in Boston, but she is lost. She talks to a stranger about the city, and she gets directions to the college campus.)

Cassie Excuse me, can I ask you something?

Stranger Absolutely, what can I do for you?

Cassie I've just **¹caught the train** here, but now I'm lost.

Stranger Yeah, that can happen.

Cassie I'm just not used to such **²bustling streets**. I don't know which direction to go in.

Stranger Where are you trying to get to?

Cassie Boston University.

Stranger Well, the campus is on the **³outskirts of the city**, and right now you're downtown.

Cassie I kind of figured that out with all these **⁴towering skyscrapers** around me.

Stranger Don't worry, it's very easy to get there. You just have to go…

Cassie Sorry, I couldn't hear you over all the honking. Is there always this constant noise?

Stranger Oh, yeah, traffic jams are typical during rush hour. You get used to the **⁵noise pollution** living here. I said that the campus is that way. You just need to go down to the end of this street and then turn right.

Cassie Thank you!

Stranger But, hey! That's pretty far, and you'd have to go through the industrial zone which isn't very safe. Plus, you've got all these bags; I'd suggest you take a taxi.

Cassie Oh, good idea. I'll do that! Thanks again!

---

industrial zone 공단 지대

(Cassie는 마침내 보스턴에 도착하지만 길을 잃는다. 그녀는 모르는 사람과 도시에 대해 이야기하고 대학 캠퍼스로 가는 길을 안내받는다.)

Cassie 실례지만, 뭐 좀 물어봐도 될까요?

낯선 사람 물론이죠! 뭘 도와드릴까요?

Cassie 기차 타고 여기까지는 왔는데, 제가 길을 잃었어요.

낯선 사람 네, 그럴 수 있죠.

Cassie 이렇게 번잡한 거리에 익숙하지 않아서요. 어느 방향으로 가야 할지 모르겠어요.

낯선 사람 어디로 가시려는 건데요?

Cassie 보스턴 대학이요.

낯선 사람 음, 그 캠퍼스는 도시 외곽에 있어요. 지금 여긴 시내고요.

Cassie 주위에 이렇게 초고층 빌딩이 많아서 대충 눈치는 챘어요.

낯선 사람 걱정하지 마세요. 거기 가는 거 정말 쉬워요. …로 가기만 하면…

Cassie 죄송해요. 차 빵빵거리는 소리 때문에 못 들었어요. 항상 이렇게 시끄럽나요?

낯선 사람 네, 출퇴근 시간에 교통체증은 일상적인 일이에요. 여기 살면 소음 공해에 익숙해지죠. 캠퍼스는 저쪽이라고 말했어요. 이 길 끝까지 가서 오른쪽으로 도세요.

Cassie 감사합니다!

낯선 사람 아, 근데요! 거기까지 꽤 멀고, 중간에 공단 지역을 지나야 하는데 그곳이 별로 안전하지 않아요. 그리고 이렇게 짐 가방들도 있으니 택시를 타는 게 좋을 거예요.

Cassie 아, 좋은 제안이네요. 그렇게 할게요! 다시 한번 감사합니다!

Collocations and Conversations about **Around a City**

1 catch a train 기차를 잡아 타다

일상생활에서 '기차를 타다'라는 의미로 catch a train을 많이 사용해요. take a train 도 많이 나오죠. 비슷한 표현으로는 hop on a train(캐주얼한 표현)이나 board the train이 있는데요. board the train은 주로 안내 방송에서 사용되며, 특히 공항 방송에서 board the plane이라는 표현이 참 많이 들려요. 참고로 catch a train은 어떤 기차든 타야 할 때 사용하고, 본문에서처럼 특정한 기차를 의미할 때는 catch the train이라고 해요.

Stephanie So where to next? Straight to the hotel?
Heidi No, we still have to **catch a train** to get into the city.
Stephanie Oh really? How long is the train ride?
Heidi I think it's only about 15 minutes.

> Stephanie 다음은 어디야? 바로 호텔로 가는 거야?
> Heidi 아니, 도시로 가려면 기차 타야 해.
> Stephanie 아, 정말? 기차 타고 얼마나 걸리는데?
> Heidi 15분 정도면 될 거야.

2 bustling streets 붐비는 거리

bustling이라고 하면 미국의 뉴욕 같은 대도시가 떠오르죠. 백화점에서 할인 행사할 때 사람들 많잖아요. 그렇게 '북적이는' 모습을 bustling이라고 합니다. bustling을 대체해 비슷한 느낌을 주면서 원어민들이 자주 쓰는 표현에는 crowded, vibrant, lively가 있습니다.

Manager We need to find a new location for the store. Somewhere with good foot traffic.
Assistant Manager What about the **bustling streets** downtown? They get a lot of visitors and potential customers.
Manager That's a great idea. Let's check it out.

• foot traffic 유동 인구

> 매니저 새로 가게 오픈할 곳을 찾아야 해. 유동 인구가 많은 곳 말이야.
> 부매니저 시내에 사람들 많고 붐비는 거리는 어떨까요? 거긴 방문객들도 많고, 잠재 고객들도 많으니까요.
> 매니저 좋은 생각이네. 한번 확인해 보자.

3 outskirts of the city 도시 외곽

도시 중심부에서 벗어난 지역을 말하는데, 이런 곳에는 회사들도 있지만, 많은 사람들이 거주하고, 도심부로 출퇴근하는 경우가 많죠. outskirts 대신 suburbs라고도 합니다.

Taxi Driver Where to?
Businessman The Plaza Hotel, please.
Taxi Driver Which one? There is one downtown and one on the **outskirts of the city**.

Businessman　The downtown one, thanks.

> 택시 운전사　어디로 가시죠?
> 비즈니스맨　플라자 호텔로 가주세요.
> 택시 운전사　어떤 플라자 호텔을 말씀하시나요? 중심가에 있는 거랑 도시 외곽에 있는 거랑 두 개가 있거든요.
> 비즈니스맨　중심가에 있는 거요. 감사합니다.

4　towering skyscrapers　솟아오른 고층 건물

tower(탑) 하면 에펠탑(Eiffel Tower)이 떠오르지 않나요? 캐나다 Toronto에는 또 CN Tower가 있어요. tower에서 나온 towering은 이렇게 '우뚝 솟은' 높은 산이나 건물을 꾸며 주는 말로, towering mountain(우뚝 솟은 산), towering trees(우뚝 솟은 높은 나무)도 많이 사용해요. 비슷한 표현으로는 giant skyscrapers, lofty towers 등이 있습니다.

Tourist　Wow, these **towering skyscrapers** are amazing. How do they even build them so tall?
Local　It takes a lot of engineering and planning. But the city is always looking to build higher and higher.
Tourist　I can't imagine working in one of those offices up there!
Local　It's definitely not for everyone, but the views can be incredible.

> 여행객　와우, 여기 초고층 건물들 정말 대단하네요. 어떻게 이렇게 높이 지을 수가 있죠?
> 현지인　많은 공학기술과 계획이 필요하죠. 그런데 항상 도시는 더 높은 건물을 지으려고 해요.
> 여행객　저렇게 높은 곳에 있는 사무실에서 일하는 게 상상이 안 돼요!
> 현지인　(저런 고층 건물을) 모든 사람이 좋아하진 않겠지만, 그 전망은 정말 멋지겠지요.

5　noise pollution　소음 공해

공해를 pollution이라고 하죠. 미세먼지, 황사 때문에 예전보다 air pollution(대기 오염)이 심해진 거 같고, 지구상 어떤 곳은 water pollution(수질 오염) 때문에 일상생활을 영위하는 데 큰 문제가 있다고 합니다.

Jeremy　I think we should move to the countryside.
Elizabeth　Why? You love the city!
Jeremy　I used to, but I can't stand the **noise pollution** anymore. It's always so loud.

- can't stand ~　~를 참다, 견디다

> Jeremy　우리 시골로 이사해야 할 것 같아.
> Elizabeth　왜? 너 도시 좋아하잖아!
> Jeremy　예전에는 좋았는데, 이제는 소음 공해를 더 이상 못 참겠어. 항상 너무 시끄러워.

UNIT 5
A New Place
새집

(Cassie finally arrives at the college campus and meets Julia. She tells Cassie about her new home.)

Julia You must be Cassie! I'm Julia, the Resident Advisor for your dorm. Oh, you poor thing! I didn't realize that there had been such a **¹dramatic drop** in the temperature since this morning. Are you freezing, dear?

Cassie No, I'm okay. Is it usually so cold here in September, though?

Julia Not at all. This is **²unseasonably cold** weather we're having. Let's get you inside.

Cassie Oh, just my luck. Thanks. I'm looking forward to a **³change of scenery**.

Julia Well, that shouldn't be too hard… Here we are. Welcome to college!

Cassie Wow, this campus is stunning!

Julia Yes, yes. These are all **⁴mid-century buildings** from when the university was founded. But we'll do the full tour tomorrow after you rest. This way to the freshmen dorms, your new home. Come, let's take that **⁵winding path** on the left. It's a shortcut.

Cassie All these buildings are so grand. I can't believe I finally made it.

Julia Yes, but they are pretty old, especially this one. Sometimes students complain of noises at night, but don't be alarmed. It's just the **⁶wind whistling**. And… this is your room. It's small, but you're going to really **⁷admire the view**.

Cassie Oh, is that downtown Boston?

Julia It is. You can see all the **⁸inner-city areas** from here. Have you been yet?

Cassie Yes, I actually just took a taxi from the main square to get here. It's so big compared to the **⁹sleepy little town** I come from.

Julia It's the best coastal city in America! Now, I'll just leave you to get settled in. Oh, perfect timing, here's your new roommate, Madison, to properly **¹⁰welcome you home**!

---

stunning 너무 아름다운   grand 웅장한   square 광장
get settled in 자리를 잡다, 적응하다

(캐시는 마침내 대학 캠퍼스에 도착하여 Julia를 만나고, Julia는 캐시에게 새집을 소개한다.)

Julia 네가 Cassie구나? 난 기숙사 조교 Julia라고 해. 오, 딱해라! 오늘 아침 이후로 기온이 급격하게 떨어졌다는 걸 몰랐네. 춥니?

Cassie 아뇨, 괜찮아요. 그런데 여기는 9월에 보통 이렇게 추운가요?

Julia 전혀 안 그래. 정말 이 시기에 보기 드물게 추운 날씨야. 안으로 들어가 볼까?

Cassie 제가 운이 없는 거군요. 감사합니다. 좀 새로운 걸 빨리 경험하고 싶어요.

Julia 그건 그렇게 어렵지 않을 거야… 자, 여기야. 우리 대학에 온 걸 환영해!

Cassie 와, 캠퍼스가 정말 멋져요!

Julia 응, 그렇지. 이것들은 대학이 처음 설립됐을 때 20세기 중반에 세워진 건물들이야. 오늘은 좀 쉬고 내일 캠퍼스 전체를 구경하도록 하자. 이쪽은 신입생들이 머무는 기숙사, 너의 새로운 보금자리로 가는 길이야. 자! 왼쪽에 보이는 구불구불한 길을 따라가 보자. 그게 지름길이거든.

Cassie 여기는 모든 건물이 웅장하네요. 제가 드디어 이곳에 왔다니 믿기지가 않아요.

Julia 그렇지. 그런데 건물들이 꽤 오래됐어. 특히 이 건물은 더 그래. 가끔은 밤에 소리가 난다고 학생들이 불평할 때가 있는데 놀라지는 마. 그냥 바람 부는 소리니까. 그리고… 여기가 네 방이야. 작긴 하지만 경치는 정말 좋을 거야.

Cassie 오, 저게 보스턴 시내인가요?

Julia 그렇지. 여기서는 시내 모든 지역을 볼 수 있어. 가 봤니?

Cassie 네, 실은 주 광장에서 택시 타고 여기까지 왔어요. 제가 살던 조용한 작은 마을에 비하면 정말 크네요.

Julia 이곳이 미국 최고의 해안 도시거든! 이제 네가 짐도 풀고 하게 난 가볼게. 와, 정말 완벽한 타이밍인데, 여기 네 새로운 룸메이트 Madison이 왔구나. 널 제대로 환영해 줄 거야!

Collocations and Conversations about **A New Place**

1 dramatic drop 급격한 하락

온도나 주가가 빠르게 떨어질 때 dramatic drop을 사용해요. 비슷한 표현으로 drop 대신 decline, decrease, fall 등을 사용할 수 있습니다. 이렇게 급하락의 '급' 느낌은 sharp, steep, substantial 같은 형용사로 살려 줄 수 있어요.

Accountant Unfortunately, there has been a **dramatic drop** in your company's stocks.
Shareholder What does that mean?
Accountant Well, that means that your shares are worth less now. But hopefully, they will increase again in the future.

회계사 안타깝게도, 투자하신 회사 주식이 급격하게 하락했습니다.
주주 그게 무슨 말인가요?
회계사 투자하신 주식 가치가 지금은 낮아졌다는 말입니다. 하지만 향후 다시 상승할 겁니다.

2 unseasonably cold 계절에 맞지 않게 추운

가을인데도 겨울 같은, 봄인데도 겨울 같은 그런 날씨는 계절에 맞지 않게 추운 거죠. 그럴 때 unseasonably cold라고 합니다. 봄인데도 여름같이 더우면 unseasonably hot이라고 하면 되죠. 이런 건 우리가 예상하지 못한 상황이라서 unexpectedly와 함께 unexpectedly cold/hot이라고 해도 좋습니다.

CEO Have you turned the heat up in here?
Secretary No, it's June.
CEO I don't care. It's **unseasonably cold** out there today. Please turn it up.

대표 여기 난방 좀 틀었나?
비서 아니요, 지금 6월인데요.
대표 상관없네. 오늘은 계절에 맞지 않게 추우니, 온도 좀 올리게.

3 change of scenery 상황의 변화

직역하면 '경치의 변화'인데요, 비슷한 일이 반복될 때, 같은 곳에 계속 살 때, 비슷한 문제로 계속 스트레스 받을 때 변화가 필요하죠. 이럴 때 change of scenery를 사용할 수 있습니다. a breath of fresh air도 비슷한 의미예요.

Abigail Are you looking forward to your weekend away?
Christina Yes, I am! It's been so long since I had a **change of scenery**.
Abigail Yeah, I really need a vacation too.

Abigail 주말 여행 기대되니?
Christina 그럼! 기분 전환한 지 정말 너무 오래되었어.(= 지금 상황으로 변화되고 나서 시간이 너무 오래 됐다.)
Abigail 그래, 나도 정말 휴가가 필요해

4. mid-century building (20)세기 중반 건축물

보통 20세기 중반에 세워진 건물을 말합니다. mid-century를 건물이나 디자인이 아닌 다른 상황에서 썼다면 문맥을 봐야 합니다. 예를 들어 The number of elderly people will have doubled by mid-century.라고 하면 문맥상 mid-century는 2050년 즈음을 말하는 거죠. 즉 '노인 인구 수는 2050년에 두 배가 될 것이다'라는 뜻입니다. mid 대신 early, late를 사용해 early-century building(20세기 초기 건축물), late-century building(20세기 말기 건축물)으로도 응용할 수 있어요.

Client I like the style, but can you make the exterior buildings look more like the older ones already on the property?
Architect Do you mean the **mid-century buildings** near the front?
Client Yes. If possible, we want them all to look like they are from the same era.

- property 부동산, 건물 구내

고객 스타일은 마음에 드는데, 외부 건물을 그 부지에 있는 예전 건물들과 더 비슷하게 만들어 줄 수 있어요?
건축가 앞쪽에 있는 20세기 중반 건물들 말씀하시는 건가요?
고객 네, 가능하면 모두 같은 시대에 지어진 것처럼 보였으면 합니다.

5. winding path 구불구불한 오솔길

winding은 '구불구불한'이란 의미예요. 요즘은 길이 많이 반듯해졌지만 예전에는 구불구불한 도로(winding road)가 참 많았습니다. 이것을 응용하면 winding river는 '구불구불한 강'을 말하고, winding stairs는 '구불구불한 나선형 계단'임을 알 수 있죠.

Hiker Excuse me, do you know where the **winding path** leads to?
Local Yeah, it takes you up to the lookout point. It's a beautiful view up there.
Hiker Thanks, I think I'll check it out.

- lookout point 전망대

등산객 실례지만, 이 구불구불한 길이 어디로 이어지는지 아세요?
현지인 네, 그게 전망대로 이어져요. 거기 경치가 정말 좋아요.
등산객 고맙습니다. 한번 가봐야겠네요.

Collocations and Conversations about **A New Place**

6 wind whistling 휘파람 소리가 나는 바람 (소리)

주둥이가 좁은 주전자에서 물이 끓으면 좁은 구멍을 통해 휘파람(whistle) 소리가 들려요. 마찬가지로 바람(wind)이 좁은 공간을 통과할 때 나는 소리를 wind whistling이라고 할 수 있지요. 참고로 눈바람이 강하게 몰아칠 때 들리는 바람 소리는 wind howling이라고 합니다.

Lynn Where are you now?
Mark I'm just walking the dog around the block.
Lynn Sorry, I couldn't hear you.
Mark That's because of the **wind whistling** in the background. I'll call you back later.

- around the block 근처

Lynn 지금 어디에 있어?
Mark 근처에서 강아지 산책시키고 있어.
Lynn 미안한데, 잘 안 들렸어.
Mark 여기 바람이 너무 많이 불어서 그래. 나중에 다시 전화할게.

7 admire the view (멋진) 경치에 감탄하다/감상하다

admire는 존경하거나 감탄할 때 사용해요. 사람을 admire할 수도 있고, 경치가 너무 멋지다면 여기처럼 admire the view할 수 있지요. 영화를 봤는데 이 배우가 정말 대단한 연기를 했어요. 그러면 admire his work/performance라고도 할 수 있습니다.

Charles There you are. What are you doing out here on the terrace?
Gloria Oh, I'm just **admiring the view**.
Charles Come on, let's go back into the party. We are all waiting for you.

Charles 여기 있었네. 여기 테라스에서 뭘 하고 있어?
Gloria 아, 그냥 경치 보면서 감탄 중이야.
Charles 자, 파티장으로 돌아가자. 우리 모두 널 기다리고 있어.

8 inner-city areas 도시 중심부

보통 오래된 도시의 중심가를 말할 때 이렇게 표현합니다. 보통 인구가 빽빽하게 있으면서, 동시에 사회적인 문제(crime, homelessness) 등이 있는 곳을 말하죠. downtown 또는 urban core도 비슷한 표현이에요.

Dean Did you hear there was another robbery last night? I think someone was shot.
Joseph Yes, I think there's too much crime in those **inner-city areas**.
Dean Yeah. The police really need to do more in those parts of the city.

Dean 어젯밤에 또 다른 강도 사건이 있었다는 얘기 들었어? 누군가 총에 맞았다던데.
Joseph 응. 저 도시 중심가에는 범죄가 너무 많은 것 같아.
Dean 그러게. 경찰이 그 지역에서 일을 정말 더 많이 해야 해.

9 sleepy little town 조용한 시골 마을

inter-city areas와는 반대로 시골의 작고 평화로운 마을을 뜻하는 표현입니다. 표현이 참 재미있죠? 너무 평화로워서 졸음이 올 듯이 작은 마을이라니요. 목가적인 문맥에서 많이 볼 수 있으니 꼭 알아두세요. 그리고 하나 더! sleepy의 반의어인 sleepless를 사용해 sleepless city라고 하면 뉴욕 같은 매우 바쁜 도시의 모습을 나타낸답니다. 갑자기 톰 행크스와 맥 라이언이 주연으로 나왔던 *Sleepless in Seattle*(시애틀의 잠 못 이루는 밤, 1993)이란 영화가 생각나네요.

Jenny Look at this picture. Have you ever been to a **sleepy little town** like this one?
Tom No, I'm from the city. What's it like?
Jenny It's quiet and charming, with lots of old-fashioned shops and cafés.
Tom Sounds nice, maybe we should take a trip there sometime.

- What's it like? 그건 어때?

Jenny 이 사진 좀 봐. 너 이렇게 조용한 시골 마을에 가 본 적 있어?
Tom 아니, 난 도시 출신이야. 어떤데?
Jenny 조용하고, 매력적이야. 고풍스러운 가게랑 카페들이 많아.
Tom 멋지네. 거기 언제 한번 가 보는 것도 좋을 것 같은데.

10 welcome you home 네가 집에 온 것을 환영하다

보통 오랜만에 누군가가 어디에 갔다 돌아오면 Welcome you home! 하며 따뜻하게 반겨 줍니다. 유럽 여행 간 자녀가 돌아오거나, 군대 갔던 아들이 돌아오거나, 입원했던 아빠가 회복되어 돌아올 때 등 Welcome you home!을 사용할 수 있는 상황은 다양합니다. 그냥 오랜만에 돌아온 가족에게는 Welcome home!이라고 많이 하죠.

Susan Tim?! What are you doing home? I thought you weren't coming back until Thursday!
Tim I managed to catch an earlier flight.
Susan I wish you had told me! There was no one here to **welcome you home**.
Tim That's not entirely true. Baxter was here! Isn't that right, my beautiful pup?

- pup 강아지

Susan Tim?! 너 집에서 뭐 해? 목요일에야 돌아올 줄 알았는데!
Tim 어찌어찌 비행기를 더 일찍 탈 수 있었어.
Susan 미리 말해 주면 좋았을 텐데! 집에 널 환영해 줄 사람이 아무도 없었잖아.
Tim 꼭 그렇지만도 않아. Baxter가 있었으니깐! 안 그래, 내 이쁜 강아지?

CHAPTER 5
TRAITS AND EXPRESSIONS
특성과 표현

 왼쪽의 QR코드를 스캔하시고 '바로듣기'를 탭하세요.
해당 도서의 음원을 바로 들으실 수 있습니다.
반복 재생과 속도 조절도 가능합니다.

UNIT 1
Feelings
감정

(Cassie and Madison get to know each other and talk about their feelings.)

Cassie Oh, hey Madison. Sorry, I didn't see you there.

Madison How are you feeling? I heard you crying last night.

Cassie Oh, that… yeah, I was just [1] **feeling homesick**. I guess I didn't expect college to be such a lonely place. But I talked to my parents just now. They always know what to say when I'm [2] **feeling down**.

Madison They sure do call a lot.

Cassie Yeah, I guess so.

Madison I bet your mom would be [3] **worried sick** if you went five minutes without updating her.

Cassie Ha, yeah. So, did you get your class schedule yet? I just got mine and I'm an [4] **emotional wreck** about it. It's going to be a hard semester.

Madison Oh, I'm not stressed at all. I picked up mine this morning and was pleasantly surprised that I got all my preferred classes. If I hadn't, I probably would have [5] **lost my temper**.

Cassie Oh, lucky you. Most freshmen don't get their first choices.

Madison Can I see your schedule?

Cassie Sure, here you go.

Madison It looks like we both have Mr. Stevenson at 9 AM on Tuesdays and Thursdays.

Cassie Oh, what a relief! I'm so glad I'll know at least one person in one of my classes. Do you want to walk there together?

Madison Um, sure. I've got to go and meet some friends now, so I'll see you later.

Cassie Okay, bye roomie!

---

preferred 선호하는   What a relief! 다행이다!   roomie 룸메이트

(Cassie와 Madison은 서로를 알아가고 감정에 대해서 이야기한다.)

Cassie 어, Madison. 미안해, 너 거기 있는 줄 몰랐어.

Madison 기분은 좀 어때? 너 어젯밤에 울고 있던데.

Cassie 아, 그거… 응, 그냥 집이 그리워서. 대학이 이렇게 외로운 곳일 줄은 몰랐나 봐. 하지만 방금 부모님과 얘기했어. 엄마, 아빠는 내가 기분이 다운되면 뭐라고 해 줘야 하는지 늘 아셔.

Madison 너희 부모님, 정말 자주 전화하신다.

Cassie 응, 그러네.

Madison 네가 새로운 소식 없이 5분이라도 그냥 지나가면 너희 엄마 엄청 걱정하시겠다.

Cassie 하하, 맞아. 그래, 넌 수업 시간표 받았어? 난 방금 받았는데, 정말 너무 괴로워. 이번 학기는 정말 힘들 것 같아.

Madison 난 전혀 스트레스 받지 않았는데. 오늘 아침에 수업 시간표 받고 내가 원하는 수업 다 들을 수 있다는 것에 기분 좋게 놀랐어. 안 그랬으면, 나도 화가 많이 났을 거야.

Cassie 아, 좋겠다. 신입생들 대부분이 원하는 수업을 못 듣는데.

Madison 네 수업 시간표 좀 봐도 돼?

Cassie 응, 여기.

Madison 화, 목 오전 9시에 Stevenson 교수님 수업 우리 같이 듣네.

Cassie 아, 정말 다행이다! 내가 듣는 수업들 중에 적어도 한 명은 알고 있어서 너무 좋아. 그 수업 갈 때 같이 걸어 갈래?

Madison 음, 그래. 나 지금 친구들 만나러 가 봐야 할 것 같아서, 나중에 봐.

Cassie 그래. 잘 가, 룸메이트!

Collocations and Conversations about **Feelings**

1 **feel homesick** 향수병을 겪다, 집이 그립다

가족을 떠나 해외에서 공부하다 보면 가끔 고국이, 집이, 부모님이 너무 그리울 때가 있죠. 그걸 feel homesick이라고 합니다. 외국에 이민 온 사람들도 그렇게 느끼고요. 비슷한 표현으로 miss home, long for home 등이 있습니다.

Todd So, when's the last time you went home?
Julie I think it's been about two years.
Todd Wow, that's a long time. You must be **feeling homesick**!

> Todd 집에 마지막으로 간 게 언제야?
> Julie 한 2년 정도 된 것 같아.
> Todd 와우. 꽤 오래 되었네. 정말 집이 그립겠다!

2 **feel down** 기분이 별로이다

우울한(depressed) 정도까진 아니지만, 왠지 좀 기분이 다운된 느낌이 들 때 feel down을 사용할 수 있습니다. 그냥 좀 울적하고, 피곤하고 쳐져서 뭘 하기 싫을 때도 feel down이 자연스럽게 들려요. 비슷한 표현은 feel off, feel blue 정도가 있습니다.

Greg Why didn't you come to the party last night?
Sophie I was **feeling down**, so I didn't want to be around people.
Greg You've been sad a lot lately, do you want to talk?

> Greg 어젯밤 파티에 왜 안 왔어?
> Sophie 그냥 좀 기분이 별로라서 사람들과 어울리고 싶지 않더라고.
> Greg 너 최근에 많이 슬픈 것 같은데, 얘기 좀 할래?

3 **worried sick** 걱정이 돼서 죽을 것 같은

편안한 일상 대화에서 정말로 걱정이 많이 될 때 worried sick 표현을 사용합니다. 비슷한 표현 중에 deeply concerned도 종종 쓰입니다.

Mom Where have you been? I've been **worried sick** about you!
Son I stayed at Michael's house.
Mom You never told me. I waited up all night for you!

> 엄마 너 어디에 있었어? 너 때문에 걱정돼 죽는 줄 알았잖아!
> 아들 Michael 집에 있었어요.
> 엄마 엄마한테 말을 안 했잖아. 밤새 널 기다렸다고!

4 emotional wreck (감정적으로) 엉망진창, 멘붕 (상태)

wreck은 동사로는 '망가뜨리다', 명사로는 '심하게 부서진 탈 것(차, 기차, 비행기)'을 말하는 데 쓰여요. 꼭 물리적으로 부서진 것만 의미하지는 않아요. 사랑하는 사람과 헤어졌어요. 시험을 앞두고 있는데 너무 긴장이 돼요. 친한 친구가 갑자기 하늘나라로 갔어요. 이 모두가 emotional wreck이 될 수 있는 상황인데요, 비슷한 표현은 nervous wreck입니다.

Jen   Hey, are you okay? You look like you're about to cry.
Andy Ugh, I'm just an **emotional wreck** right now. I think I need to take a break and go for a walk.
Jen   Yeah. That's a great way to relieve stress.

- relieve 줄이다, 경감시키다.

Jen   너 괜찮아? 금방이라도 울음이 터질 것 같아.
Andy 아휴, 지금 완전 멘붕 상태야. 잠시 쉬면서 산책 좀 해야 할 것 같아.
Jen   그래. 그게 스트레스를 줄이는 좋은 방법이지.

5 lose one's temper 화를 확 내다

temper는 '성질'을 뜻하는데, 평소 성질을 잘 참고 있다가 그것을 lose(잃어버리다)한다면 어떤 느낌이 드세요? 그렇죠. 터져 버리는 거죠. 그래서 lose one's temper는 순간적으로 화를 '팍' 내는 거예요. 그러면 반대로 '화를 참다'는 뭘까요? keep one's temper입니다. 화를 자주 팍 내는 매우 참을성 없는 사람을 묘사할 때는 have a short temper라고 하면 됩니다.

Miranda I'm so sorry that I **lost my temper** last night.
Lincoln You were so angry.
Miranda I know, I was very, very upset. Can you forgive me?

Miranda 어젯밤에 화 내서 정말 미안해.
Lincoln 너 화 엄청 내더라.
Miranda 나도 알아. 정말 정말 화났었거든. 용서해 줄래?

UNIT 2

Appearances
외모

(Cassie meets Amber and Shawn, and they discuss some of their professors.)

Cassie Hi, is this seat taken?

Shawn It's all yours! I'm Shawn by the way.

Cassie I'm Cassie.

Amber And I'm Amber. So, Cassie, are you a freshman?

Cassie Yeah, I am. What about you guys?

Shawn Yep. We're both freshmen too. So, how's your first week of classes going so far?

Cassie It's okay, I guess. I don't really know anyone, except for my roommate, Madison. And we already have a big project due next Friday.

Shawn Oh, that sucks!

Amber Is the project for Ms. Lewis? I heard she's pretty tough.

Shawn Ms. Lewis… Isn't she the short one with a [1] **round face** and [2] **greasy hair**?

Cassie No, you're thinking of someone else. Ms. Lewis is tall, older, and has blonde hair. But the project wasn't for her class. It was for Mr. Stevenson. It's actually not so bad since Madison and I can work on it together.

Amber Mr. Stevenson? I've heard from everyone that his class isn't hard.

Shawn Stevenson… Stevenson… Which one is he? Oh, does he have facial hair and glasses?

Cassie Yeah, that's right. He's got a [3] **shaggy beard** that's just starting to go gray.

Shawn Maybe we should call him 'Hunky Stevenson.' He's got an [4] **athletic build** and [5] **broad shoulders** too.

Amber Ha-ha! Looks like we should head to our next classes. Do you want to exchange numbers so we can catch up later?

Cassie Sure, that sounds great!

It's all yours. (상황에 따라) 앉으세요, 가져가세요   due 기한이 된, 마감 기일인   hunky 건장한
head to ~로 향하다

(Cassie는 Amber와 Shawn을 만나서 교수님들에 대해 이야기한다.)

Cassie 안녕하세요. 혹시 이 자리 비었나요?

Shawn 앉으세요! 난 Shawn이라고 해요.

Cassie 난 Cassie예요.

Amber 난 Amber예요. 그럼, Cassie는 신입생이에요?

Cassie 네, 맞아요. 두 분은요?

Shawn 네, 우리도 신입생이에요. 첫 주 수업들은 어때요?

Cassie 뭐 괜찮아요. 룸메이트 Madison 말고는 아는 사람도 그닥 없고요. 그리고 벌써 다음 주 금요일까지 마쳐야 하는 큰 프로젝트도 있어요.

Shawn 아, 진짜 너무한다!

Amber Lewis 교수님 수업 프로젝트예요? 되게 힘들다고 하던데.

Shawn Lewis 교수님이라… 작은 키에 얼굴 둥그렇고, 머리 떡진 교수님이죠?

Cassie 아니요. 다른 교수님 생각하시는 것 같아요. Lewis 교수님은 키가 크고, 나이도 있으시고, 금발이세요. 그리고 그 프로젝트는 Lewis 교수님 수업이 아니고, Stevenson 교수님 수업이에요. 그리고 사실 Madison과 함께 작업할 수 있어서 괜찮아요.

Amber Stevenson 교수님이요? 다들 그 교수님 수업이 어렵지 않다고 하던데요.

Shawn Stevenson… Stevenson… 누구더라? 얼굴에 수염 있고 안경 쓴 분인가요?

Cassie 네, 맞아요. 덥수룩하고 희끗희끗한 턱수염이 있어요.

Shawn 그분을 '몸집 큰 Stevenson 교수님'이라고 부르는 게 좋을 것 같아요. 체격이 좋고 어깨도 넓으시니까요.

Amber 하하! 다음 수업이 있어 가 봐야 할 것 같아요. 나중에 다시 만날 수 있게, 번호 교환할까요?

Cassie 네, 좋아요!

Collocations and Conversations about **Appearances**

1 `round face` 둥그런 얼굴

사실 얼굴 형태가 round face만 있는 건 아니에요. 많은 사람들이 계란형 얼굴이 예쁘다고 하는데, 계란형 얼굴은 oval face라고 합니다. 브래드 피트(Brad Pitt)처럼 각이 진 얼굴은 square face라고 하지요.

Son Here Mom. Would you like to hold your new granddaughter?
Mom She's so precious. She looks just like you when you were born. You had the same `round face` and no hair!
Son Well, they say the apple doesn't fall far from the tree, huh?

- precious 예쁜, 소중한   The apple doesn't fall far from the tree. 피는 못 속인다.

아들 여기요, 엄마. 새로 태어난 손녀 한번 안아 보시겠어요?
엄마 아이가 너무 예쁘구나. 꼭 태어났을 때 너 같다. 너도 얘랑 똑같이 얼굴이 둥그렇고, 머리털이 하나도 없었는데!
아들 그래서 피는 못 속인다잖아요.

2 `greasy hair` 기름기 많은 머리(떡이 진 머리, 지성인 머리)

greasy는 머리와 음식을 표현할 때 주로 사용해요. 피자, 치킨, 삼겹살처럼 기름진 음식은 greasy food라고 하고, 머리를 2-3일 감지 않아서 기름기가 돌고 떡이 질 때 보통 greasy hair라는 표현을 사용합니다. oily hair라고 해도 좋아요.

Hair Stylist What are we doing today? Just a haircut?
Customer Yes, but can you wash it first? I have really `greasy hair` today.
Hair Stylist Of course. And I'll also show you some products that can help with that.

미용사 오늘은 뭘 해 볼까요? 그냥 자르기만 하실 거예요?
손님 네, 그런데 머리 먼저 감겨 주실 수 있어요? 오늘은 머리가 정말 떡이 졌네요.
미용사 그럼요. (지성인 머리에) 도움될 만한 제품도 몇 가지 보여 드릴게요.

3 `shaggy beard` 덥수룩한 수염

한국에서는 보기 힘들지만 외국에는 다듬지 않고 덥수룩하게 수염을 기르는 사람들이 종종 있습니다. 이렇게 덥수룩하게 긴 수염을 shaggy beard라고 합니다. bushy beard도 비슷하죠. 참고로 stubble (beard)은 원래 수염이 많이 나는 사람이 며칠 동안 면도를 안 했을 때의 거칠거칠한 수염을 말해요.

Girlfriend Will you please shave today?
Boyfriend I thought you liked my `shaggy beard`.
Girlfriend I did at first, but it's too long now.

여자 친구 오늘은 면도 좀 할래?
남자 친구 내 덥수룩한 수염을 좋아한다고 생각했는데.
여자 친구 처음에야 그랬지만, 지금은 너무 길어.

4 athletic build 근육질의 보기 좋은 몸매

운동선수들을 보면 오랫동안 열심히 운동하고, 식단 관리도 잘해서 몸이 좋습니다. 이런 좋은 몸매를 athletic build라고 해요. 몸매를 말할 때 muscular(근육질의), toned(탄탄한), bulky(육체미 선수들처럼 몸이 큰), curvy(보통 '글래머러스한' 여성을 말할 때 사용) 정도를 많이 사용해요.

Katrina How do you do it? You eat junk food all the time but still have an **athletic build**.
Evelyn I don't know. Maybe because I work out much more than you do. Haha.
Katrina Hey. Come on! Don't make fun of me. I will start working out soon.

> Katrina 도대체 어떻게 하는 거야? 맨날 정크푸드 먹으면서도 이렇게 좋은 몸매를 유지하네.
> Evelyn 잘 모르겠어. 아마 내가 너보다 운동을 더 많이 해서 그런 것 같은데. 하하.
> Katrina 야, 좀! 놀리지 마. 나 곧 운동 시작할 거라고.

5 broad shoulders 넓은 어깨

우리가 흔히 '어깨 깡패'라고 말할 때의 넓은 어깨를 broad shoulders라고 합니다. wide shoulders도 같은 표현이에요.

Dave Hey John, did you see the new guy in the office?
John Yeah, I did. He has **broader shoulders** than anyone I've seen.
Dave Yeah, he really does. He must work out a lot.

> Dave 존, 너 이번에 들어온 신입 봤어?
> John 응, 봤어. 내가 봤던 그 어떤 사람보다도 어깨가 넓더라.
> Dave 응, 정말 그렇던데. 운동 무지 많이 하나 봐.

UNIT 3

Personalities
성격

(Cassie shows Amber her dorm room and they meet Madison.)

Cassie And this is my room.

Amber It's nice, but a lot older than mine. Hey, I'm getting a very eerie vibe right now.

Cassie Actually, Julia told me that some students say this building is haunted.

Amber Really? That's awesome! I love that kind of stuff… So, what's your roommate like?

Cassie Well, she doesn't have the most [1] **outgoing personality**, if you know what I mean.

Amber She doesn't talk much?

Cassie At least not to me. Oh, and speaking of… here she is. Madison, this is Amber.

Madison Cassie! Where have you been? I've been looking everywhere! Have you finished the research for our project yet? I hate people who [2] **leave things to the last minute**.

Cassie Yeah, it's all done. Here you go.

Madison Thanks. I'm going to go to the computer lab to work on the presentation. Are you coming?

Cassie Oh, um, sure. I'll be there in just a few minutes.

Amber Wow, she's not a very [3] **calm and collected** person either, is she?

Cassie I think she's just a little stressed and wants to do a good job.

Amber Can I be [4] **brutally honest** with you? I think Madison is kind of a bully.

Cassie Really? I hadn't noticed.

Amber I mean, you're so kind and always [5] **put others first**. I just worry she's taking advantage of you. Promise you'll be careful, okay?

Cassie Okay, I will be. I guess I better go meet her. I'll see you later.

---

eerie vibe 으스스한 분위기   haunted 귀신 들린
if you know what I mean 굳이 직접적으로 말하지 않아도 방금 말한 것에 함축된 또는 미묘한 의미가 있음을 듣는 사람에게 알리는 분구   bully 괴롭히는 사람

(Cassie가 Amber에게 기숙사 방을 보여주고, Madison도 만난다.)

Cassie 여기가 내 방이야.

Amber 좋은데, 내 방보다는 훨씬 오래된 것 같다. 야, 지금 뭔가 되게 으스스한 느낌이 들어.

Cassie 사실, Julia 조교가 그러는데 이 건물이 귀신 들렸다고 말하는 학생들도 있대.

Amber 정말? 대박! 나 그런 것 되게 좋아하는데… 네 룸메이트는 어때?

Cassie 음, 그렇게 사교적인 거 같진 않아, 무슨 뜻인지 알겠지만.

Amber 말을 잘 안 해?

Cassie 적어도 나한텐 별로 말 안 걸어. 아, 그러고 보니… Madison 왔네. Madison, 얘는 Amber야.

Madison Cassie! 너 어디 있었어? 정말 사방으로 다 찾아다녔잖아! 우리 프로젝트 조사는 끝냈어? 난 마지막 순간까지 미루는 사람들 정말 싫더라.

Cassie 응, 다 끝냈어. 여기.

Madison 고마워. 나 컴퓨터실에 발표 자료 만들러 갈 건데, 너 오는 거지?

Cassie 음, 그래. 바로 갈게.

Amber 와, 쟤 (사교적인 사람도 아닌데) 차분하고 침착한 사람도 아니네, 그렇지?

Cassie 그냥 좀 스트레스 받는 것 같아. 또 잘하고 싶어 하는 것도 같고.

Amber 내가 솔직히 말해도 될까? 난 Madison이 좀 약자를 괴롭히는 애 같아.

Cassie 정말? 난 눈치 못 챘는데.

Amber 넌 항상 친절하고 다른 사람을 먼저 생각하고 행동하잖아. 그래서 Madison이 널 이용하지는 않는지 걱정된다. 조심한다고 나랑 약속해 줘, 알았지?

Cassie 알겠어, 그럴게. 난 Madison 만나러 가 볼게. 나중에 봐.

Collocations and Conversations about **Personalities**

1 outgoing personality 사교적인 성격

사교적이고, 말하기 좋아하는 외향적인 사람을 말할 때 outgoing을 많이 사용합니다. 비슷한 표현으로 friendly, sociable, extroverted 정도가 있지요. 반대 성향의 '내향적인' 사람에 관해 말할 때는 introverted를 사용하죠.

Manager I'm looking for someone with an **outgoing personality** to represent our company at the conference next week.
Employee I think I'd be a good fit for that. I enjoy meeting new people and making connections.
Manager Great, I'll keep you in mind.

- fit 딱 맞는 사람

매니저 다음 주 컨퍼런스에서 회사를 대표할 외향적인 성격의 사람을 찾고 있어요.
직원 제가 거기에 딱 맞는 사람인 것 같은데요. 새로운 사람을 만나고 인맥 쌓는 걸 좋아합니다.
매니저 좋아요. 기억해 두겠어요.

2 leave ~ to the last minute ~를 마지막까지 놔두다, 미루다

개인적으로 좋아하지 않는 행동인데요. last minute(마지막 순간, deadline)이 임박할 때까지 미루다가 최후의 순간이 닥쳐야 바쁘게 일하는 사람들이 주로 이런 행동을 하죠. 이런 친구들에게 Don't leave it to the last minute!이라고 충고할 수 있어요. 비슷한 표현으로 procrastinate가 있어요.

Husband Have you paid the internet bill yet?
Wife Not yet. It's due tomorrow. I have time.
Husband I hate when you do that. You always **leave it to the last minute**.

남편 인터넷 요금 냈어?
아내 아직. 그거 내일까지야. 아직 시간 있어.
남편 난 자기가 그러는 거 정말 싫어. 항상 막판까지 미루잖아.

3 calm and collected 침착한

위급한 상황에서도 항상 차분하고 침착한 사람들이 있죠. 이런 사람들을 calm and collected하다고 합니다. 비슷한 표현은 cool-headed, composed가 있어요. 그러면 반대로 전혀 차분하지 않고, 자주 당황하는 사람은 뭐라고 할까요? agitated, flustered, anxious, panicked, hysterical을 사용해 보세요.

Scuba Instructor Now when we are under the water, you might see some marine life. If you see something large, like a shark even, it's important to stay calm and not panic.
Scuba Diver Don't worry, I'm always **calm and collected** in a crisis.

Scuba Instructor That's great to hear. Keeping a clear head is key, especially in unexpected situations like encountering marine life.

- in a crisis 위기 상황에서

스쿠버 다이빙 강사 이제 물속에 들어가면 몇 가지 해양 생물을 볼 수도 있어요. 상어 같은 큰 걸 볼 경우에는 당황하지 말고, 침착함을 유지하는 게 중요해요.
스쿠버 다이버 걱정하지 마세요. 전 위기 상황에서도 항상 침착하고 차분하게 행동해요.
스쿠버 다이빙 강사 좋습니다. 해양 생물을 만나는 것처럼 예상치 못한 상황에서는 정신을 똑바로 차리는 것이 중요하지요.

4 brutally honest 너무 (지나칠 정도로) 솔직한

솔직한데, 정말 지나칠 정도로 솔직한 사람들이 있습니다. 뭐 괜히 사탕발림으로 하는 것보다 이렇게 brutally honest한 게 중요한 경우도 있기는 하지요. 이런 사람들은 에둘러 말하지(beat around the bush) 않고 바로 직선적으로(straight-forward) 말을 합니다.

Candace That play was so great! Didn't you just love it?
Anthony Actually, if I'm being **brutally honest**, I hated it.
Candace Oh, well I really enjoyed it.

Candace 그 연극 정말 좋았어. 자기는 좋지 않았어?
Anthony 사실, 정말 솔직히 말하자면, 넘 싫었어.
Candace 음, 난 정말 재미있게 봤는데.

5 put others first 남을 우선시하다

주변에 항상 자신보다 남들을 먼저 생각하는 사람들이 있어요. giver(주는 사람)와 taker(받는 사람)가 있는데 put others first 하는 사람들은 giver라고 할 수 있습니다. 이런 이타적인 행동을 하는 사람들은 selfless, altruistic한 사람들이죠.

Husband Today we are going to do whatever you want to do.
Wife Why, what's the special occasion?
Husband Nothing. You're always **putting others first**, so today is all about you.

- special occasion 특별한 경우

남편 오늘은 당신이 하고 싶은 대로 할게.
아내 왜, 무슨 특별한 일 있어?
남편 아니, 별거 없어. 당신은 항상 다른 사람들을 먼저 생각하잖아. 그래서 오늘은 당신을 위한 날이야.

UNIT 4

Behaviors
행동

(Amber is reading horoscopes to Cassie and Shawn.)

Amber You guys! Look what I've got.

Shawn Are those horoscopes? Don't tell me you're into that astrology, star sign stuff.

Amber Absolutely! And so, Shawn, you're first. What's your zodiac sign?

Shawn I don't know.

Amber Well, what's your birthday?

Shawn December 2nd.

Amber Of course, Sagittarius. It makes sense.

Shawn What's that supposed to mean?

Amber Well, you're always [1] **cracking jokes** and playing pranks! Now your horoscope for this month is interesting. It says that you are going to meet someone special, and when you do, don't [2] **bottle up your emotions.** Instead, express your true feelings about this person.

Shawn Ha, yeah right.

Cassie What's your sign, Amber?

Amber Me? I'm a Taurus. I'm very loyal, but sometimes I can [3] **lose my patience** easily.

Shawn No kidding!

Amber Okay, okay. But it's your turn next, Cassie. What's your birthday?

Cassie March 7th. But I know I'm a Pisces.

Amber Nice! Okay, let's see… interesting, it says that someone close to you is going to betray you and [4] **reveal their true character**. When that happens, it's important to [5] **speak your mind**.

Cassie Oh no, I hate confrontation.

---

horoscope 별자리 운세   astrology 점성술   zodiac sign 별자리   Sagittarius 궁수자리
prank 장난   Taurus 황소자리   Pisces 물고기 자리   confrontation 대립

(Amber가 Cassie와 Shawn에게 별자리 운세를 읽어 주고 있다.)

Amber 얘들아! 이것 좀 봐.

Shawn 그거 별자리 운세지? 설마 너 그런 점성술이나 별자리 같은 거 믿는 건 아니겠지.

Amber 나 완전 빠져 있는데! 자, Shawn, 네가 먼저야. 너 별자리가 뭐야?

Shawn 모르는데.

Amber 그럼, 생일이 언제야?

Shawn 12월 2일.

Amber 그럼 그렇지. 궁수자리네. 말이 되네.

Shawn 그게 무슨 뜻이야?

Amber 넌 늘 농담 따 먹기 하고, 장난 치잖아! 이번 달 네 운세가 재미있는데. 누군가 특별한 사람을 만날 거니, 그럴 때 감정을 억누르지 말고, 그 사람에게 진심을 표현하라고 하네.

Shawn 하, 그래, 알았어.

Cassie Amber, 너는 별자리가 뭐야?

Amber 나? 나는 황소자리. 무척이나 의리가 있는데, 가끔은 성질이 좀 급해.

Shawn 저건 맞는 말이다!

Amber 됐어, 됐어. 이제 Cassie 네 차례야. 네 생일은 언제야?

Cassie 3월 7일. 그런데 난 내가 물고기자리인 거 알아.

Amber 좋아! 그럼 한번 볼까… 흥미로운데. 가까운 사람이 너를 배신하고 진짜 성격을 드러낼 거야. 그럴 때는 속마음을 터놓는 게 중요해.

Cassie 아, 제발… 난 대립하는 거 정말 싫은데.

Collocations and Conversations about **Behaviors**

1 crack jokes 농담하다

항상 남들을 웃기려고 농담하는 걸 좋아하는 사람들이 있죠. 조금은 지나칠 정도로요. 이런 친구들은 crack jokes를 밥 먹듯이 합니다. 유머 감각(a sense of humor)이 뛰어나서 그럴 수 있습니다.

Teacher I just don't know what else to do with your son. He's always **cracking jokes** in my class and it's very distracting for the other children.
Parent I'm so sorry. I'll talk to him.
Teacher Thank you. I appreciate your cooperation. Let's work together to find a solution that works for everyone.

- distracting 방해하는

선생님 아드님을 더 이상 어떻게 해야 할지 모르겠습니다. 제 수업 시간에 항상 농담을 해서 다른 아이들에게 방해가 됩니다.
부모 정말 죄송합니다. 제가 아이와 이야기해 볼게요.
선생님 협조해 주셔서 감사합니다. 함께 노력해서 모두에게 다 좋은 해결책을 찾아 보지요.

2 bottle up one's emotions 감정을 억누르다

bottle은 '병; 병에 담다'인데 여기서는 동사로 쓰였습니다. 병 위에 손을 대고 액체가 나오지 못하게 하는 걸 상상해 보세요. bottle up one's emotions는 이렇게 감정이 분출되지 못하게 통제하는 겁니다. 비슷한 표현으로 keep it to oneself(혼자 삭이다), put a lid on it(뚜껑을 덮어 감추다), swallow one's feelings(감정을 삼키다) 등이 있어요.

Client I hate how my boss never listens to my ideas.
Therapist And have you tried to communicate how you feel with your boss?
Client No...
Therapist You know it's important to talk things out and not to **bottle up your emotions.**

- talk out 솔직하게 터놓고 이야기하다

고객 제 상사가 제 의견을 듣지 않는 게 정말 너무 싫어요.
상담사 그러면 어떻게 느끼는지 상사에게 말해 본 적이 있나요?
고객 아니요…
상담사 감정을 억누르지 말고 솔직하게 터놓고 이야기하는 게 중요합니다.

3 lose one's patience 인내심을 잃다, 참지 못하다

살다 보면 인내심(patience)의 한계가 오는 때가 있습니다. 이렇게 되면 결국 견디지 못하고 화를 내게 되는데요(lose one's temper), 이렇게 인내심을 잃을 때 lose one's patience를 사용해요. 인내심을 잃는 건 인내심이 다 떨어져서 부족한 거니까 run out of patience도 비슷한 말이죠.

Son　Mom! Mom! Mom!!!!
Mom　That's it! I've **lost my patience**. Go to your room to play and leave me alone!
Son　Mom, you don't seem to care how I feel.

> 아들　엄마! 엄마! 엄마!!!
> 엄마　이제 됐어! 엄마도 못 참겠어. 방에 가서 놀고 엄마 좀 이제 내버려 둬!
> 아들　엄마는 내가 어떻게 느끼는지는 상관도 안 하는 것 같아요.

4 reveal one's true character　본성을 드러내다

reveal은 숨겨져 있던 것을 드러내고 공개할 때 사용하는 표현이에요. true character를 reveal 한다는 것은, 한동안 숨겨 왔던 자신의 진짜 성격을 드러낸다는 말이죠. 비슷한 표현으로 show one's true colors가 있습니다.

Sandy　I don't understand why you watch these soap operas.
Laurie　So what? I love them!
Sandy　But they're so predictable. The villain always **reveals their true character** right at the end.

- soap opera 연속극　　villain 악당, 나쁜 놈

> Sandy　난 네가 왜 이런 연속극을 보는지 이해가 안 돼.
> Laurie　그래서 뭐? 난 이게 너무 좋은데!
> Sandy　너무 뻔하잖아. 악당이 항상 마지막에 본성을 드러내고 말이야.

5 speak one's mind　터놓고 말하다

하고 싶은 말을 마음에 담고 있으면 힘들어요. 그래서 솔직히 말할 필요가 있죠. 이럴 때 speak one's mind를 사용해요. 비슷한 표현은 say what's on one's mind, let it all out 정도가 있습니다.

Board Member　Um, excuse me.
CEO　Yes, did you have something to say? Come on, this is a safe space to **speak your mind**.
Board Member　Okay then, I just wanted to say that I completely disagree with your plans.

> 이사회 멤버　저, 죄송한데요.
> CEO　네, 하실 말씀이 있으신가요? 어서 하세요. 이곳은 터놓고 자유롭게 말할 수 있는 안전한 공간이에요.
> 이사회 멤버　그럼 말씀드리는데요, 저는 대표님의 계획에 전적으로 반대입니다.

UNIT 5

Colors and Traits
색깔과 특성

(Cassie finally finds out who betrayed her and tells Amber and Shawn while shopping.)

Shawn Cassie! There you are! Are you okay?

Cassie No, Madison hurt my feelings. You know that project we had to do for Mr. Stevenson?

Shawn Hunky Stevenson, yes, go on.

Cassie Well, she took all the credit even though we split the work 50/50. I did the research, and she did the presentation, but she said she did it all. It deeply hurt. I thought she was my friend.

Amber It's just like what your horoscope predicted. Madison has ¹**shown her true colors**.

Shawn Cheer up, Cas. You're with us now. Come on, let's go into this store. I need a new jacket; you can help me pick one out… Here, how about this ²**light gray** one?

Cassie Yeah, that one's good. With your ³**dark brown** hair and complexion, I think ⁴**that color looks good on you**.

Amber Nah, what about that one on display over there?

Shawn The ⁵**bright red** one with the green design? Do you really think ⁶**the colors match**?

Amber Sure, or do you ⁷**lack the confidence** to wear something so bold?

Shawn It's not about lacking confidence. I don't feel the need to stand out because… well… I've already met someone.

Cassie Really?! Do tell!!

Shawn I can do more than tell… Here. I have a picture. This is Jesse.

Amber Woo-hoo! I love ⁸**jet black** hair, is that real?

Cassie And what pretty ⁹**pale blue** eyes… It looks like Jesse's really ¹⁰**caught your eye**.

Amber Just like your horoscope said too, I might add.

Shawn Yeah, yeah. Well, we're going out tonight and I need a new jacket. Help me!

---

split the work 50/50 일을 반반 나누어서 하다   complexion 피부색   on display 전시 중인
bold 대담한, 선명한   I can do more than tell. 말로 하는 것보다 뭔가 행동으로 보여 주려고 할 때 쓰는 표현   I might add. (약간 서들먹거리며) '거봐, 내가 말한 대로 됐지'의 의미로 문장을 마무리하는 느낌

(Cassie는 마침내 누가 자신을 배신했는지 알아내고, 쇼핑하면서 Amber와 Shawn에게 말한다.)

Shawn Cassie! 너 여기 있었구나! 괜찮은 거야?

Cassie 아니, 안 괜찮아. Madison이 내 감정을 상하게 했어. Stevenson 교수님 과목에 해야 했던 프로젝트 알지?

Shawn 몸집 큰 Stevenson 교수님, 알지. 계속 말해 봐.

Cassie 글쎄, 우리 둘이 반반 나눠서 했는데 Madison이 모든 공을 다 가져갔어. 내가 조사하고, Madison이 발표했는데, 자기가 다 했다고 하더라. 정말 상처받았어. 난 걔를 친구라고 생각했는데.

Amber 네 운세가 예언한 대로네. Madison이 진짜 본색을 드러낸 거야.

Shawn 힘내, Cas. 넌 우리가 있잖아. 자, 이 가게에 들어가 보자. 나 새 재킷이 필요한데, 고르는 것 좀 도와줘… 여기 이 연한 회색 재킷 어때?

Cassie 그거 괜찮은데. 너의 검은 머리와 피부색에 그 색이 잘 어울리는 것 같아.

Amber 그건 아니야. 저기 진열돼 있는 건 어때?

Shawn 초록색 디자인의 밝은 빨간색 재킷? 정말 그 두 색깔이 어울린다고 생각해?

Amber 그럼. 아니면 그런 대담한 옷을 입기에 네 자신감이 부족한 거 아니야?

Shawn 자신감 부족이 아니야. 굳이 남들 눈에 띌 필요를 느끼지 않는 거지. 그게 왜냐면… 나 이미 누군가를 만났거든.

Cassie 진짜?! 어서 말해 봐!!

Shawn 말하는 것보다 그냥 보여줄게. 여기 사진 있어. 얘가 Jesse야.

Amber 와우! 나 새까만 머리색 너무 좋아하는데. 이거 진짜 걔 머리색이야?

Cassie 연한 푸른색 눈이 너무 예쁘다. 보니까 Jesse가 진짜 네 눈을 사로잡았구나.

Amber 역시 네 운세가 예언한 대로네. 거봐.

Shawn 그래, 그래. 어쨌든 우리 오늘 밤에 만나서 데이트하기로 했으니까 새 재킷이 있어야 해. 고르는 것 좀 도와줘!

Collocations and Conversations about **Colors and Traits**

1 `show one's true colors` 진짜 본색을 드러내다

평소에 나이스하고, 믿음직한 친구가 돈을 빌려 달라고 해서 빌려줬더니, 사기를 친 거였어요. show his true colors한 거죠. 비슷한 표현으로 reveal one's true nature, expose one's true character가 있습니다.

Madeline Did you hear Vince got expelled yesterday for cheating on an exam?
Elijah Really? I thought he was so smart. Why would he cheat?
Madeline I guess he finally **showed his true colors**.

- get expelled 퇴학당하다

Madeline Vince가 시험에서 부정행위로 어제 퇴학당했다는 소식 들었어?
Elijah 정말? 걔 정말 똑똑하다고 생각했는데. 도대체 왜 부정행위를 했을까?
Madeline 결국 걔 본색이 드러난 거겠지.

2 `light gray` 밝은 회색 (gray 대신 다른 색 사용하여 '연한 ~색'을 표현)

보통 색 앞에 light를 사용하면, '밝은'이라는 의미예요. 반대로 '어두운'은 dark죠. 그래서 dark gray는 '어두운 회색'을 말합니다. light 대신에 pale을 사용할 수 있어서 pale gray도 비슷한 색을 말합니다.

Peggy You look great! Did you do something different with your hair?
Barbara I did, I got tired of the **light gray**, so I dyed it a darker color.
Peggy It looks really good!

Peggy 멋져 보이는데! 머리에 무슨 변화를 준 거야?
Barbara 응, 연한 회색이 질려서, 더 어두운 색으로 염색했어.
Peggy 정말 잘 어울려!

3 `dark brown` 어두운 갈색 (brown 대신 다른 색 사용하여 '어두운 ~색'을 표현)

light에서 언급했던 것처럼 어둡고 진한 색깔을 말하고 싶으면 dark를 넣으면 돼요. 참고로 dark brown 대신에 deep brown 또는 chocolate brown이라는 표현도 사용합니다.

Lily Which color should we paint the garage? Something bright and colorful?
Mason It's a garage. I think you should keep it simple. How about this **dark brown**?
Lily No way, that's too dark.

Lily 차고를 어떤 색으로 칠할까? 밝고 화려한 색으로 할까?
Mason 차고잖아. 단순한 색으로 하는 게 좋을 것 같아. 이 진한 갈색은 어때?
Lily 안 돼, 그건 너무 어두워.

4 that color looks good on you   그 색깔이 너한테 잘 어울린다

친구가 머리를 염색했는데 머리 색깔이 너무 예쁘고 잘 어울려요. That color looks good on you. 또는 That color suits you. 라고 해도 좋아요. 새로 산 옷이 배우자에게 너무 잘 어울려요. It looks good on you. 집에 벽지를 새로 했는데, 색깔이 너무 예쁘고 집 인테리어와도 잘 어울릴 때는 That color looks good on your house. 처럼 여러 상황에서 쓸 수 있습니다.

Girlfriend I like your new shirt.
Boyfriend Thanks, I actually wasn't sure if the color worked.
Girlfriend No, it definitely does. **That color looks good on you.**

> 여자 친구 자기, 새로 산 셔츠 맘에 든다.
> 남자 친구 고마워. 이 색이 괜찮은지 사실 확신이 안 섰거든.
> 여자 친구 아냐. 정말 딱이야. 자기한테 정말 잘 어울려.

5 bright red   밝은 빨간색(선홍색)(red 대신 다른 색 사용하여 '밝은 ~색'을 표현)

bright red는 우리말로 '선홍색'이라고도 하죠. light red가 옅고, 약간 핑크색에 가까운 색이라고 하면, bright red는 정말 눈에 확실히 띄는 색이에요. 그래서 경고 사인이나, 소방서, 소방차도 bright red 색을 사용하죠. vivid red, cherry red가 이 bright red와 비슷한 색입니다.

Daughter Dad! Do you know why *The Little Mermaid* is my favorite?
Dad Why is that?
Daughter Because I love her **bright red** hair!

> 딸 아빠, 내가 왜 〈인어공주〉를 제일 좋아하는지 알아?
> 아빠 왜 그러는데?
> 딸 인어공주의 밝은 빨간색 머리가 너무 좋거든!

Collocations and Conversations about **Colors and Traits**

6 the colors match 색깔이 잘 어울리다

match는 남녀 관계에서도 사용하지만, 뭔가 잘 어울릴 때 다양한 상황에서 쓸 수 있어요. 비슷한 표현으로 The colors complement each other. 또는 The colors go well together.가 있습니다.

Oliver Okay, I'm ready to go.
Holly Do you really think **those colors match**? A navy-blue shirt and black shorts? I'm not going out with you dressed like that. Please, go change.
Oliver Fine, I'll go change. I didn't realize it was such a fashion emergency!

- navy-blue 남색

Oliver 자, 난 준비됐어.
Holly 너 진짜 그 색깔들이 어울린다고 생각해? 남색 셔츠에 검은색 반바지? 너 그렇게 입으면 나 같이 안 가. 가서 바꿔 입어.
Oliver 알았어, 가서 바꿔 입을게. 그 정도로 패션 비상사태(?)일 줄은 몰랐어!

7 lack the confidence 자신감이 부족하다

'lack the confidence to + 동사' 형태로 사용되며 비슷한 표현으로는 feel insecure about, have self-doubt, be afraid to 정도가 있습니다.

Luke I've noticed that many students **lack the confidence** when speaking English.
Sahara It's not just our students, many English learners feel insecure about their English.
Luke Yeah, it's a shame. We should do something to help boost their confidence and encourage them to speak more freely.

- insecure 자신이 없는   It's a shame. 안타까워.

Luke 많은 학생들이 영어할 때 자신감이 부족한 것을 보게 돼.
Sahara 우리 학생들만 그런 건 아니야. 많은 영어 학습자들이 자기 영어 능력에 자신감이 부족해.
Luke 그러게. 안타까워. 우리가 그애들의 자신감을 올리는 데 도움이 되고 좀 더 자유롭게 말할 수 있게 북돋을 수 있는 뭔가를 해야 할 것 같아.

8 jet black 완전 새까만

검은색 중에서도 정말 잉크처럼 검은색을 jet black이라고 합니다. 참고로, jet black이 이렇게 머리나 옷 색을 말할 때 쓰는 반면에, 비슷한 의미의 pitch black은 보통 칠흑 같은 밤(어두움)을 말할 때 더 많이 사용합니다.

Riley　Check out this cute puppy I found at the shelter.
Carol　Aww, it's adorable! I love its **jet-black** fur.
Riley　Yeah, I couldn't resist those big brown eyes either. I think I'm going to adopt it.

- shelter 보호소　　adorable 예쁜, 귀여운　　adopt 입양하다

> Riley　내가 동물 보호소에서 발견한 이 귀여운 강아지 좀 봐.
> Carol　오, 너무 이쁘다! 새까만 털이 넘 맘에 들어.
> Riley　응, 난 저 큰 갈색 눈도 넘 이쁘더라고. 아무래도 내가 입양할 것 같아.

9　pale blue　　옅은 푸른색의

pale 하면 '창백한'의 의미로 많이 쓰죠. 갑자기 긴장하거나 두려움에 질려 얼굴이 하얗게 질린 친구에게 Are you okay? You look pale.(괜찮아? 너 창백해.)이라고 말하듯이요. 색깔도 마찬가지예요. blue에 흰색을 많이 섞은 느낌이 바로 pale blue인데요, light blue와 동의어라고 생각해도 됩니다.

Buyer　I love this painting. You perfectly captured the **pale blue** color of her eyes.
Artist　Thank you. Are you thinking about buying this?
Buyer　Yes, I'll take it.

> 구매자　이 그림이 정말 좋네요. 그녀의 연한 푸른색 눈을 완벽하게 담았어요.
> 작가　고맙습니다. 이걸 구매하시려고 생각 중이신가요?
> 구매자　네, 이걸로 할게요.

10　catch one's eye　　시선을 사로잡다

catch는 '잡다'라는 말이죠. 나의 눈을 잡는다는 것은, 분명 눈에 확 띄는 뭔가가 있다는 겁니다. 요즘은 워낙 경쟁이 심한 시장이라서 영상을 제작해도, 책을 내도 확실히 catch one's eye할 수 있는 것이 더욱 중요한 것 같아요. 비슷한 표현으로 grab one's attention, stand out이 있어요.

Robert　I need your help with this presentation.
Tyler　What's the problem?
Robert　I feel like it's missing something to **catch the audience's eye**.
Tyler　How about we add some high-quality images? That should help grab their attention.

> Robert　나 프레젠테이션 하는데, 네 도움이 필요해.
> Tyler　뭐가 문젠데?
> Robert　청중들의 시선을 확 사로잡을 수 있는 뭔가가 빠져 있는 것 같아.
> Tyler　고화질 사진을 좀 넣는 건 어때? 그게 청중들의 관심을 끌 수 있을 거야.

CHAPTER 6
RELATIONSHIPS
인간관계

왼쪽의 QR코드를 스캔하시고 '바로듣기'를 탭하세요.
해당 도서의 음원을 바로 들으실 수 있습니다.
반복 재생과 속도 조절도 가능합니다.

UNIT 1

Friendship
우정

(Amber and Shawn introduce Cassie to Derek, and then Derek invites his friend Ben over at the end of the scene.)

Shawn Derek, this is Cassie. She's a close friend of ours.

Derek Nice to meet you.

Amber Cassie, this is our [1] **mutual friend**, Derek.

Shawn He's in my French class and is Amber's biology partner.

Cassie You guys have so many friends, I'm so jealous. I wish it were as easy for me to make friends as it is for you two. It's nice to meet you, Derek.

Derek Oh, it's not that hard. You just have to [2] **strike up a conversation** with someone you find interesting. Wait, I think I've seen you around. Aren't you a friend of Madison?

Amber They're more like [3] **casual acquaintances**.

Cassie Actually, we're roommates.

Derek Ah, I see. It sounds like there's a bit of gossip going on.

Shawn Well, Madison started to [4] **spread a rumor** about Cassie the first week of classes after she did this horrible thing to her in Stevenson's class where she…

Cassie It's nothing, let's move on.

Derek Hmm, this sounds interesting… Oh, wait, there's Ben. Hey, Ben, over here!

Ben Sorry, am I interrupting?

Cassie Not at all. We were just [5] **making small talk**.

Derek Everyone, this is my good friend, Ben.

Cassie Hi, Ben. I'm Cassie.

(Amber와 Shawn은 Cassie를 Derek에게 소개하고, Derek은 마지막에 친구 Ben을 부른다.)

Shawn Derek, 여긴 Cassie. 나랑 Amber의 친한 친구야.

Derek 만나서 반가워.

Amber Cassie, 여긴 Derek이야, Shawn이랑 나 둘 다 아는 친구지.

Shawn Derek은 나랑 프랑스어 수업을 같이 듣고, Amber의 생물학 파트너야.

Cassie 너희는 정말 친구가 많구나. 부럽다. 나도 친구 사귀기가 너희처럼 쉬우면 좋겠어. 만나서 반가워, Derek.

Derek 아, 그거 그렇게 어렵지 않아. 그냥 관심 가는 사람이 있으면 말을 걸어보면 돼. 잠깐, 나 어디서 너 본 적 있는 것 같은데. 너 Madison 친구 아니니?

Amber 그냥 아는 사이 정도라고 할 수 있지.

Cassie 사실, Madison이랑 내가 룸메이트야.

Derek 아, 그렇구나. 좀 소문이 도는 것 같던데.

Shawn Madison이 첫 주에 Stevenson 교수님 수업에서 Cassie한테 굉장히 못된 행동을 하고서는, Cassie에 대한 소문을 퍼뜨리기 시작했는데…

Cassie 아무것도 아니야, 그냥 넘어가자.

Derek 음, 흥미로운데… 어, 잠깐, Ben이 왔네. Ben, 여기야!

Ben 미안, 내가 방해하는 건가?

Cassie 전혀. 그냥 수다 떨고 있었어.

Derek 자, 모두들! 이쪽은 내 친한 친구 Ben이야.

Cassie 안녕, Ben. 나는 Cassie야.

Collocations and Conversations about **Friendship**

1 **mutual friend**   서로 아는 친구

나도 A를 아는데, 친구도 A를 알고 있으면 A는 나와 친구의 mutual friend입니다. mutual은 '서로의'라는 뜻인데 mutual agreement(상호 합의), mutual respect(서로 존중)와 같은 표현도 종종 나오니 알고 가세요! common friend, shared friend도 비슷한 표현이지만, mutual friend가 가장 많이 쓰여요.

Shane   Hey, did you know that we have a **mutual friend**?
Morgan Really? Who is it?
Shane   It's Tracy. I met her at a party, and she mentioned that she knows you.
Morgan Oh, Tracy! Yeah, we used to work together a while back.

> Shane 너 우리 둘 다 아는 친구가 있다는 거 알았어?
> Morgan 진짜? 누구?
> Shane Tracy. 파티에서 만났는데, 걔가 널 안다고 하던데.
> Morgan 아, Tracy! 응, 우리 예전에 같이 일했어.

2 **strike up a conversation**   말을 걸다, 대화를 시작하다

네트워킹을 할 때는 누구에게 다가가서 말을 거는 것이 매우 중요한데, 이게 바로 strike up a conversation하는 겁니다. start a conversation, initiate a chat 등을 사용해도 좋아요. strike up은 strike up a friendship(친구 관계를 맺다), strike up a deal(거래를 하다)에서도 사용해요.

Passenger 1 Excuse me, is this seat taken?
Passenger 2 No, it's not. Feel free to take a seat.
Passenger 1 Thanks. Do you mind if I **strike up a conversation**? It's a long flight, and I could use the company.
Passenger 2 Sure, I'd love to chat.

- could use 원하다, 필요하다   company 말동무

> 승객 1 죄송한데, 혹시 이 자리 주인 있어요?
> 승객 2 아니요, 없습니다. 편하게 앉으세요.
> 승객 1 고맙습니다. 제가 좀 말을 걸어도 될까요? 장거리 비행이라 말동무가 필요해요.
> 승객 2 그럼요, 저도 대화하고 싶네요.

3 **casual acquaintance**   가볍게 알고 지내는 사람

'아는 사람, 지인'을 acquaintance라고 합니다. 앞의 casual은 '가볍고 부담 없는'이라는 뜻이에요. 인사는 하지만 친구처럼 가깝지는 않은 이웃 사람이거나, 완전히 모르는 stranger는 아니지만 friend까지는 아닐 때가 casual acquaintance지요. someone I know라고도 많이 합니다.

Keaton I didn't know that you were good friends with Melanie.
Joanna Who told you that?

Keaton She did. She said you hang out all the time.
Joanna That's not true. I've seen her around, but she's a **casual acquaintance**, not a friend.

> Keaton Melanie가 네 친한 친구인 거 몰랐어.
> Joanna 누가 그래?
> Keaton Melanie가 그러던데, 너희는 항상 같이 논다고.
> Joanna 그렇지 않아. 본 적은 있지만, 그냥 알고 지내는 사이이지, 친구는 아니야.

4 spread a rumor 소문을 내다

소문(rumor)은 정말 빨리 퍼져 나갑니다. 특히 잘못된 정보(disinformation, misinformation)들은 social media로 더 빨리 퍼져 나가죠. spread a rumor와 비슷한 표현으로 circulate a rumor가 있어요. 참고로 gossip은 rumor의 일종으로, 주로 사적이고, 민감한 누군가의 일에 대해서 수군대는 느낌을 전달해요.

Coworker 1 Did you hear that Jane got fired?
Coworker 2 What? No, I hadn't heard anything.
Coworker 1 Yeah, it's been spreading around the office all morning.
Coworker 2 I can't believe it. Who would **spread a rumor** like that?

> 동료 1 너 Jane이 잘렸다는 소식 들었어?
> 동료 2 뭐? 아니, 전혀 들은 거 없는데.
> 동료 1 그렇대. 오늘 아침 내내 사무실에서 소문이 돌더라고.
> 동료 2 믿을 수가 없어. 누가 그런 소문을 낸 거야?

5 make small talk 잡담하다

누군가를 처음 만났을 때 어색함을 깨려고 날씨도 물어보고, 출신도 물어보는 등 말을 거는데요, 이게 바로 small talk를 하는 거예요. 제가 있었던 미국과 캐나다에서는 networking이 정말 중요한데, 이를 위해서는 자신 있게 다가가서 small talk를 하는 게 관건입니다. 비슷한 표현으로는 have a chat, engage in a chitchat, strike up a conversation 정도가 있겠네요.

Joel So, have you talked to the new associate yet?
Lydia Actually, I only **made small talk** with her for about two minutes before the meeting. I don't really know anything about her. What's she like?
Joel Oh, she seems really nice and competent. I had a chance to work with her on a project yesterday, and she's very detail-oriented. You'll probably get to know her better soon.

> Joel 새 신입 직원과 이야기해 봤어?
> Lydia 사실 미팅 전에 2분 정도만 잡담 나눴어. 그녀에 대해서 아는 게 전혀 없지. 어떤 사람이야?
> Joel 어, 되게 착하고 능력 있는 것 같아. 어제 프로젝트 관련해서 같이 일할 기회가 있었는데 무척 꼼꼼해. 너도 곧 더 잘 알게 되겠지.

UNIT 2
Family
가족

(Ben, Derek, Amber, Shawn, and Cassie are hanging out, talking about families.)

Amber What's that?

Cassie Oh, it's a care package that my auntie sent me to remind me of home.

Shawn Didn't you just get a care package from your grandparents last week?

Cassie Yeah, I have a pretty **¹close-knit family**. Back home we always do things together, so I feel like I'm missing out on a lot.

Ben It's nice that they are thinking of you. It shows they really miss you, too.

Derek You're lucky, Cassie. My family is completely dysfunctional.

Amber Really? I have a **²dysfunctional family**, too. Ever since my parents' bitter divorce when I was 10, they can't ever be in the same room as one another.

Derek Try having divorced parents and divorced grandparents! The holidays are insane!

Shawn Luckily, I'm pretty close to my **³immediate family**, you know, my parents and brother, but no one in my extended family would send me any care packages. We're not that close.

Cassie What about you, Ben?

Ben I'm very close with all my relatives, actually, even my **⁴birth mother**.

Amber Wait, what? You're adopted?

Ben Yeah. And, my adoptive parents are divorced, but they get along. I've even met some of my **⁵distant** blood **relatives** who live out of state, and I visit them once a year in the summer.

Cassie That's wonderful!

Shawn Well, speaking of family, I'm off to meet Jesse's parents.

---

care package 사랑하는 사람에게 보내는 선물 또는 위로의 마음을 전하는 선물
miss out on ~ ~를 놓치다(기회, 가능성)   dysfunctional 기능을 제대로 못하는, 문제가 있는
extended family 대가족(친척들 포함)   big deal 큰일

(Ben, Derek, Amber, Shawn, Cassie가 모여 가족에 대해 이야기한다.)

Amber 그게 뭐야?

Cassie 아, 우리 이모가 나에게 집 생각나게 해 준다고 보내 준 선물이야.

Shawn 지난주에 할머니와 할아버지가 보내신 선물도 받지 않았어?

Cassie 받았지. 우리 가족은 서로 매우 끈끈한 사이야. 집에서는 항상 함께 뭔가를 하거든. 그래서 많은 걸 놓치고 있는 기분이야.

Ben 가족들이 널 생각한다는 게 참 좋다. 보니까 널 많이 그리워하시네.

Derek 넌 운이 좋은 거야, Cassie. 우리 가족은 완전히 문제가 있거든.

Amber 정말? 우리 집도 마찬가지야. 나 열 살 때 힘들게 이혼하신 이후로 부모님은 서로 같은 방에 있지도 못해.

Derek 이혼한 부모님에 이혼한 조부모님까지 한번 있어 봐! 명절 때가 되면 정말 미쳐 버린다니까!

Shawn 다행히 난 우리 직계 가족과는 꽤 가까워. 부모님과 동생들하고 말이야. 하지만 친척들 중 어느 누구도 나한테 선물을 보내고 그러지는 않아. 그렇게 가깝지는 않거든.

Cassie Ben, 넌 어때?

Ben 사실 난 모든 친척과 매우 가깝게 지내. 심지어 친엄마하고도.

Amber 잠깐, 뭐? 너 입양된 거야?

Ben 응. 날 입양한 부모님은 이혼했는데, 서로 잘 지내셔. 다른 주에 살고 있는 먼 친척들도 만나고, 매년 여름에 한 번씩 놀러 가기도 해.

Cassie 멋지다!

Shawn 가족 이야기가 나와서 말인데, 나 Jesse 부모님 뵈러 가 봐야 해.

Collocations and Conversations about **Family**

1 close-knit family 끈끈한 가족

knit는 뜨개질을 하는 건데, 뜨개질할 때 보면 실과 실이 아주 촘촘하게 연결되어 있잖아요. 그만큼 가족 구성원이 아주 가깝게(close) 엮여(knit) 있을 때 close-knit를 사용할 수 있어요. 비슷한 표현은 tight-knit family입니다.

Patrick I've always admired how close-knit your family is.
Tammy Yeah, we're a really **close-knit family**. We try to see each other as often as possible.
Patrick That's really nice. I'm a bit jealous of families like yours.
Tammy It's definitely a blessing.

- blessing 축복

Patrick 너희 가족은 구성원끼리 아주 가깝다는 게 늘 참 감탄스러워.
Tammy 응, 우리 가족은 정말 서로 끈끈해. 가능한 한 서로 자주 만나려고 노력하니 말이야.
Patrick 진짜 좋은 거지. 난 너희 같은 가족들이 좀 부러워.
Tammy 정말 복받은 것 같아.

2 dysfunctional family 문제가 있는 가족

function은 '기능'을 말하고, 접두어 dys는 부정적인 것을 나타낼 때 사용합니다. 그래서 dysfunction은 '(기능을 제대로 못하는) 기능 장애'를 말해요. 그래서 dysfunctional family는 '제대로 기능을 못하는 가족', 즉 '문제가 있는 가족'을 말합니다. 비슷한 표현으로 troubled family, disrupted family, unstable family 등이 있어요.

Friend 1 I don't want to go home for the holidays. My family is so dysfunctional.
Friend 2 I feel you. Sometimes it's better to spend the holidays with close friends instead of family.
Friend 1 Yeah, I might just do that. Last year, my friends invited me over for Thanksgiving, and it was so much better than being with my **dysfunctional family**.

- I feel you. 네 마음 이해하지.

친구 1 명절에 집에 가고 싶지 않아. 우리 가족은 진짜 문제가 많아.
친구 2 이해하지. 가끔은 명절에 가족 대신 친구들이랑 시간을 보내는 게 더 좋기도 해.
친구 1 그래, 나도 그렇게 할까 해. 작년에, 친구들이 추수감사절에 날 초대했는데, 문제 있는 가족과 함께하는 것보다 훨씬 더 좋더라고.

3 immediate family 직계 가족

나와 피로 연결되어 있는 엄마, 아버지, 할아버지, 할머니, 자녀들을 immediate family라고 합니다. 반면에 extended family는 소위 말하는 친척들(고모, 이모, 사촌 등)을 모두 포함해서 말할 때 사용합니다. 참고로 '핵가족'은 nuclear family라고 하죠.

Father Are we inviting anyone else to the wedding besides **immediate family**?
Bride No, we decided to keep it small and just invite our parents, siblings, and grandparents.
Father That's smart. We don't want to make the wedding too big and overwhelming.

> 아버지 직계 가족 외에 다른 사람들도 결혼식에 초대할 거니?
> 신부 아뇨. 결혼식을 작게 할 거라서 부모님, 형제들, 그리고 할아버지, 할머니만 초대하기로 했어요.
> 아버지 그게 현명하지. 결혼식을 너무 크고 부담스럽게 하기는 싫다.

4 birth mother 친엄마(생모)

나를 세상에 태어나게 한, 바로 그 엄마를 birth mother라고 합니다. 생물학적으로 연결되어 있어서 biological mother라고 할 수도 있고, 유전자를 받았다고 해서 genetic mother라는 표현도 사용합니다.

Acquaintance 1 I had no idea you were adopted.
Acquaintance 2 Yeah, and I have a really great adoptive family.
Acquaintance 1 Haven't you ever thought about looking for your **birth mother**?
Acquaintance 2 Of course. I even thought about trying to find her once, but I'm not ready yet.

> 지인 1 그쪽이 입양됐다는 건 전혀 몰랐어요.
> 지인 2 네. 전 정말 좋은 입양 가족을 만났어요.
> 지인 1 친모를 찾아볼 생각은 안 해 봤어요?
> 지인 2 당연히 해 봤죠. 한 번은 찾아보려고 생각하기도 했는데, 제가 아직은 준비가 안 되었어요.

5 distant relative 먼 친척(사돈의 팔촌)

친척이긴 하지만, 거의 왕래하지 않는 친척을 distant relative라고 합니다. 여기서 중요한 것은 혈연적으로 먼 것보다는 심리적으로 먼 것에 초점이 있다는 것이에요. 사촌이지만 거의 안 보고 지내면 distant relative이고, 8촌인데도 자주 보고 지내면 distant relative라고 하기보다는 가까운 친척이라고 하는 게 맞아요.

Girlfriend One of my **distant relatives** is coming to visit us this weekend.
Boyfriend Oh, really? Which one?
Girlfriend It's my second cousin on my dad's side. He wants to catch up with us while he's in town.

> 여자 친구 이번 주말에 먼 친척 중 한 명이 우리를 방문하러 올 거야.
> 남자 친구 정말? 누군데?
> 여자 친구 아빠 쪽으로 나랑 6촌이야. 근처에 왔을 때 우리를 만나고 싶다고 하네.

UNIT 3
Childhood Memories
어린 시절의 추억

(Derek wants to get to know Cassie more, so they talk about their childhood memories.)

Derek Hey, Cassie. How's it going?

Cassie I'm good, thanks. Did you have fun at the party last weekend?

Derek Yeah, I had a great time. You?

Cassie Oh yeah. I especially loved playing that game. It [1]**brought back fond memories** from my childhood. I always used to play a similar one with my best friend Rachel when we were little.

Derek It sounds like you had a [2]**carefree childhood**, right?

Cassie I suppose I did.

Derek I guess that's what happens when you're raised by a loving family in [3]**a stable home**.

Cassie Was your parents' divorce really bad?

Derek Yeah, it was very messy. And I'll never forget when my dad left. [4]**The memory still haunts me.** He just walked out, leaving my mom to raise my sisters and me as a single mother.

Cassie I'm sorry to hear that. It must have been very hard for all of you.

Derek Yeah… Well, just be thankful you don't come from a broken home.

Cassie …So, um… [5]**refresh my memory**… Wasn't Ben supposed to meet us, too?

Derek Oh, I don't think so. I think he's busy.

Cassie Well, I better get to the library. I have some studying to do.

Derek Okay, see you around then!

Cassie Bye!

---

messy 엉망인, 문제투성이인   broken home 결손 가정

(Derek은 Cassie를 더 알고 싶어 하고, 둘은 어린 시절의 추억에 대해 이야기한다.)

Derek 안녕, Cassie. 어떻게 지내?

Cassie 잘 지내고 있어, 고마워. 지난 주말에 파티는 즐거웠어?

Derek 응, 너무 재밌었어. 너는?

Cassie 응, 나도. 특히 그 게임하는 게 좋았어. 어릴 적 행복한 추억이 떠오르더라. 어릴 적 소꿉친구 Rachel이랑 비슷한 게임을 늘 했거든.

Derek 넌 정말 걱정 없는 어린 시절을 보낸 것 같아, 그렇지?

Cassie 그런 것 같아.

Derek 안정된 가정에서 사랑 넘치는 가족한테서 자랐으니 그런 거겠지.

Cassie 네 부모님 이혼은 정말 심각했던 거야?

Derek 응, 아주 엉망이었어. 아빠가 떠난 그 순간은 절대 못 잊을 거야. 그 기억이 아직도 날 괴롭혀. 아빤 그냥 나갔고, 엄마 혼자 우리 남매들을 키우셨거든.

Cassie 정말 유감이야. 모두 참 힘들었겠다.

Derek 응… 결손 가정에서 자라지 않은 것에 감사해라.

Cassie 그래… 근데, 그러고 보니, Ben도 같이 만나기로 하지 않았던가?

Derek 아, 안 올 거야. Ben이 좀 바쁜 것 같아.

Cassie 그럼, 나는 도서관 가 봐야겠어. 공부 좀 해야 하거든.

Derek 알았어, 그럼 나중에 봐!

Cassie 잘 가!

Collocations and Conversations about **Childhood Memories**

1 bring back fond memories   행복한 추억을 떠오르게 하다

fond 하면 바로 나오는 콜로케이션이 fond memories입니다. '행복한 추억, 기억하고 싶은 추억'을 말할 때 많이 사용해요. 물론 happy memories라고 해도 괜찮아요. bring back은 과거에서 나의 추억을 가지고 오는 거고요. reminisce about ~도 '~에 대해 회상하다'의 뜻으로 매우 자주 사용합니다.

Rebecca This restaurant looks really familiar. Have we been here before?
Max Yeah, we used to come here all the time when we were kids. It **brings back fond memories** of spending time with family. I still remember how good the pizza tasted.
Rebecca That's lovely. I'm glad we came here today.

> Rebecca 이 식당은 정말 낯익다. 우리 여기 전에 와 본 적이 있나?
> Max 응. 우리 어렸을 때 여기 자주 왔었지. 가족과 함께했던 행복한 추억을 떠올리게 하네. 피자가 얼마나 맛있었는지도 여전히 생생하게 기억나.
> Rebecca 정말 좋다. 오늘 여기 오기 잘했다.

2 carefree childhood   걱정 없는 즐거운 어린 시절

어린 시절에는 미래에 대한 걱정, 직업 걱정, 돈 걱정 없이 그냥 천진난만하게, 호기심 가득 찬 삶을 살았죠. 그런 carefree childhood가 그립네요. carefree는 carefree life(걱정 없는 삶), carefree attitude(느긋한 태도), carefree days(걱정 없던 시절) 등으로 응용할 수 있습니다.

Layne Do you ever miss being a kid?
Quinten Yeah, sometimes. I had a pretty **carefree childhood**. No responsibilities, no stress, just playing with my friends all day.
Layne Mine was the same. I would spend entire afternoons just riding my bike around.

> Layne 어릴 때를 그리워해?
> Quinten 응, 가끔. 내 어린 시절은 걱정할 게 없었어. 책임질 것도 없고, 스트레스도 없고, 친구들과 온종일 놀기만 했지.
> Layne 내 어린 시절도 똑같았어. 오후 내내 자전거만 타고 돌아다니곤 했는데.

3 a stable home   안정된 가정

stable하면 안정감을 느끼게 됩니다. 그래서 a stable home은 가족들이 서로 위하고, 안정적이고, 따뜻하게 느껴지는 가정이에요. stable과 자주 나오는 뭉치를 보면 a stable job(안정적인 직업), a stable relationship(안정적인 관계) 등이 있어요.

Amanda Wow, your apartment is so cozy and organized.
Julian Thanks, I grew up in a chaotic environment, so having **a stable home** is really important to me.
Amanda I can relate. I moved around a lot as a kid, so having a place that feels like home is very important for me too.

- cozy 아늑한   chaotic 불안한, 혼란의

Amanda 와, 네 아파트 정말 아늑하고 정리가 잘 되어 있네.
Julian 고마워. 나는 불안한 환경에서 자라서 안정된 가정이 정말 중요해.
Amanda 나도 동감해. 어릴 때 이사를 자주 해서 집 같은 느낌이 드는 곳에서 사는 게 나한테도 중요해.

4 the memory still haunts me 기억이 아직 날 괴롭히다

시간이 지났는데도 우리 뇌에서 떠나지 않는(haunt) 것들이 있습니다. 떨쳐내려 해도 그러기 쉽지 않은 기억들이요. 이때 사용할 수 있는 표현이에요. 더 쉽게는 can't forget, still on my mind, still with me라고도 할 수 있죠.

Molly What's wrong? You seem really upset.
Ty I keep thinking about something that happened years ago. **The memory still haunts me**.
Molly What happened? Do you want to talk about it?
Ty It's embarrassing.

Molly 무슨 일이야? 너 엄청 화난 것 같은데.
Ty 오래 전에 일어난 일을 계속 생각하고 있어. 그 기억이 여전히 날 괴롭히네.
Molly 무슨 일이었는데? 얘기 좀 해 볼래?
Ty 부끄러운 일이야.

5 refresh one's memory 다시 기억을 상기시키다

바쁜 세상을 살다 보면 기억이 안 나는 경우가 있는데, 이럴 때 누군가가 나의 기억을 refresh 해 주면 좋겠죠? 가장 간단하게 사용할 수 있는 표현으로는 remind me가 있어요.

Coworker 1 Hey, do you remember what we were supposed to do next?
Coworker 2 We were supposed to finish up the report and send it to our manager by the end of the day.
Coworker 1 Oh right, thanks for **refreshing my memory**. Let's get to work on that.

직장 동료 1 저기, 우리 다음에 뭐 하기로 했는지 기억나요?
직장 동료 2 보고서 마무리하고 오늘 중으로 매니저에게 보내기로 했잖아요.
직장 동료 1 아, 맞다. 기억을 되살려줘서 고마워요. 그럼 바로 시작하죠.

UNIT 4

Dating
데이트

(Derek asks Cassie out, but she turns him down. In the end, Shawn shows up and introduces Jesse to them.)

Derek Hey, Cassie. Do you have a second?

Cassie Hi, Derek! Sure. What's up?

Derek Um… I just wanted to see… I mean, I wanted to ask you if you wanted to grab a quick cup of coffee or a bite to eat.

Cassie Sure. When were you thinking?

Derek Really? Whenever you're free.

Cassie Okay. Should I invite Amber and Shawn? Is Ben coming?

Derek No, I meant just… just you and me.

Cassie Oh, like a date?

Derek Yeah. The thing is, I think I'm [1] **falling for you**. You're amazing, Cas. And if we went out, I really think we'd [2] **hit it off**.

Cassie Oh, um, I like you too, but… just as a friend.

Derek Okay… I understand.

Cassie I'm sorry, Derek.

Derek Are you sure you don't want some time to [3] **think it over**? You know, so you can [4] **consider all your options**?

Cassie Um, yeah, I'm sure… It's just… that you're [5] **just not my type**.

Shawn Hey guys! This is Jesse. Wait… am I interrupting something?

Derek No, you're not. I've got to go.

Cassie Bye, Derek. And so nice to finally meet you, Jesse!

Do you have a second? 시간 좀 있어?
The thing is ~ 그게 말이야, 내가 하고 싶은 말은 ~야

(Derek은 Cassie에게 데이트 신청을 하지만 Cassie는 거절한다. 마지막에 Shawn이 나타나 Jesse를 소개한다.)

Derek Cassie, 잠깐 시간 좀 있어?

Cassie 안녕, Derek! 그럼. 무슨 일이야?

Derek 아… 그냥… 그러니까, 커피 한 잔이나 뭐 간단히 먹으러 갈 생각 없는가 해서.

Cassie 그래. 언제로 생각하고 있었어?

Derek 정말? 너 시간 날 때면 언제든지 좋아.

Cassie 좋아. Amber랑 Shawn도 오라고 할까? Ben도 오는 거야?

Derek 아니, 내 말은… 우리 둘이서만 말이야.

Cassie 아, 데이트 같은 거야?

Derek 응. 사실은, 내가 너한테 정말 관심이 있어서. 넌 정말 대단해, Cas. 그리고 우리가 사귀면, 정말 잘 맞을 것 같아.

Cassie 아, 음, 나도 너 좋아하는데… 그냥 친구로 말이야.

Derek 알겠어… 이해해.

Cassie 미안해, Derek.

Derek 정말 좀 더 생각할 시간은 필요 없겠어? 이것저것 생각해 볼 수 있게 말이야.

Cassie 음, 그래, 확실히… 너는 내 타입이 아니야.

Shawn 얘들아! 이쪽은 Jesse. 어, 잠깐… 내가 방해한 거야?

Derek 아냐, 아니야. 난 먼저 가 볼게.

Cassie 잘 가, Derek. 드디어 이렇게 만나서 반가워요, Jesse!

Collocations and Conversations about **Dating**

1 fall for someone ~에게 (홀딱) 빠지다, 반하다

fall for ~는 '(~이 좋아져서) ~에 빠지다'예요. 사람에게 빠지면, 그 사람과 사랑에 빠지는 거죠. 반면에 fall for a trick(속임수에 넘어가다), fall for a scam(사기에 속아 넘어가다)처럼 뭔가에 속아 넘어갈 때도 많이 쓰는 표현입니다.

Glenda I have to admit, I think I'm **falling for you**.
Eric Really?
Glenda I've enjoyed spending time with you a lot, and I feel we have a real connection.
Eric That's great to hear. I've been feeling the same way.

> Glenda 그래, 솔직히, 나 너한테 반한 것 같아.
> Eric 정말?
> Glenda 너랑 시간 보내는 게 너무 즐겁고, 우리가 정말 통하는 게 있는 것 같아.
> Eric 그 말 들으니 참 좋은데. 나도 그렇게 똑같이 느끼고 있었거든.

2 hit it off 죽이 딱 맞다, 쿵짝이 잘 맞다

처음 봤는데 말이 너무 잘 통하는 사람이 있죠? 이때 쓸 수 있는 표현으로 hit it off가 딱이에요. 비슷한 표현으로는 click이 있는데 We clicked right away when we met.(우리는 만나자 바로 죽이 딱 맞았다)처럼 쓸 수 있어요. 두 자석이 딱 붙는 모습을 상상하면 쉽게 기억할 수 있을 거예요.

Charlie How was your date last night?
Brett It was great! We really **hit it off**.
Charlie That's awesome. Are you going to see her again?
Brett Definitely. We already made plans for next weekend. I'm really excited.

> Charlie 어젯밤에 데이트는 어땠어?
> Brett 정말 좋았어! 우리 진짜 죽이 잘 맞았어.
> Charlie 잘됐다. 걔 또 볼 거야?
> Brett 당연하지. 이미 다음 주말에 만나기로 했는걸. 정말 신나.

3 think it over (중요한 결정을 앞두고) 고민해 보다

남자 친구가 나에게 청혼했는데 아직 준비가 되었는지 잘 모르겠어요. 이럴 때는 think it over해야겠죠. 정말 너무 가고 싶은 두 직장에서 동시에 job offer를 받았어요. think it over 해야죠. 이렇게 '진지하게 생각하다'라고 할 때 think over를 사용합니다. 특히 중요한 결정을 앞두고 곰곰이 생각할 때 많이 쓰죠. 비슷한 표현으로는 mull it over가 있어요.

Dave Hey, I've been offered a job opportunity in another city, but I'm not sure if I should take it.
Matt That's a big decision. Have you had a chance to **think it over**?

Dave Yeah, but I still can't make up my mind.
Matt It's understandable. Take your time and really **think it over** before you decide.

> Dave 다른 도시에서 일자리 제안을 받았는데, 받아들여야 할지 잘 모르겠어.
> Matt 엄청 중요한 결정이네. 곰곰이 생각해 봤어?
> Dave 응, 그런데 아직 결정을 못 내리겠어.
> Matt 충분히 이해해. 결정하기 전에 시간을 갖고 충분히 고민해 봐.

4 consider all one's options 모든 선택지(옵션)를 고려하다

think it over와 비슷한 표현이에요. 괜찮은 직장 두 곳에서 동시에 offer를 받으면 여러 가지를 고려해야겠죠. 연봉(salary), 워라밸(work-life balance), 복지 혜택(benefits) 등이요. 이런 과정이 바로 consider all one's options입니다. 비슷한 표현으로는 explore all the possibilities가 있습니다.

Cheryl I'm thinking about buying a new car, but I'm not sure which one to get.
Alexander Have you looked at all your options?
Cheryl I've looked at a few, but I'm not sure which one is the best fit for me.
Alexander It's important to **consider all your options** before making a decision.

> Cheryl 새 차를 살까 생각 중인데, 뭘 사야 할지 잘 모르겠어.
> Alexander 옵션은 다 본 거야?
> Cheryl 몇 가지 봤는데, 어떤 게 나한테 딱 맞는지 확신이 안 서.
> Alexander 결정하기 전에 모든 선택지를 고려하는 게 중요해.

5 just not one's type ~의 스타일이 아닌

소개팅에 나갔는데, 상대방이 내 스타일이 아니에요. 이때 가장 많이 사용하는 게 He's/She's just not my type.이에요. 간단히 He's not what I'm looking for.라고 해도 좋습니다. 참고로 not my cup of tea도 사용할 수 있는데요, 이 표현은 보통 취미, 과목, 특정한 경험을 말할 때 더 자주 사용합니다.

Eliza What happened with that guy you went out with last night?
Whitney It was fine, but he's **just not my type**.
Eliza What do you mean?
Whitney We didn't really have much in common, and I just didn't really click.

> Eliza 어젯밤에 데이트했던 남자는 어떻게 됐어?
> Whitney 괜찮았는데, 내 스타일은 아니었어.
> Eliza 무슨 말이야?
> Whitney 공통점이 그다지 없더라고. 그냥 잘 맞지 않았어.

UNIT 5

Attraction
매력

(Cassie tells Amber and Shawn about Derek asking her out and turning him down, and she accidently reveals her crush on Ben to them.)

Shawn Cas! There you are. I was just telling Amber about that [1]**awkward silence** earlier when I came to introduce Jesse. What was that all about?

Cassie It turns out, Derek has feelings for me. He asked me out.

Amber What?! What did you say?

Cassie I told him that [2]**the feelings aren't mutual**. But I'm really worried about how he took it.

Shawn Well, I'd say he was [3]**visibly disappointed** when I showed up.

Cassie I don't know what to do. I feel pretty awful. He even told me to think about it.

Amber Does that mean you have some [4]**lingering doubts** about rejecting him?

Cassie No, I'm sure. We just didn't [5]**establish a connection** and I told him that I want to be able to keep my options open. Still, I feel bad for [6]**crushing his hopes**.

Shawn I think what she means is that she's not attracted to him. Personally, I think Derek is somewhat [7]**decent looking**, but his fashion choices make him look [8]**utterly ridiculous** half the time.

Amber Oh, I don't know. Yes, that outfit he wore to the party last weekend was [9]**particularly memorable**. But, personally, I like that he doesn't care what people think. It's… [10]**somewhat attractive** actually…

Cassie That's not what I meant, Shawn. It's not about physical attraction for me. I just want to be with someone that I have strong chemistry with.

Shawn Does that mean you already have a crush on somebody?

Cassie Um…

Amber Oh, look, there's Ben. We should call him over…

Shawn Look at Cas! She's blushing… You do have a crush, and I think I know who it is!

It turns out ~ 알고 보니 ~더라   half the time 대개   have chemistry with~ ~와 케미가 잘 맞다
have a crush on ~ ~에게 반하다   blushing 얼굴이 붉어진

(Cassie는 Amber와 Shawn에게 Derek이 데이트 신청을 했지만 그것을 거절한 것에 대해 말한다. 그리고 자신은 Ben에게 반했다는 것도 어쩌다 고백하게 된다.)

Shawn Cas! 여기 있었구나. 아까 Jesse 소개하러 갔을 때 너희 둘 사이의 그 어색한 침묵에 대해 Amber에게 말하던 중이었는데. 도대체 무슨 일이 있었던 거야?

Cassie 그게, Derek이 나한테 관심이 있는 거였어. 나에게 데이트 신청했거든.

Amber 뭐?! 그래서 뭐라고 했어?

Cassie Derek이 나한테 느끼는 감정을 나는 못 느낀다고 했어. 그런데 Derek이 어떻게 받아들였을지 걱정되긴 해.

Shawn 내가 갔을 때 걔가 실망한 게 확실히 티가 나더라.

Cassie 어떻게 해야 할지 모르겠어. 기분이 되게 별로네. Derek이 나보고 생각해 보라고까지 했는데.

Amber 그 말은 아직 네가 거절한 것에 미련이 남아 있다는 거야?

Cassie 아냐, 내 맘은 확실해. 우리가 무슨 관계를 시작한 것도 아니고, Derek한테 다른 선택지를 고려하고 싶다고 했어. 그래도 걔의 희망을 짓밟은 것 같아서 기분이 안 좋아.

Shawn Cassie 말은, Derek에게 매력을 느끼지 않는다는 것 같아. 개인적으로, Derek이 나름 괜찮게 생긴 것 같은데, 패션 고르는 게 대개 우스꽝스러울 정도야.

Amber 아, 모르겠어. 그래, 지난 주말 파티에 입었던 옷은 특히 기억에 남았지. 그래도 개인적으로 나는 Derek이 남의 시선을 신경 쓰지 않는 것이 마음에 들거든… 다소 매력적이기도 하고…

Cassie 내 말은 그게 아니야, Shawn. 내게는 외모의 매력이 중요한 게 아니야. 그냥 서로 케미가 통하는 사람이면 좋겠어.

Shawn 그 말은 이미 좋아하는 사람이 있다는 거야?

Cassie 음…

Amber 아, Ben이 저기 있네. 오라고 하자…

Shawn Cas 좀 봐! 얼굴이 막 빨개지네… 딱 보니 반했네. 나 그게 누군지 알 것 같아!

Collocations and Conversations about **Attraction**

1. **awkward silence** 어색한 침묵

첫 데이트하는데 서로 어색하게 말이 없을 때 awkward silence, 민감한 주제를 이야기하는데 상대방이 얼굴이 일그러지고 이어지는 침묵에도 awkward silence를 씁니다. awkward와 비슷한 표현으로 uncomfortable이 있어요.

Vicky I ran into my ex yesterday.
Justin Really? How was it?
Vicky It was weird. He kept trying to keep the conversation going but there were a lot of **awkward silences**. I just wanted to get out of there.

- run into ~ 우연히 만나다

Vicky 나 어제 우연히 전 남친이랑 마주쳤어.
Justin 정말? 어땠어?
Vicky 이상했어. 전 남친이 계속 대화를 이어가려고 했지만, 어색한 침묵이 여러 번 생겼어. 그냥 거기서 나오고 싶더라고.

2. **the feelings are not mutual** 서로 같은 감정이지 않다

mutual은 화살표가 양쪽으로 있는 느낌의 단어예요. 내가 상대에게 관심을 주는데 상대방은 관심이 없다면 mutual하지 않은 거죠. 비슷한 표현으로 The sentiment is not reciprocated.가 있습니다. 이 상황은 '짝사랑'인데, 짝사랑은 one-sided love라고 합니다.

Dennis I really like you. I think you're amazing.
Harper Thanks, that's really sweet of you.
Dennis So... Do you feel the same way about me?
Harper I'm sorry, but **the feelings are not mutual**. I don't have those kinds of feelings for you.

Dennis 나 너 정말 좋아해. 넌 정말 멋진 것 같아.
Harper 고마워. 그렇게 말해 주다니 넌 참 다정하구나.
Dennis 그럼… 너도 나에게 비슷한 감정을 느끼는 거야?
Harper 미안하지만, 우리가 같은 감정이지는 않아. 난 너한테 그런 감정이 없거든.

3. **visibly disappointed** 딱 봐도 실망한

딸이 대학에 합격할 거라고 생각했는데 떨어졌어요. 딸은 딱 봐도 실망한 표정이에요. 정말 기대했던(highly anticipated) 게임인데 졌어요. 다들 말 안 해도 실망한 것이 뻔히 보이겠죠? 이럴 때 visibly disappointed를 씁니다. 비슷한 표현은 clearly upset, obviously frustrated, noticeably sad 정도가 있어요.

Grayson I'm sorry, I can't come to your party this weekend.
Leah Oh... um... that's okay.

Grayson I can see that you're **visibly disappointed**. I wish I could come, but I have to work.

Leah I was really looking forward to seeing you, but I understand. Another time?

> Grayson 미안한데, 이번 주말에 네 파티에 못 가겠어.
> Leah 아… 음… 괜찮아.
> Grayson 실망한 게 딱 보이네. 나도 정말 가고 싶은데, 일해야 해서.
> Leah 너를 만나길 정말 고대했는데, 하지만 이해해. 나중에 보는 거지?

4 lingering doubts 자꾸만 드는 의심

linger는 뭔가 끝나고 나서도 계속 남아 있다는 의미예요. 화재를 진압한 후에도 한동안 탄 내가 남아 있는데, 이걸 lingering smell이라고 할 수 있어요. lingering doubts는 뭔가 계속해서 의심이 드는 거죠. lingering은 remaining, persistent로 대체할 수 있지만, 이런 상황에서는 lingering doubts가 가장 많이 쓰여요.

Lacey Are you feeling better about your decision to quit your job?

Matthew I don't know, I still have some **lingering doubts**. What if I made the wrong choice?

Lacey Well, it's natural to have some doubts, but just remember why you decided to leave.

> Lacey 일 그만두기로 결정한 거에 기분 좀 나아졌어?
> Matthew 잘 모르겠어. 계속 의구심이 남네. 내가 잘못 선택한 거면 어쩌지?
> Lacey 음, 어느 정도 의구심이 드는 건 당연한 거지만, 왜 그만두기로 결정했었는지만 기억해.

5 establish a connection 인맥을 쌓다

connection은 여기서처럼 사람 사이가 될 수도 있고, Wi-Fi에 연결하는 것처럼 기계와 연결하는 것이 될 수도 있어요. 또 A라는 사건과 B라는 사건의 인과 관계를 연결하는 것이 될 수도 있죠. 그래서 connection은 link, relationship, bond로 대체할 수 있어요.

Teacher Good morning class, today we'll be talking about networking. Who can tell me what it means to **establish a connection**?

Student Is it when you meet someone new and try to get to know them better?

Teacher Yes. Building good relationships can help you grow in your career.

> 선생님 안녕하세요. 오늘은 네트워킹에 대해 이야기해 볼 거예요. 인맥을 쌓는다는 게 어떤 의미인지 누가 말해 볼래요?
> 학생 새로운 사람을 만나서, 그 사람을 더 잘 알려고 노력하는 것이지 않나요?
> 선생님 맞아요. 좋은 관계를 구축하면 직업적으로 성장하는 데 도움이 될 수 있죠.

Collocations and Conversations about **Attraction**

6 crush one's hopes ~의 희망을 꺾다, 짓밟다

crush는 '강하게 부수다'라는 의미예요. 희망, 꿈, 기대를 완전히 꺾고, 부셔 버릴 때 crush one's hopes라고 합니다. hopes 대신 dreams도 자주 써요. shatter(산산 조각을 내다)를 사용해서 shatter one's dreams처럼도 말하죠.

Phillip I'm really excited about my job interview for the marketing position tomorrow.
Sasha Well, I hate to be the one to say it, but I heard that they already filled that position.
Phillip What? Are you serious? But I just got the call to come in for an interview.
Sasha Yeah, they already decided on someone else. I'm sorry for **crushing your hopes**.

> Phillip 내일 마케팅 자리 면접이 정말 기대돼.
> Sasha 어, 이런 말 하고 싶진 않은데, 이미 그 자리가 채워졌다고 들었어.
> Phillip 뭐? 진짜야? 방금 면접 보러 오라는 전화를 받았는데.
> Sasha 진짜야. 이미 다른 사람으로 결정했다고. 희망을 꺾어서 미안하다.

7 decent looking 나름 괜찮게 생긴, 준수한 외모의

잘생긴 사람이 남자라면 handsome, 여자라면 pretty나 beautiful이 가장 많이 사용되죠. 우리가 준수한 외모, 괜찮은 외모를 가지고 있다는 말을 종종 하는데 이것과 맞아떨어지는 표현이 바로 decent looking이에요. 사실 이보다 훨씬 많이 사용하는 것은 good looking인데, 이를 좀 더 강조하려면 pretty good looking이라고 해요. 마지막으로 decent looking은 사람에게만 사용합니다.

Ryan Why are you all dressed up? What's the occasion?
Erica Oh! I have a blind date tonight.
Ryan For real? You must be excited. Who's the lucky guy?
Erica His name is Jake. I saw his picture. He's pretty **decent looking**. I'm a bit nervous but hope it goes well.

> Ryan 왜 이렇게 쫙 빼입었어? 무슨 일이라도 있어?
> Erica 아! 나 오늘 밤에 소개팅이 있거든.
> Ryan 정말? 신나겠네. (너랑 소개팅하는) 그 행운의 남자는 누구야?
> Erica 이름은 Jake이고 사진 봤는데 꽤 괜찮게 생겼어. 좀 긴장되는데 잘 되면 좋겠다.

8 utterly ridiculous 정말 바보 같은

utterly는 강조할 때 사용할 수 있는 표현이고, ridiculous는 '바보 같은'이라는 뜻이에요. utterly 대신 extremely, absolutely, completely를 사용해도 좋아요. 비슷하게 사용할 수 있는 표현으로 absolutely absurd, completely ludicrous 정도가 있어요.

Lucy I heard that they're planning to build a highway over the ocean.
Hazel What? That's **utterly ridiculous**. How would that even work?

Lucy I don't know. I guess they would just build a really long bridge or something.
Hazel But what about all the boats that need to pass through? It would be a disaster.

> Lucy 바다 위에 고속도로를 건설할 거라는 소문 들었어.
> Hazel 뭐? 정말 바보 같은 생각이네. 그게 어떻게 가능하다는 거야?
> Lucy 모르겠어. 아마 굉장히 긴 다리를 건설하려고 그러나 봐.
> Hazel 그렇게 하면 배들은 어떻게 지나가라고? 재앙이 될 거야.

9 particularly memorable 특히 기억에 남는

정말 많은 기억이 있지만, 그런 기억 중에서 '특히 더 생각나는' 기억이 있죠. 이럴 때 particularly memorable을 사용할 수 있어요. 비슷한 표현으로 especially memorable, exceptionally unforgettable 등이 있어요.

Boyfriend What was your favorite part of the trip?
Girlfriend Oh, that's a hard one. There were so many great moments. But I think the hike we did on the last day was **particularly memorable**.
Boyfriend Yeah, that was amazing. The views were breathtaking.

> 남자 친구 여행에서 가장 좋았던 부분이 뭐였어?
> 여자 친구 아, 어려운 질문인데. 너무나 멋진 순간들이 진짜 많았거든. 그래도 마지막 날 했던 하이킹이 특히 기억에 남았어.
> 남자 친구 그래, 대단했어. 경치가 정말 끝내줬지.

10 somewhat attractive 다소 매력적인

somewhat은 '다소'라는 뜻으로 평균보다는 좀 높지만, 그렇게 긍정적인 느낌이 들진 않아요. attractive는 남녀 관계에만 사용하는 것은 아니에요. 상대방의 제안이 마음에 들 때도, 투자 기회가 매력적일 때도 attractive를 사용할 수 있죠. 비슷한 표현은 fairly attractive, moderately appealing 정도가 있어요.

Maxwell So, what did you think of that guy I introduced you to?
Tina He was… okay. I mean, he was **somewhat attractive**, but he wasn't really my type.
Maxwell Ah, I see.
Tina Thanks for trying to set me up, though.

- set me up 나에게 소개해 주다

> Maxwell 내가 소개한 그 남자 어땠어?
> Tina 걔… 괜찮았어. 다소 매력적이긴 했지만, 내 타입은 아니더라.
> Maxwell 아, 그렇구나.
> Tina 그래도 소개해 줘서 고마워.

CHAPTER 7
ACADEMICS
학업

왼쪽의 QR코드를 스캔하시고 '바로듣기'를 탭하세요.
해당 도서의 음원을 바로 들으실 수 있습니다.
반복 재생과 속도 조절도 가능합니다.

UNIT 1
School Life
학교생활

(Cassie, Amber, and Shawn are talking about their senior schedules and classes.)

Shawn What are you guys doing later? Want to do something?

Amber Sorry, I'm busy.

Cassie With Derek?

Amber I wish! No, I have to **¹attend a lecture** for my Humanities class.

Cassie I thought you **²dropped the course**.

Amber I was going to, but my counselor said I still had to take a class to have enough credits this semester. With my **³grueling schedule**, it was either Humanities or Research Methods.

Shawn What's wrong with Research Methods?

Amber Ms. Lewis teaches it. I would have had to take a test every week—all essays!

Cassie That would be awful! I like Ms. Lewis. Why would she do that?

Amber Apparently, she used to give a multiple-choice test, but then a few years ago she caught someone **⁴cheating on the exam**. So now, all the questions are essays.

Shawn Do you have an easy schedule this semester, Cas?

Cassie Well, the courses aren't going to be difficult. But I am taking Mr. Stevenson again.

Shawn Hunky Stevenson!

Amber Really? I'm surprised. Remember how he **⁵graded your assignment** freshman year?

Cassie Of course, I remember. But that wasn't his fault. That was all Madison. I'm sure this class will be completely different. And besides, we're seniors now.

Shawn So, what's the class?

Cassie Debate.

(Cassie, Amber, Shawn은 4학년 졸업반 스케줄과 수업에 대해 이야기한다.)

Shawn 너네 이따 뭐해? 같이 뭐 좀 할래?

Amber 미안, 난 바빠.

Cassie Derek이랑 뭐 해?

Amber 나도 그러고 싶다! 그건 아니고, 인문학 강의 들으러 가야 해.

Cassie 난 너 그 수업 수강 취소한 줄 알았어.

Amber 그러려고 했는데, 상담 선생님이 이번 학기에 학점을 충분히 이수하려면 수업을 들어야 한다고 해서. 일정이 너무 빡빡해서 인문학이나 연구 방법론 중 하나를 선택해야 했어.

Shawn 연구 방법론은 뭐가 문젠데?

Amber Lewis 교수가 강의해. (그거 들었으면) 매주 시험 봐야 했을 거야. 모두 에세이 쓰는 걸로!

Cassie 정말 별로겠다! 난 Lewis 교수님 좋은데, 왜 그렇게 하시는 거지?

Amber (듣자 하니) 예전에는 객관식 테스트를 냈는데, 몇 년 전에 시험에서 누군가 부정행위 하는 걸 딱 잡으셨대. 그래서 지금은 문제가 다 서술형으로 쓰는 거지.

Shawn Cas, 너 이번 학기는 여유 좀 있어?

Cassie 음, 과목들이야 어렵진 않을 거야. 그런데 이번에 Stevenson 교수님 수업을 또 들어.

Shawn 몸집 큰 Stevenson 교수님!

Amber 정말이야? 의외네. 그 교수님이 1학년 때 너 과제 평가 어떻게 했는지 기억나?

Cassie 당연히 기억하지. 그런데 그건 교수님 탓이 아니라 Madison 때문이었잖아. 이번 수업은 전혀 다를 거야. 게다가 우리는 이제 졸업반이고.

Shawn 그래서 무슨 수업인데?

Cassie 토론 수업.

Collocations and Conversations about **School Life**

1 attend a lecture   강의를 듣다

학교나 세미나 등에서 강의를 듣는다고 할 때 attend a lecture를 사용해요. attend와 비슷한 의미가 participate in인데, attend는 참여하는 정도라면, participate in은 좀 더 적극적으로 참여하고, 소통하는 이미지가 그려져요. attend a party, attend a meeting, attend a wedding 등으로 많이 쓰입니다.

Eva Hey, have you decided if you're going to **attend the lecture** tonight?
Bobby Which lecture are you talking about?
Eva The one on global warming by Dr. Smith at the community center.
Bobby Oh, I forgot about that. Yeah, I'll go.

Eva 저기, 오늘 밤 강의 듣기로 한 거야?
Bobby 어떤 강의 말하는 거야?
Eva 커뮤니티 센터에서 Smith 박사가 하는 지구 온난화 문제에 관한 강의.
Bobby 아, 그거 깜빡했네. 응, 나도 갈 거야.

2 drop the course   수업을 중간에 그만두다

drop the course와 drop out of the course의 차이를 알아두세요. drop the course는 그냥 클래스 하나를 중간에 그만두는 느낌이고요, drop out of the course는 전체 program을 아예 그만둘 때 사용해요. 그래서 drop out of school이라고 하면 '학교를 중퇴하다'라는 말입니다.

Sophomore 1 Hey. How's your semester going so far?
Sophomore 2 Not great, to be honest. I'm really struggling with my history course.
Sophomore 1 Oh no, that's too bad.
Sophomore 2 Yeah, I just can't keep up with the workload, so I think I'll **drop the course**.

2학년생 1 안녕? (이제까지) 이번 학기는 잘 보내고 있어?
2학년생 2 솔직히, 별로. 역사 수업이 너무 힘들어.
2학년생 1 아이구, 어쩌냐.
2학년생 2 그러게. 과제 양을 따라갈 수가 없어서, 이 수업 그만둘까 생각 중이야.

3 grueling schedule   빡센 일정

짧은 시간에 많은 일을, 쉬지도 않고 해야 한다면 너무나 피곤하겠죠. 이런 상황에는 grueling이 어울려요. 비슷한 느낌의 표현은 demanding schedule, intensive timetable 정도가 있어요. grueling을 응용하여 grueling workout(빡센 운동), grueling day(고된 하루)와 같이 말할 수 있습니다.

Rick Hey, how's work going?
Cindy This week has been crazy busy. I've had a **grueling schedule** with long hours and lots of deadlines to meet.
Rick That sounds rough.

> Rick 어이, 일은 어때?
> Cindy 이번 주는 미치도록 바쁘네. 근무 시간도 길고 마감 기한 맞춰야 할 게 많아서 엄청 힘든 일정이야.
> Rick 힘들겠다.

4 cheat on an exam 시험에서 부정행위를 하다

cheat은 '~를 속이다'라는 뜻이에요. 정직하게 시험 봐야 하는데 부정행위를 하면 cheat on an exam 하는 거죠. 'cheat on + 사람'도 많이 나오는데, 이것은 남녀 사이에서 '바람을 피우다'라는 의미입니다. Are you cheating on me?(너 나 몰래 바람 피우는 거야?)처럼 말하지요.

Student 1 Hey, did you hear about what happened during the math test yesterday?
Student 2 No, what happened?
Student 1 Apparently, Jackson got caught **cheating on the exam** and got detention.
Student 2 That's disappointing to hear.

- detention (방과 후) 나머지 공부

> 학생 1 저기, 어제 수학 시험 때 무슨 일이 있었는지 들었어?
> 학생 2 아니, 무슨 일 있었는데?
> 학생 1 Jackson이 그 시험에서 부정행위 하다 걸려서 나머지 공부했어.
> 학생 2 참, 실망스럽네.

5 grade one's assignment 과제를 평가하다

학교에서 선생님이 학생들 평가를 할 때 grade(성적)를 매깁니다. 등급을 A, B, C로 나누는 것처럼, '등급을 매기다, 평가하다'라고 할 때 grade를 사용해요. assess, evaluate도 '평가하다'라는 의미로 많이 씁니다.

Highschooler 1 Hey, did Mr. Burke **grade your assignment** for the English class?
Highschooler 2 Yeah, I just got it back. I got an A. Didn't you get yours back?
Highschooler 1 I did. I got a C- on it.
Highschooler 2 That's not good. Why don't you ask him to let you redo the test?

> 고등학생 1 Burke 쌤이 네 영어 수업 숙제 채점하셨어?
> 고등학생 2 응, 지금 받았어. 나 A 받았다. 넌 아직 안 받았어?
> 고등학생 1 받았는데, 난 C-야.
> 고등학생 2 아이고. 쌤한테 시험 다시 보게 해달라고 부탁해 보는 게 어때?

UNIT 2

Studying
공부

(Cassie tells Amber and Shawn that she has Madison as her debate opponent.)

Cassie You guys! You will never believe who is in my Debate class!

Shawn Ben?

Cassie No, Madison! And, we have to work together on another assignment!

Amber That's horrible! Will you have to [1] **give a presentation** again?

Cassie Sort of. First, we have to [2] **conduct a study** on a controversial topic. I'm on one side of the issue, and Madison is on the other.

Shawn Yikes!

Cassie Then, after we [3] **draw our conclusions** from the study, we have to do research to [4] **support our claims** and write a paper.

Amber Wow, that's a lot!

Cassie But that's not all! After doing the paper, we debate it in front of the whole class! You know I hate making speeches, but it's going to be even worse going against Madison!

Shawn You poor thing!

Amber I'm sorry, Cas.

Cassie And you guys remember how Madison is. She's highly competitive, always has to be the best in the class… I don't stand a chance! What if I fail miserably? What if I can't graduate?

Amber Don't get ahead of yourself! You'll be great! And we'll help you, right, Shawn?

Shawn Of course!

Amber I can help you [5] **revise the paper**. You know my major is English, right?

Shawn And I'll help you prepare for your speech. Don't worry, we've got you!

---

don't stand a chance 가능성이 없다   Don't get ahead of yourself. 너무 앞서가지 마.
We've got you. 너한텐 우리가 있잖아.

(Cassie는 Amber와 Shawn에게 토론 상대자가 Madison이라고 말한다.)

Cassie 얘들아! 토론 수업에 누가 있는지 알면 너희 깜짝 놀랄걸!

Shawn Ben?

Cassie 아니, Madison이야! 그리고 이번에 또 다른 과제를 함께해야 해!

Amber 끔찍하다! 발표를 또 해야 하는 거야?

Cassie 그런 셈이지. 먼저, 논란의 여지가 있는 주제에 대한 연구를 해야 해. 내가 한편에 서고, Madison은 반대편에 서는 거지.

Shawn 이런!

Cassie 그리고 연구에서 결론을 도출한 다음, 주장을 뒷받침하는 리서치를 하고, 논문도 써야 해.

Amber 와, 할 게 많네!

Cassie 그런데 그게 다가 아니야! 논문을 쓴 다음, 반 학생들 모두의 앞에서 토론을 해야 해! 나 정말 발표하는 것 싫어하는데, Madison을 상대로 하면 더 힘들어질 거야!

Shawn 아이고, 딱하네!

Amber 안타깝다, Cas.

Cassie 너희 Madison이 어떤 애인지 기억하지? 경쟁심이 엄청 강하고, 수업에서 항상 최고가 되어야 하고… 걔 이긴다는 건 말도 안 돼! 완전히 망하면 어쩌지? 졸업 못하면 어떡하냐고?

Amber 너무 지레 짐작하지 마! 넌 잘할 거야! 우리가 도와줄게, 그렇지, Shawn?

Shawn 그럼!

Amber 내가 논문 수정하는 거 도와줄 수 있어. 내 전공이 영어인 건 알고 있지?

Shawn 난 연설 준비하는 걸 도와줄게. 걱정하지 마, 우리가 있잖아!

Collocations and Conversations about **Studying**

1   give a presentation 발표하다

학교나 직장에서 presentation(발표)을 할 때가 많죠. give a presentation, make a presentation, deliver a presentation, 또 더 formal하게는 conduct a presentation이라는 표현도 사용합니다.

Associate 1   Hey, are you ready for your presentation today?
Associate 2   I think so. I've been practicing all weekend, and I have my slides prepared.
Associate 1   That's great. What time do you **give the presentation**?
Associate 2   It's at 2 PM in the conference room.

> 동료 1 오늘 발표 준비 다 됐어?
> 동료 2 다 된 것 같아. 주말 내내 연습하고 슬라이드도 준비했으니까.
> 동료 1 좋아. 몇 시에 발표하지?
> 동료 2 오후 2시에 회의실에서.

2   conduct a study 연구를 하다

conduct는 좀 formal한 말로, 뭔가 중요한 일을 진행할 때 씁니다. conduct a research/a meeting/an interview(조사/회의/인터뷰를 하다)도 많이 나오는 표현이에요. conduct 대신 run, implement, carry out도 사용할 수 있어요.

Undergrad 1   Hey, have you heard about the psychology department's new research project?
Undergrad 2   No, what is it about?
Undergrad 1   They're **conducting a study** on the effects of social media on our mental health.
Undergrad 2   That sounds interesting.

> 학부생 1 저기, 심리학과 새 연구 프로젝트 얘기 들었어?
> 학부생 2 아니, 뭐에 관한 건데?
> 학부생 1 소셜 미디어가 정신 건강에 미치는 영향에 대한 연구를 진행 중이래.
> 학부생 2 재미있겠는걸.

3   draw (one's) conclusions (~의) 결론을 내다

자료 조사를 하고, 분석한 다음에는 결론을 내리는데요. draw는 '끌어내다'라는 말이니, 결론을 끌어내는 이미지를 생각하면 draw conclusions가 기억에 오래 남을 거예요. 비슷한 표현으로 reach conclusions, come to conclusions 등이 있습니다.

Researcher 1   Hey, did you finish analyzing the data for the research project?
Researcher 2   Yes. I spent the weekend going through all the data and **drawing conclusions**.
Researcher 1   That's great. What did you find?
Researcher 2   It seems there is a strong correlation between exercise and academic performance.

- correlation 상관관계

연구원 1 저기, 연구 프로젝트용 자료 분석은 다 끝냈어?
연구원 2 응. 주말 내내 자료 분석하고 결론 도출하는 데 시간을 보냈지.
연구원 1 좋아. 뭐 좀 찾았어?
연구원 2 운동과 학업 성취 간에 강한 상관관계가 있어 보이더라고.

4 support one's claims 주장을 뒷받침하다

claim은 '주장'으로, 이 주장은 근거(evidence)를 들면서 뒷받침해야 합니다. 이것을 support one's claims라고 표현해요. 비슷한 표현으로 back up one's statements가 있어요. 참고로 make a claim이라고 하면 '주장하다'라는 뜻인데, 딱히 근거 없이 주장하는 거예요. 그래서 support one's claims가 중요한 거겠죠.

Professor Hey, I read your essay on climate change, and I have to say, it was really impressive.
Student Thank you! I put a lot of time and effort into researching and writing it.
Professor Yeah, I could tell. You had a lot of great arguments and evidence to **support your claims**.
Student I'm glad my efforts paid off. Your feedback means a lot to me.

교수 기후 변화에 관한 자네 에세이를 읽어 봤는데, 정말 인상 깊더군.
학생 감사합니다! 연구하고 글 쓰는 데 시간 많이 썼어요.
교수 응, 그런 것 같더군. 괜찮은 주장도 많고, 주장을 뒷받침하는 논거도 있었어.
학생 노력한 게 보상받은 것 같아서 기쁩니다. 교수님의 피드백이 제게 참 큰 힘이 됩니다.

5 revise the paper 문서를 수정하다

paper는 보통 에세이, 리포트 등 '학교나 직장에서 작성하는 문서'를 말해요. revise는 교정하고, 발전시키고, 첨삭한다는 말입니다. revise 대신 edit, review, correct를 사용해도 일맥상통합니다.

Ryan Hey, did you finish your term paper for the history class?
Stella Yeah, I did, but I'm not happy with it. I need to **revise the paper** before submitting it.
Ryan That's a good idea. When is it due?
Stella It's due next Monday, so I have some time to make some changes.

Ryan 역사 수업 학기 논문은 다 썼어?
Stella 응. 다 썼는데 마음에 안 들어. 제출 전에 논문 좀 수정해야겠어.
Ryan 좋은 생각이야. 언제까지 제출하는 거지?
Stella 다음 주 월요일까지니까, 수정할 시간이 좀 있어.

UNIT 3

Computers
컴퓨터

(Cassie has a computer problem, so she goes to Ben for help.)

Cassie Hey, Ben, do you have a second?

Ben Of course, Cassie. What's up?

Cassie I was just wondering if you could help me with my computer. You're the only [1] **computer-savvy** person I know.

Ben Absolutely, I'd love to help. What seems to be the problem?

Cassie Thanks. I'm working on this research that I have to do for my debate class, and sometimes my [2] **computer freezes**, and then the screen goes black. All I can do is restart it.

Ben Oh no, that doesn't sound good. That is a common sign right before a [3] **computer crashes**. Let me take a look at it.

Cassie Sure, here you go. And thanks again, Ben.

Ben No problem at all. Okay… well, everything looks good so far. Let me [4] **run a scan** for viruses to see what the problem is.

Cassie Okay, that sounds good.

Ben Hmm… Let's see here. It looks like it may be a virus. Have you received any spam emails lately? Or maybe [5] **opened an attachment** that was suspicious?

Cassie I'm not really sure. I don't think so.

Ben Not to worry. I can fix this, no problem.

Cassie Thanks so much. You're the best!

Ben Anytime.

---

suspicious 미심쩍은, 수상한

(Cassie는 컴퓨터에 문제가 생겨 Ben에게 도움을 요청한다.)

Cassie 저기, Ben, 잠깐 시간 좀 돼?

Ben 그럼, Cassie. 무슨 일인데?

Cassie 컴퓨터 문제를 네가 좀 도와줄 수 있나 해서. 컴퓨터 잘 아는 사람은 내 주변에 너밖에 없거든.

Ben 당연하지, 도와줄게. 뭐가 문제인 것 같아?

Cassie 고마워. 이번 토론 수업에 필요한 리서치를 하고 있는데, 가끔 컴퓨터가 멈추고 나서, 스크린이 까맣게 돼. 내가 할 수 있는 거라고는 껐다 다시 켜는 거거든.

Ben 오, 그거 심각한데. 그게 컴퓨터가 먹통되기 직전에 나타나는 일반적인 증상이거든. 내가 좀 살펴볼게.

Cassie 그래, 여기 있어. 다시 한번 고마워, Ben.

Ben 아니야. 자… 음, 지금까지는 다 괜찮아 보이는데. 바이러스 스캔을 돌려서 뭐가 문제인지 확인해 봐야겠어.

Cassie 응, 좋은 생각이야.

Ben 흠… 어디 보자. 바이러스인 것 같은데. 최근에 스팸 메일 받았어? 수상한 첨부 파일 열어 본 적은?

Cassie 잘 모르겠네. 그런 적은 없었던 것 같은데.

Ben 걱정하지 마. 내가 고칠 수 있어. 별거 아니야.

Cassie 정말 고마워. 네가 최고다!

Ben 언제든지 말만 해.

Collocations and Conversations about Computers

1 computer-savvy 컴퓨터에 능숙한

savvy는 '특정한 분야에 대해 잘 아는' 사람을 말해요. computer-savvy는 '컴퓨터를 잘 다루는' 사람을 말하는데, 보통 tech-savvy라고도 많이 합니다. (tech는 computer를 포괄하는 표현이라서 computer뿐만 아니라 다른 기계 제품을 잘 다루어도 tech-savvy라고 해요.) 그래서 '비즈니스를 잘 다루는' 사람은 business-savvy라고 합니다.

Tony Hey, I'm having trouble connecting my printer to my laptop. Can you help me out?
Nathaniel Sure thing. I'm pretty **computer-savvy**, so I should be able to help you with that.
Tony Awesome, thanks. I just can't seem to get it to connect no matter what I try.
Nathaniel (after a pause) Okay, let's take a look.

Tony 프린터를 노트북에 연결하는 게 힘드네. 도와줄 수 있어?
Nathaniel 그럼. 내가 컴퓨터에 꽤 능숙한 편이라서 도울 수 있을 거야.
Tony 멋진걸. 고마워. 이것저것 다 시도해 봐도 도저히 연결을 못하겠어.
Nathaniel (잠시 후에) 됐다. 한번 확인해 보자.

2 computer freezes 컴퓨터가 먹통이 되다

컴퓨터를 하는데 화면이 멈추고, 마우스도 움직이지 않고, 키보드도 안 되는 게 바로 computer freezes입니다.

Customer Hi, can you help me?
Technician Sure, what's the problem?
Customer My **computer** keeps **freezing** every few minutes. I can't click on anything or open anything. All I can do is restart it.
Technician Let me take a closer look at your computer to diagnose the problem.

- diagnose 진단하다

고객 안녕하세요, 도와주시겠어요?
기술자 네, 무슨 일이시죠?
고객 컴퓨터가 몇 분마다 계속 멈춰요. 아무것도 클릭할 수도, 열 수도 없어요. 다시 시작하는 것밖에는 할 수 있는 게 없어요.
기술자 제가 자세히 보고 문제가 뭔지 알아보겠습니다.

3 computer crashes 컴퓨터가 고장나다(다운되다)

단순히 화면이 멈춘(frozen) 게 아니라, 화면이 중간에 검게 변하거나, 전원이 스스로 꺼지면 보통 crash라고 표현해요. crash는 computer뿐만 아니라, system이나 network 같은 것이 갑자기 작동을 멈출 때도 자주 사용합니다.

Juliana Oh no, my **computer** just **crashed**!
Harrison That's not good. Did you lose any important files?

Juliana I'm not sure. I was working on a project for work, and I hadn't saved it yet.
Harrison Let me see if I can recover the file.

> Juliana 아이고, 컴퓨터가 갑자기 다운됐어!
> Harrison 이런. 중요한 파일이 날아간 거야?
> Juliana 모르겠어. 업무 관련 프로젝트를 하고 있었는데, 저장하지 않았거든.
> Harrison 파일 복구할 수 있는지 내가 한번 확인해 볼게.

4 run a scan (바이러스) 스캔을 하다, 스캔을 돌리다

컴퓨터를 사용하다 문제가 생기면 혹시 바이러스 문제가 아닌지 scan을 하죠. 이때 '작동 시키다'의 run을 사용해서 run a scan이라고 표현할 수 있어요. 이것을 응용해 run a test(테스트를 해 보다), run diagnostics(진단 프로그램을 사용해서 검사하다)라고 할 수 있습니다.

Clara My computer has been acting weird lately. I keep getting pop-ups.
Amy Have you **run a scan** for spyware or malware recently?
Clara No, I haven't. I'm not sure how to do that.
Amy I can help you with that. Let me download a spyware scanner for you.

> Clara 최근에 내 컴퓨터가 좀 이상해. 계속 팝업창이 떠.
> Amy 요즘 스파이웨어나 멜웨어 검사해 본 적 있어?
> Clara 아니, 해 본 적 없어. 그거 어떻게 하는 지도 잘 몰라.
> Amy 내가 하는 거 도와줄게. 스파이웨어 스캐너를 다운로드 받을게.

5 open an attachment 첨부 파일을 열다

attachment는 '첨부 파일'로, '첨부 파일을 열다'는 open an attachment입니다. 참고로 첨부 파일을 보는 건 view an attachment, 다운받는 건 download an attachment, 받은 첨부 파일을 저장하는 건 save an attachment입니다.

Coworker 1 Hey, did you get the email I sent you with the document for the meeting?
Coworker 2 Yeah, I got the email, but I'm having trouble **opening the attachment**. It says it's a .docx file, but when I try to open it, nothing happens.
Coworker 1 Hmm, that's strange. Have you tried downloading the file and then opening it?
Coworker 2 Yeah, I've tried downloading it multiple times, but I keep encountering the same issue.

> 동료 1 회의 자료와 함께 보낸 제 이메일 받았어요?
> 동료 2 네, 받았는데 그 첨부 파일을 열 수가 없어요. .docx 파일이라고 되어 있는데, 열려고 해도 아무 반응이 없어요.
> 동료 1 음, 이상하네요. 파일을 다운로드 받은 후에 열어 보셨어요?
> 동료 2 네, 여러 번 다운로드 받았는데 계속 같은 문제가 반복되더라고요.

UNIT 4
Beliefs and Opinions
믿음과 의견

(Cassie is preparing for her big debate against Madison with Shawn's help.)

Cassie Hi, Shawn!

Shawn Hey, Cas. How's your paper going?

Cassie It's all done… Actually, I was wondering if you could help me prepare the speech.

Shawn Of course! What do you have so far?

Cassie Here, this is what I have written. If you have time, could you please read it and [1]**share your views** on how I can strengthen my arguments for the debate?

Shawn Absolutely! Let me take a look. Okay… this looks like a good start.

Cassie Really? I'm not so great at [2]**voicing my opinion**.

Shawn No, it's good. I really like your counterclaims. It'll make it hard for Madison to [3]**weaken your points**. But writing a good speech is only part of it. You know what your problem is?

Cassie No, what?

Shawn Your lack of confidence! Like here, you should say, "I [4]**firmly believe**" in the debate. And when you deliver it, speak this slowly, clearly, and with confidence.

Cassie I'll try my best.

Shawn Trust me, it will really [5]**strengthen your position** if you do.

Cassie Okay, thanks again for the help, Shawn.

Amber Cassie! There you are! Look, I brought you my lucky penny.

Shawn A lucky penny? Don't tell me you believe in superstitions too.

Amber Yes, I strongly believe in them, and that's all Cassie needs, a little luck.

Shawn No, what she needs is confidence. Come on, Cas. Let's practice.

---

counterclaim 반대 주장   deliver a speech 청중들 앞에서 연설하다, 말하다   superstition 미신

(Cassie는 Shawn의 도움을 받아 Madison과의 대토론을 준비한다.)

Cassie 안녕, Shawn!

Shawn 어이, Cas. 논문은 잘 진행되고 있어?

Cassie 다 끝났어… 사실, 연설 준비하는 거 네가 좀 도와줄 수 있을까 해서.

Shawn 당연히 도와야지! 어디까지 준비한 거야?

Cassie 여기, 이게 내가 적은 거야. 시간 있으면 한번 읽어 보고, 토론에서 어떻게 주장을 더 강하게 할 수 있는지 네 생각을 공유해 줄래?

Shawn 그럼! 어디 보자, 오… 시작 부분 괜찮은데.

Cassie 정말? 내가 의견 제시하는 걸 잘 못해서.

Shawn 아니, 좋아. 네 반론이 맘에 들어. 이 부분 때문에 Madison이 네 주장을 약화시키는 게 어려울 거야. 하지만 좋은 연설문을 쓰는 건 토론의 일부일 뿐이야. 너 네 문제가 뭔지 알아?

Cassie 아니, 뭔데?

Shawn 자신감이 부족하다는 거야! 여기 같은 데서는 말이야, 토론에서 '저는 강력하게 확신합니다'라고 말해야 해. 그리고 연설할 때는 천천히, 명확하게, 자신감을 갖고 말해 봐.

Cassie 최대한 노력할게.

Shawn 내 말 믿어. 그렇게 하면 네 입장을 더욱 더 강하게 만들 거야.

Cassie 그래, 다시 한번 도와줘서 고마워, Shawn.

Amber Cassie! 여기 있었네! 봐, 내가 행운의 동전(*여기서는 1 cent 동전)을 가지고 왔어.

Shawn 행운의 동전? 이젠 미신까지 믿는 거야?

Amber 응, 난 아주 많이 믿어. 그게 Cassie 너한테 필요한 거야, 약간의 운.

Shawn 아니, Cassie에게 필요한 건 자신감이야. 자, Cas, 이제 연습하자.

Collocations and Conversations about **Beliefs and Opinions**

1 share one's view 의견을 공유하다

view는 명사로 viewpoint(관점)의 뜻이 있어요. 보통 진지한 상황(discussion, debate, meeting)에서 의견을 공유할 때 많이 사용합니다. 비슷한 표현으로 express one's opinion, give one's perspective, offer one's insight 등이 있어요.

Austin What do you think about the new policy the company just implemented?
Katy To be honest, I'm not a big fan of it. I think the new policy is too strict and it doesn't take into account the unique needs of each department. It's really going to slow down productivity.
Austin That's interesting. Thanks for **sharing your view**.

- implement 시행하다   take into account 고려하다

Austin 회사에서 막 새롭게 시행한 정책에 대해 어떻게 생각해?
Katy 솔직히 말해서, 나는 별로야. 새 정책이 너무 엄격하고 각 부서의 독특한 요구 사항을 고려하지 않기 때문에 생산성을 떨어뜨릴 거라고 생각해.
Austin 흥미로운데. 의견 나눠 줘서 고마워.

2 voice one's opinion 의견을 내다

어떤 문제에 대해 자신의 생각을 강하게 말할 때 소리를 높이죠. voice one's opinion은 share one's view와 비슷하지만, 조금은 논쟁거리가 있을 수 있는 부분에 강하게 의견을 내는 느낌을 줍니다. 참고로 speak one's mind라는 표현도 있는데, 솔직하게 자신의 생각과 감정을 말할 때 사용해요.

Teammate 1 Hey, we're having a team meeting tomorrow to discuss the new product. Do you have any ideas or suggestions you want to bring up?
Teammate 2 I think we should focus more on user experience and make it more user-friendly.
Teammate 1 That's a good point. Can you **voice your opinion** during the meeting?

- bring up (의견을) 가지고 오다   user-friendly 사용하기 쉬운

팀원 1 저기, 내일 신제품 논의를 위한 팀 회의가 있어. 내놓을 만한 어떤 아이디어나 제안 사항이 있어?
팀원 2 난 사용자 경험에 더 집중하고, 제품을 더 사용자 친화적으로 만들어야 한다고 생각해.
팀원 1 좋은 포인트야. 회의 때 의견을 말해 줄 수 있지?

3 weaken one's point ~의 논점을 약화시키다

토론이나 토의 중 근거가 부족하거나, 논리가 정리돼 있지 않고 중구난방이면 주장에 신빙성이 안 가죠. 이럴 때 사용할 수 있는 표현이 weaken one's point입니다. 비슷한 표현으로 undermine one's argument, diminish one's stance, compromise one's position 등이 있어요.

Student Did you get a chance to read my paper?
Tutor Yeah, I did. I liked your claims, but there wasn't a lot of research to back them up. If you don't provide any evidence to support your argument, it will **weaken your point**.
Student You're right. Let me look into more sources to provide more support.

- back up 뒷받침하다   argument 주장

학생 혹시 제 논문 읽어 보셨습니까?
지도 교수 응, 읽었네. 자네 주장은 좋았는데, 그것들을 뒷받침할 충분한 연구 자료가 없더 군. 주장을 뒷받침할 증거를 제시하지 않으면, 논점이 약해져.
학생 맞는 말씀이세요. 주장을 뒷받침할 더 많은 자료를 찾아보겠습니다.

4 firmly believe 굳게 믿다

believe는 그 자체로도 think보다 강한 표현이에요. 그런데 앞에 firmly(강하게, 확고하게)를 더하면 더 강하게 믿는, 흔들리지 않는 주장을 하는 것을 나타냅니다. 비슷한 표현으로 strongly believe가 있어요.

Maria Do you think we should postpone the meeting to next week?
Joe No, I **firmly believe** that we should have the meeting today as planned.
Maria But some of the team members are unavailable today, and we need their input.
Joe I understand, but I think it's important to keep to the schedule. We can hear from them later.

- as planned 계획대로   input 의견   keep to the schedule 스케줄대로 진행하다

Maria 회의를 다음 주로 연기해야 할까요?
Joe 아니, 계획했던 대로 꼭 오늘 해야 한다고 생각해요.
Maria 그런데 일부 팀원들은 오늘은 일정이 안 된다고 해서 말이죠. 그들의 의견도 필요하거든요.
Joe 이해하지만 일정대로 진행하는 것이 중요한 것 같아요. 그들 의견은 나중에 들으면 되잖아요.

5 strengthen one's position 입장/주장을 강화하다

strengthen은 weaken과는 반대로 '강화시키다'의 뜻이에요. 주장을 뒷받침하는 근거, 통계 자료를 통해서 strengthen one's position할 수 있죠. 비슷한 표현은 bolster one's argument, solidify one's case, build a compelling case 등이 있어요.

Manager Did you prepare for the meeting with the investors?
Employee Yes, I did. I included some data to support our proposal.
Manager Good job. Including data will **strengthen your position**.

매니저 투자자들과의 미팅은 준비했나?
직원 네, 준비했습니다. 우리의 제안을 뒷받침할 몇 가지 데이터도 포함시켰습니다.
매니저 잘했어. 데이터를 포함하면 자네의 입지를 강화할 수 있거든.

UNIT 5
A Fresh Start
새로운 시작

(Cassie tells Amber and Shawn about her debate against Madison, and then Madison comes to congratulate and apologize to Cassie.)

Amber So, Cas, how did your debate against Madison go?

Cassie I was so nervous, and I really didn't feel ready, to be honest.

Shawn I thought you were ready! We prepared for it [1] **well in advance**.

Cassie I know… Oh and right before the class started, I realized that I had left all my notecards in my car, so I had to run out and get them. Luckily, I was [2] **back in time**.

Amber Lucky because you had that lucky penny I gave. Anyway…

Shawn How did the speech go? Did you take your time and not be [3] **in a rush** like I said?

Cassie Yes, I actually came close to [4] **running out of time**. In fact, Mr. Stevenson was very strict about everyone [5] **sticking to the schedule**, but I managed to get through it all.

Shawn That's great!

Cassie Thanks again, Shawn, for helping me. I know I had a lot of [6] **room for improvement**.

Shawn It was nothing. You did all the hard work. I just offered a little [7] **constructive criticism** and tried to help you build up your confidence.

Cassie Trust me, I was confident! And… I won the debate!

Amber Well done, Cas!! Wait… isn't that Madison walking this way?

Madison Hi, Cassie. I just wanted to come over and congratulate you. You [8] **touched on several issues** in the debate that I wasn't expecting, so I just wanted to say well done.

Cassie Thanks, Madison. You did a great job [9] **proving your points** too.

Madison Look, I also wanted to apologize for everything. We'll be graduating soon, and I was just hoping that maybe you and I could have [10] **a fresh start**. What do you say?

---

come close to ~ 거의 ~할 뻔하다   What do you say? 어떻게 생각해?

(Cassie는 Amber와 Shawn에게 Madison과의 토론에 대해 이야기하는데, 이때 Madison이 Cassie에게 축하와 사과를 하러 온다.)

Amber 그래서 Cas, Madison과의 토론은 어떻게 됐어?

Cassie 너무 긴장되었고, 솔직히 정말 준비가 안 된 느낌이었어.

Shawn 네가 준비가 된 줄 알았는데! 우리 훨씬 전에 준비했잖아.

Cassie 알지… 아, 그리고 수업 시작하기 직전에, 내가 발표할 때 필요한 메모를 차 안에 두고 온 게 생각난 거야. 그래서 급히 뛰어가서 가져와야 했어. 다행히 제시간 안에 돌아왔고.

Amber 내가 준 행운의 동전 때문에 운이 좋았던 거야. 어쨌든…

Shawn 발표는 어땠어? 내가 말한 대로 서두르지 않고 천천히 했어?

Cassie 응, 사실은 시간이 부족할 뻔했어. Stevenson 교수님이 시간 엄수하는 것에 매우 엄격하시거든. 그렇지만 어찌저찌 시간 내에 해냈어.

Shawn 잘했어!

Cassie 다시 한번 도와줘서 고마워, Shawn. 내가 개선할 부분이 많았던 걸 알아.

Shawn 별것 아니야. 정말 어려운 일은 네가 다 했지. 난 단지 건설적인 비판 좀 하고, 네가 자신감을 키우는 걸 도와주려고 했을 뿐인데 뭐.

Cassie 이건 진짠데, 나 자신 있게 했어! 그리고… 그 토론에서 이겼어!

Amber 잘했어, Cas!! 잠깐… 이쪽으로 걸어오는 거 Madison 아니니?

Madison 안녕, Cassie. 그냥 와서 축하해 주고 싶었어. 토론에서 내가 전혀 예상하지 못한 부분을 네가 다루었더라. 그래서 정말 잘했다고 말해 주고 싶었어.

Cassie 고마워, Madison. 너도 네 주장을 잘 증명했잖아.

Madison 저기, 그리고 다 사과하고 싶었어. 우리 곧 졸업하는데, 너와 나도 새롭게 출발하면 어떨까 해. 어떻게 생각해?

Collocations and Conversations about **A Fresh Start**

1 well in advance 훨씬 전에

뭔가를 충분한 시간을 두고 미리 할 때 in advance를 사용할 수 있어요. 여기서 well은 강조하는 의미(훨씬)로 쓰였는데, well above(훨씬 높은), well below(훨씬 낮은), well before ~(~ 훨씬 전에), well after ~(~ 훨씬 후에) 등으로 사용됩니다. 비슷한 표현은 ahead of time이 있어요.

Valerie When are you planning to book your flight for the conference next month?
Abby I'm going to book it **well in advance,** probably by the end of this week.
Valerie That's a good idea. The earlier you book, the more options you have, and you might be able to get a better deal.

- book a flight 비행기 표를 예약하다

Valerie 다음 달 컨퍼런스 있는데, 비행기 티켓 언제 예매할 계획이야?
Abby 나는 훨씬 미리 예약할 거야. 아마 이번 주 끝나기 전까지는 할 거야.
Valerie 좋은 생각이야. 예약을 일찍 하면 할수록, 옵션도 더 많고 더 좋은 조건으로 예약할 수 있잖아.

2 back in time 늦지 않게 돌아와서

어떤 일이 시작되기 전에 늦지 않게 돌아온다는 뜻이에요. 보통 시간이 촉박하지만 겨우 맞춰 도착했을 때 쓰입니다. 비슷한 표현은 just in time이 있어요.

Alex Hey, where is your backpack?
Jordan Oh no! I left it at home. Do you think I have time to go back and get it?
Alex If you hurry. The bus will be here in five minutes.
Jordan My house is only one minute away. I'm sure I'll be **back in time** to catch the bus.

Alex 야, 네 가방 어디 있어?
Jordan 아, 안 돼! 집에 두고 왔어. 다시 가지러 갈 시간 있을까?
Alex 서두르면 가능할 거야. 버스 오려면 5분 남았어.
Jordan 우리 집까지 1분밖에 안 걸려. 버스 타기 전에 충분히 돌아올 수 있을 거야.

3 in a rush 서두르는

많은 사람들이 바쁘게 뭔가를 할 때 rush라는 표현을 사용해요. 그래서 in a rush는 그런 바쁜 상태를 나타낼 때 매우 유용합니다. 비슷한 상황에서 사용하는 표현으로 pressed for time, in a hurry 등이 있어요.

Roommate 1 Hey, have you seen my car key? I'm **in a rush** and I can't find it anywhere.
Roommate 2 I think it might be on the kitchen counter. Did you check there?
Roommate 1 Oh yes, here it is. Thanks.

룸메이트 1 야, 내 차 키 봤어? 빨리 나가야 하는데 도저히 못 찾겠어.
룸메이트 2 부엌 조리대에 있을지도 몰라. 거기 확인해 봤어?
룸메이트 1 오, 여기 있네. 고마워.

4 run out of time   시간이 얼마 없다, 시간이 부족하다

마감 기간이 다가오거나, 뭔가 시간 내에 끝내야 하는 중요한 상황에서 시간이 촉박할 때 유용한 표현이에요. 비슷한 표현으로 be out of time, short on time 등이 있습니다. 그리고 하나 더, "시간 다 됐어!"는 "Time's up!"

Student 1 How's your essay coming along?
Student 2 Not well, I'm afraid. I've only written half of it, and I'm already **running out of time**.
Student 1 When is it due?
Student 2 Tomorrow morning.

학생 1 네 에세이는 어떻게 잘 진행되고 있어?
학생 2 별로. 절반밖에 안 썼는데 벌써 시간이 촉박해.
학생 1 언제 제출이야?
학생 2 내일 아침.

5 stick to the schedule   일정대로 진행하다

stick to ~는 '(정해 놓은 것을) 꼭 지키다'라는 의미예요. 컨퍼런스나 회의처럼 계획된 일정이 있다면 그것에 따라야 하겠죠. 비슷한 표현은 keep to the schedule, follow the timetable, on track 등이 있습니다.

Coworker 1 Want to grab lunch?
Coworker 2 I'd love to, but we should really **stick to the schedule** and finish this project before the deadline.
Coworker 1 Yeah. You're right. We'll just have to grab a quick bite later.

- grab a quick bite 빨리 먹다

동료 1 점심 먹으러 갈래?
동료 2 그러면 좋겠는데, 우리가 일정에 맞춰서 이 프로젝트를 마감일 전까지 마무리해야 하잖아.
동료 1 그래. 그 말이 맞네. 나중에 가벼운 걸로 때우자고.

Collocations and Conversations about **A Fresh Start**

6 room for improvement   발전의 여지, 개선의 여지

room에는 '방'이라는 뜻 외에 '공간, 여지'라는 뜻도 있습니다. 특히 room for improvement는 '발전할 여지'를 뜻할 때 많이 사용합니다. 비슷한 표현으로는 areas to work on, potential for growth 등이 있어요.

Malcolm How do you think you did on the exam?
Judy I think I did pretty well, but there's always **room for improvement**.
Malcolm That's a good attitude to have. What areas do you think you need to work on?
Judy I struggled with the last two problems, so I need to brush up on those concepts.

- brush up on ~ ~를 복습하다, 다시 살펴보다

Malcolm 시험 어떻게 본 것 같아?
Judy 꽤 잘 본 것 같은데, 여전히 더 잘해야 할 부분은 있지.
Malcolm 아주 좋은 태도야. 어떤 부분을 더 공부해야 할 것 같아?
Judy 마지막 두 문제가 어려워서 끙끙댔거든. 그래서 그 개념에 대해서 좀 더 살펴봐야겠어.

7 constructive criticism   건설적인 비판

발전하려면 타인의 비판이나 피드백을 받아야 합니다. 한국어로도 '건설적인 비판'이라는 표현을 사용하는 것처럼, 영어로도 constructive를 사용해서 constructive criticism 또는 constructive feedback이라는 표현을 씁니다.

Journalist Can you take a look at my article and give me some feedback?
Editor Sure, I'd be happy to… I think overall it was really good, but I have a few points of **constructive criticism**.
Journalist Great, I appreciate any feedback you have, even if it's not easy to hear.

- overall 전체적으로

기자 제 기사를 보시고 피드백 좀 주시겠어요?
편집자 네, 그러죠… 전체적으로 아주 좋은데, 몇 가지 건설적인 피드백 드릴 부분이 있네요.
기자 좋습니다. 듣기 편하지 않더라도, 어떤 피드백이든 주시면 정말 감사하겠습니다.

8 touch on several issues   여러 이슈들을 다루다

뭔가에 대해 깊이 들어가지 않고, 간단하게 다룬다고 할 때 touch on을 종종 사용합니다. touch on several issues를 응용하면 touch on a topic(주제를 가볍게 다루다), touch on a few points(몇 가지 포인트를 가볍게 짚고 넘어가다)로 활용할 수 있습니다. 비슷한 표현은 briefly mention, cover a range of topics 정도가 있겠네요.

Manager How did the meeting go with the client?
Employee It went well. We **touched on several issues**, including pricing and product features.

^{Manager} Good job. Did they have any concerns or questions?
^{Employee} They were mostly interested in the timeline for delivery and installation.

매니저 고객과의 미팅은 어떻게 진행되었어요?
직원 잘 진행되었습니다. 가격 및 제품 기능 등, 몇 가지 이슈에 대해 이야기 나누었습니다.
매니저 잘했어요. 그쪽에서 걱정거리나 질문 사항은 없었어요?
직원 배송 및 설치 일정에 대해서 주로 관심이 많으시더라고요.

9 prove one's point 주장을 증명하다

토론이나 논쟁에서는 증거 자료와 통계, 데이터, 논리 등으로 자신의 주장을 증명해야 합니다. 이런 것을 prove one's point라고 할 수 있어요. 비슷한 표현은 back up one's claim, validate one's standpoint 등이 있습니다.

^{Wife} I don't agree with your argument that video games are harmful for children.
^{Husband} That's okay, but I have data and research to **prove my point**.
^{Wife} What kind of data?
^{Husband} There are many studies that have shown that excessive video game use can lead to addiction.

- excessive 지나친

아내 아이들에게 비디오 게임이 해롭다는 당신 주장에는 동의하지 않아.
남편 좋아, 하지만 내 주장을 입증하는 데이터와 연구 자료가 있어.
아내 어떤 데이터?
남편 과도한 비디오 게임 사용이 중독으로 이어질 수 있다는 것을 보여 주는 연구들이 많아.

10 a fresh start 새로운 시작

과거의 허물을 버리고 새로운 관계를 시작하는 것, 혹은 새로운 일을 시작하거나, 새로운 곳에서 뭔가를 시작할 때 a fresh start를 사용할 수 있습니다. 비슷한 표현으로는 a clean slate, a blank slate 등이 있어요.

^{Jonathan} I've decided to move to a new city and start over.
^{Lyla} That's exciting! Why do you want **a fresh start**?
^{Jonathan} I just feel like I need a change. And I think a new environment will be good for me.
^{Lyla} I can understand that.

- start over 처음부터 다시 시작하다

Jonathan 나 새로운 도시로 이사 가서 다시 시작하기로 했어.
Lyla 신나겠는걸! 왜 새로운 시작을 원하는 거야?
Jonathan 변화가 필요하다고 느껴져서. 그리고 새로운 환경이 나한테 좋을 것 같아서.
Lyla 이해해.

CHAPTER 8
HOBBIES AND INTERESTS
취미와 관심사

왼쪽의 QR코드를 스캔하시고 '바로듣기'를 탭하세요.
해당 도서의 음원을 바로 들으실 수 있습니다.
반복 재생과 속도 조절도 가능합니다.

UNIT 1

Sports
스포츠

(Everyone is at a basketball game during halftime and talks about the players.)

Shawn And that's halftime! I'm going to the concession stand. Come on, Jesse.

Derek Madison, do you want anything from the concession stand? I can go get it for you.

Madison No, thanks. I still can't believe the Lakers [1] **tied the game** in the last second!

Derek But they didn't take the lead, and the Celtics will make a comeback in the next half.

Madison I hope not…

Derek Wait, what?! Are you a Lakers fan?!

Madison Shhh! Not so loud, but yes, I have been ever since I saw LeBron play in 2018.

Derek Really? That's the reason? LeBron is not nearly as good as he used to be, and besides, he [2] **achieved his personal best** back when he played for Miami, not the Lakers.

Madison True, but he's still a great player.

Amber I like Jayson Tatum.

Derek Hold on! He hardly ever plays anymore and when he does, he can barely [3] **defeat his opponent** on the court.

Madison At least he doesn't have to take steroids to [4] **enhance his performance**!

Derek How dare you!

Madison And he knows how to [5] **play by the rules**, unlike Williams.

Derek What? Take that back! Williams is a god!

Cassie What do you think, Ben?

Ben Me? I'm not that big of a sports guy. Oh… hang on, I've got to take this call. I'll be back.

---

concession stand 구내 매점   take the lead 앞서다   make a comeback 다시 (강하게) 돌아오다
How dare you! 감히 네가 어떻게 (그런 말/행동을)!   Take that back. (말한 거) 취소해.

(모두 농구 경기를 보며 하프타임 동안 선수들에 대해 이야기한다.)

Shawn 이제 하프타임이야! 나 매점에 갈 건데, Jesse, 같이 가자.

Derek Madison, 매점에서 뭐 원하는 거 있어? 내가 사다 줄게.

Madison 아니, 괜찮아. 아직도 Lakers가 마지막 순간에 동점 골을 넣었다는 걸 믿을 수가 없네!

Derek 하지만 Lakers가 앞서진 않았잖아. Celtics가 후반에 다시 잘할 거야.

Madison 그러지 않으면 좋겠는데…

Derek 잠깐, 뭐?! 너 Lakers 팬이야?!

Madison 쉿! 큰 소리로 말하지 마, 하지만 맞아, 2018년에 LeBron 경기 본 이후로 계속해서 Lakers 팬이야.

Derek 정말? 그게 이유야? LeBron은 예전만큼 잘하지 않잖아. 게다가 LeBron은 개인 최고 기록 달성한 것이 Lakers가 아니라, Miami에서 뛸 때였어.

Madison 맞아, 하지만 그래도 여전히 멋진 선수야.

Amber 난 Jayson Tatum 좋아해.

Derek 잠깐! Jayson은 경기도 거의 안 하고, 출전할 때도 상대팀을 이기는 경우가 거의 드물어.

Madison 적어도 경기력을 높이려고 약물을 하진 않잖아!

Derek 어떻게 감히 그런 말을!

Madison 그리고 Jayson은 Williams와 다르게, 규칙을 지키며 경기를 할 줄 안다고.

Derek 뭐? 그 말 취소해! Williams는 신이야!

Cassie Ben, 넌 어떻게 생각해?

Ben 나? 난 스포츠를 그렇게 좋아하지 않아서. 음… 잠깐, 전화 좀 받아야겠다. 곧 돌아올게.

Collocations and Conversations about Sports

1. tie the game 동점이 되다

스포츠 경기에서 '동점을 만들다'라고 할 때 tie the game을 사용합니다. 비슷한 표현은 even the score, make it even이 있습니다.

Fan 1 We need a goal to **tie the game**.
Fan 2 Yeah, we can't afford to lose today.
Fan 1 Our striker is on fire, I'm sure he'll score soon.

- can't afford to ~ ~할 형편이 안 되다   on fire 너무나 잘하는, 불이 붙어 날아다니는

팬 1 동점을 만들려면 한 골이 필요해.
팬 2 그래. 오늘은 지면 안 되지.
팬 1 우리 골잡이가 너무 잘하고 있으니, 곧 득점을 할 거야.

2. achieve one's personal best 개인 최고 성과를 달성하다

단거리 선수가 최고 기록을 달성했을 때, 시험을 준비하던 학생이 지금까지의 점수 중 최고 성적을 기록했을 때, achieve one's personal best를 사용할 수 있습니다. 비슷한 표현은 set a new record, surpass one's previous record가 있어요.

Runner 1 What are your goals for the upcoming race?
Runner 2 I really want to **achieve my personal best** and beat my previous record.
Runner 1 That's a great goal! I have no doubt that you can do it. Good luck!

주자 1 곧 있을 레이스 목표가 어떻게 돼?
주자 2 내 개인 최고 기록을 세워서, 이전 기록을 깨고 싶어.
주자 1 멋진 목표네! 넌 분명히 할 수 있을 거야. 행운을 빌어!

3. defeat an/one's opponent 상대를 물리치다

스포츠 경기나 토론에서 상대방을 물리치고 승리할 때 defeat an opponent라고 해요. 비슷한 표현은 beat an opponent, win against an opponent 등이 있습니다. 참고로 win over ~는 '~를 설득해서 자신의 편으로 끌어 들이다'라는 뜻이에요.

Paul Are you ready for your upcoming chess tournament?
Margot You bet I am. I've been practicing a lot, and I'm feeling pretty confident.
Paul That's great to hear. Do you have a strategy for **defeating your opponent**?
Margot Yes, I've been studying their previous games and style of play to use to my advantage.

- to my advantage 나에게 유리하게

Paul 다가오는 체스 대회 준비는 다 됐어?
Margot 당연하지. 연습을 많이 해서 자신감도 꽤 생겼어.
Paul 그 말 들으니까 좋다. 상대를 물리칠 전략이 있어?
Margot 응, 상대의 이전 게임과 플레이 스타일을 연구해서 내게 유리하게 활용하려고 해.

4 enhance one's performance 성과(경기력)를 향상시키다

선수는 경기력, 직장인은 성과, 학생은 성적을 올리는 게 중요하죠. 이럴 때 enhance one's performance를 사용하면 좋아요. 비슷한 표현은 improve/optimize/boost one's performance가 있습니다.

Coach What can we do to **enhance your performance** today?
Athlete I need to focus on my breathing and stay relaxed.
Coach Great idea. Let's work on that during warm-up. And remember to trust yourself. You've got this.
Athlete Thanks, coach. I'll give it my all.

- give it one's all 최선을 다하다

코치 오늘 경기력을 향상시키려면 무엇을 해야 하지?
선수 호흡에 집중해서 긴장을 풀어야 해요.
코치 좋은 생각이야. 워밍업할 때 그렇게 해 보자고. 그리고 너 자신을 믿는 걸 기억해라. 넌 할 수 있어.
선수 고맙습니다, 코치님. 최선을 다할게요.

5 play by the rules 규칙에 따르다

스포츠 경기, 비즈니스, 누군가와의 관계에서 항상 지켜야 할 규칙(rules)이 있죠. 이것들을 '지키다'라고 할 때 play by the rules를 사용합니다. 비슷한 표현으로 follow the guidelines, stick to the rules, abide by the rules 등이 있습니다.

Player 1 I can't believe they won by cheating.
Player 2 It's not about winning, it's about **playing by the rules**.
Player 1 You're right. Let's play our best and let the game decide.
Player 2 Totally! We may not win every game, but at least we can keep our dignity, and leave the court with our heads held high.

선수 1 그들이 속임수를 써서 이겼다니 정말 믿을 수가 없네.
선수 2 이기는 게 중요한 게 아니라, 규칙을 지키는 게 중요한데 말이야.
선수 1 네 말이 맞아. 우리는 최선을 다해 경기하고, 승부는 경기에 맡기자고.
선수 2 그럼! 매 경기마다 이길 수는 없지만, 적어도 품위를 지키고, 떳떳하게 고개 들고 코트를 떠날 수는 있으니까.

UNIT 2

Books
책

(Amber and Cassie talk about the sporting event while in a bookstore with Shawn.)

Amber …And did you hear Madison going on and on about some stupid basketball players?

Cassie Well, in her defense, we were at a basketball game.

Amber I know but she just wouldn't shut up! Why did you invite her?

Cassie Because… we're friends now.

Amber Well, I wish you hadn't given her the seat right next to Derek… I think she likes him.

Cassie I doubt it. Here, maybe there's something in this book of curses that could help you.

Amber I know you're joking, but I have already read it… So, did you get to talk to Ben more?

Cassie No. We briefly chatted, but then he took that call. And I'm pretty sure it was a girl.

Shawn There you guys are! Sorry, I got caught up at the front [1]**skimming through this book** in the new releases section. Are you ready to check out?

Cassie No, we've barely looked. We've been talking about the game. What book did you get?

Shawn It's the new Dan Brown book. I'm [2]**a lifelong fan** of his.

Cassie Oh yeah? Me too! *The Da Vinci Code* is one of my [3]**all-time favorite** books.

Amber Ha! That book was such [4]**an easy read**, and it was way too predictable.

Shawn What? He's a great mystery author! Maybe you're just not his [5]**target audience**, Amber.

Amber Whatever. Anyways, Cas, what if we invite Derek and Ben to the movies this weekend?

Cassie Okay, that sounds good. Shawn, would you and Jesse want to join?

Shawn No, we're going away for the weekend, but thanks anyways.

Amber Oooh. All weekend? That's pretty serious!

Shawn Yeah… But, good luck with your plans, you two.

---

go on and on 계속해서 말하다   **in her defense** 그녀를 옹호하자면   **curse** 저주

(Amber와 Cassie는 Shawn과 함께 서점에서 스포츠 경기에 대해 이야기한다.)

Amber …그리고 Madison이 농구 선수들 얘길 끝도 없이 계속 하는 거 들었어?

Cassie 뭐, Madison을 옹호하자면, 우리 농구 경기 보러 간 거였잖아.

Amber 알아, 그런데 정말 너무 말이 많았어! 너 걔를 왜 오라고 한 거야?

Cassie 왜냐하면… 이제 우리는 친구니까.

Amber 그래도 네가 Derek 옆 자리에 Madison을 앉히지 않으면 좋았을 건데… Madison이 Derek을 좋아하는 것 같아.

Cassie 아닐걸. 여기, 이 저주에 관한 책이 너에게 도움이 될 수도 있겠다.

Amber 넌 농담하는 거겠지만, 나 이미 그 책 읽었단다… Ben이랑은 더 얘기 좀 해 봤어?

Cassie 아니. 잠시 얘기는 했는데, 그러다 Ben이 전화를 받더라고. 확실히 여자한테서 온 걸 거야.

Shawn 여기 있었구나! 미안해, 서점 앞 신간 섹션에서 이 책 좀 훑어보느라 정신이 팔렸네. 결제할 준비됐어?

Cassie 아니, 거의 살펴보지도 못 했어. 경기 이야기하고 있었거든. 어떤 책 샀어?

Shawn 새로 나온 Dan Brown 책이야. 난 Dan Brown의 영원한 팬이거든.

Cassie 응, 정말? 나도! 〈다빈치 코드〉는 내가 읽어 본 책 중에 최고야.

Amber 하! 그 책은 정말 쉽게 읽혔어. 그리고 스토리도 너무 뻔했고.

Shawn 뭐? Dan은 위대한 미스터리 작가야! 아마 Amber 네가 Dan의 주된 독자층이 아닌 거겠지.

Amber 그건 그렇고. 어쨌든 Cas, 이번 주말에 Derek과 Ben한테 영화관 가자고 하면 어때?

Cassie 그래. 좋은 생각이다. Shawn, 너랑 Jesse도 같이 갈래?

Shawn 아니. 우리 주말에 여행 가거든. 그래도 어쨌든 고마워.

Amber 와, 주말 내내? 너희 정말 진지하구나!

Shawn 응… 너희들도 계획 잘 세우고 잘 보내.

Collocations and Conversations about **Books**

1 skim through the book   책을 대충 훑어보다

책을 다 읽지 않고 제목, 목차, 핵심 부분만 빠르게 읽는 기술을 skimming technique이라고 해요. 그래서 skim through the book은 '책을 빠르게 훑어보다'라는 뜻이에요. 비슷한 표현으로 flip through the book, browse the book이 있습니다.

Rory Did you start reading that book I lent you yet?
Will I haven't finished it yet, but I did **skim through the book** last night.
Rory Oh, did you find anything interesting?
Will Well, I didn't have time to read it all thoroughly, but if I find anything interesting, I'll let you know.

Rory 내가 빌려준 책 읽기 시작했어?
Will 아직 끝내지는 못했는데, 어젯밤에 대충 훑어봤어.
Rory 오, 뭐 흥미로운 건 있었어?
Will 글쎄, 다 자세히 읽을 시간은 없었지만, 흥미로운 점을 찾게 되면 알려 줄게.

2 a lifelong fan   광팬, 열성 팬

마블 영화가 나오면 무조건 보고, BTS 음반이 발매되면 무조건 사는 사람은 a lifelong fan 이라고 할 수 있습니다. 비슷한 표현으로는 a big fan, a huge fan, a die-hard fan, a raving fan 등이 있어요.

Everett Are you going to the concert next weekend?
Liz Of course! I'm **a lifelong fan** of the band, and I wouldn't miss it for anything.
Everett That's awesome. How did you first become a fan?
Liz My brother introduced me to their music when I was a kid, and I've been hooked ever since.

- for anything 무엇을 준다 해도, 절대로   hooked ~에 꽂힌, 푹 빠진

Everett 다음 주말에 콘서트 갈 거야?
Liz 당연하지. 난 그 밴드의 열성 팬이야. 무슨 일이 있어도 놓칠 수 없지.
Everett 멋지네. 어떻게 처음에 팬이 된 거야?
Liz 어렸을 때 오빠가 그 밴드 음악을 소개해 줬는데, 그때부터 푹 빠졌어.

3 all-time favorite   역대 가장 좋아하는 것

전 *Brave Heart*가 all-time favorite movie예요. 또 all-time favorite book은 *Atomic Habit*이고요. 이렇게 지금까지 봤던 것 중 최고를 바로 all-time favorite라고 합니다. 비슷한 표현은 absolute favorite, top pick, number one pick이 있어요.

Mia What's your favorite movie of all time?
Calvin That's easy. It's *The Godfather*.
Mia Really? What makes it your **all-time favorite**?

Calvin It's just a perfect combination of art and entertainment.

>Mia 너의 최애 영화는 뭐야?
>Calvin 그건 쉽지. 〈대부〉야.
>Mia 정말? 왜 그게 너의 최애 영화인 거야?
>Calvin 예술과 오락의 완벽한 조화니까.

4 an easy read 쉽게 읽히는 것(기사, 책 등)

머리를 많이 쓰지 않고 가볍게 읽을 수 있는 책이나 기사들을 통틀어 an easy read라고 합니다. 비슷한 표현으로 a light read, a page-turner(page를 계속 넘기게 만드는 흥미진진한 책) 등이 있어요.

Nicki Have you finished that book I recommended to you?
Paco Yes, I have. It was such **an easy read**, I finished it in just a few hours.
Nicki Wow, that's fast. What did you think of the story?
Paco I thought it was really enjoyable.

>Nicki 내가 너한테 추천한 책은 다 읽었어?
>Paco 응. 다 읽었어. 정말 쉽게 읽을 수 있어서, 몇 시간 만에 다 읽었어.
>Nicki 와, 정말 빨리 읽었네. 그 이야기에 대해 어떻게 생각해?
>Paco 정말 재미있었어.

5 target audience (광고) 타겟 대상자

마케팅이나 광고 분야에서 많이 쓰이는 표현이에요. 내가 물건을 팔고, 서비스를 제공하려면 당연히 target을 잘 설정하는 게 중요하죠. 비슷한 표현에는 ideal customers, core audience, key demographic 등이 있어요.

Director We should invest more in social media advertising to increase our brand awareness.
Manager I'm not so sure about that. Our **target audience** is mostly older people who are not as active on social media.
Director Well, I think we should still give it a try and see what happens.

>임원 브랜드 인지도를 높이려면 SNS 광고에 더 많이 투자해야 해요.
>매니저 그건 잘 모르겠어요. 우리 타겟 고객층은 대부분 social media를 잘 사용하지 않는 노년층이라서요.
>임원 음, 그래도 일단 시도해 보고 결과를 지켜보면 좋을 거 같아요.

UNIT 3

Movies
영화

(Amber and Derek hit it off at the movies, and Ben talks to Cassie more.)

Ben Thanks again for the invite. I've been wanting to see this movie for a while.

Derek Me too. I feel like I've been waiting forever for this movie to come out.

Amber Agreed! I love any movie with Gary Oldman in the [1] **leading role**.

Derek I love Gary Oldman too! He always [2] **gives a great performance**.

Cassie Is he the one who [3] **plays the role of** the sheriff in that movie we watched last week?

Amber No, that was Sam Rockwell.

Derek He's a great actor too.

Ben So, what kind of movies do you like, Cassie?

Cassie Um, I like a bit of everything. Mostly comedies and fantasy films.

Ben That's funny. Those are my favorite types of movies too.

Derek Not me, I'm a big fan of Indie films.

Amber Me too! Those big [4] **box-office hits** have way too many special effects for me.

Derek I say the same thing! So, did you see the trailers for next month's film festival?

Amber Of course! I thought they all looked [5] **well worth seeing**.

Derek Maybe we should go together?

Amber Sounds great!

Ben So, Cassie, do you… Oh, hold on. My phone's vibrating… It's my birth mom. Sorry, she's been calling a lot lately, but I can call her back later. So, do you want to share some popcorn?

Cassie Oh… Sure!

---

sheriff 보안관   trailer 예고편

(Amber와 Derek은 영화관에서 죽이 잘 맞고, Ben은 Cassie와 더 이야기를 나눈다.)

Ben 불러 줘서 다시 한번 고마워. 이 영화 한동안 정말 보고 싶었거든.

Derek 나도. 이 영화 개봉을 정말 오래 기다렸어.

Amber 정말! 난 Gary Oldman이 주연으로 나오는 영화는 다 너무 좋아.

Derek 나도 Gary Oldman 엄청 좋아해! 항상 정말 대단한 연기를 보여 주잖아.

Cassie 지난주에 본 그 영화에서 보안관 역할 맡은 배우 맞지?

Amber 아니, 그 배우는 Sam Rockwell이고.

Derek Sam도 훌륭한 배우지.

Ben 그래, Cassie 넌 어떤 영화 좋아해?

Cassie 아, 가리는 거 없이 다 좋아해. 주로 코미디와 판타지 영화를 좋아하긴 하지.

Ben 재미있네. 나도 그런 영화들 좋아하는데.

Derek 난 아니야. 난 독립 영화 광팬이야.

Amber 나도 그런데! 대형 박스 오피스 대작 영화들은 특수 효과가 너무 많이 들어가서 좀 그래.

Derek 나도 동의해! 그럼, 다음 달에 열리는 영화제 예고편 봤어?

Amber 물론이지! 다들 볼 만하겠던데.

Derek 우리 그럼 같이 가서 볼까?

Amber 좋아!

Ben 그럼, Cassie, 너… 어, 잠깐만. 전화기가 울리네. 우리 친엄마야. 미안. 요즘 친엄마가 부쩍 전화를 많이 하는데, 나중에 전화하면 돼. 나랑 팝콘 같이 먹을래?

Cassie 어… 그래!

Collocations and Conversations about **Movies**

1 leading role 주인공

영화나 연극에서 '주인공'을 leading role이라고 합니다. 참고로 여기서 role은 '역할'을 말해요. 이끄는 역할(leading role)은 주인공이 하죠? 그래서 쉽게 기억하실 수 있을 거예요. 비슷한 표현은 main character, protagonist가 있어요. 이들을 도와주는 조연은 뭐라고 할까요? supporting role이라고 합니다.

Stewart I heard you got a part in the school play! Congratulations!
Milo Thank you so much! I'm really excited about it.
Stewart Do you have a **leading role**?
Milo Yes, actually. And I'm really nervous about having to remember so many lines!

- part 배역

Stewart 너 학교 연극에서 배역 맡았다고 들었어! 축하해!
Milo 정말 고마워! 나 그것 때문에 정말 신난다.
Stewart 주연을 맡은 거야?
Milo 응, 그래. 너무나 많은 대사를 다 외워야 해서 그것 때문에 정말 긴장돼!

2 give a great performance 멋진 공연을 하다

영화에서 배우가, 공연에서 가수가 제대로 잘했을 때 great performance를 했다고 합니다. 비슷한 표현으로 deliver an outstanding performance, nail the performance 등이 있어요.

Director I have a feeling you're going to **give a great performance** tonight.
Actor Thanks, I'll do my best to make it memorable.
Director I have no doubt you will.

- memorable 기억에 남는

감독 네가 오늘 밤 정말 멋지게 잘해 낼 것 같다는 느낌이 든다.
배우 고맙습니다. 기억에 남는 연기를 할 수 있게 최선을 다할게요.
감독 그럴 거라고 믿어 의심치 않는다.

3 play the role of ~ ~역을 하다

영화나 드라마에서 배역을 맡아 연기할 때 play the role of ~라고 표현합니다. 비슷한 표현은 portray the character of ~예요.

Actor 1 Hey, are you going to audition for the musical?
Actor 2 Yeah, I am! I'm really excited about it.
Actor 1 That's great! Do you know what role you're going to audition for?
Actor 2 I'd love to **play the role of** Sandy, but I'll try out for Rizzo too.

배우 1 너 그 뮤지컬 오디션 보러 갈 거야?
배우 2 응. 갈 거야. 정말 기대돼.
배우 1 잘됐네! 어떤 배역으로 오디션 볼 거야?
배우 2 Sandy 역을 하고 싶지만, Rizzo 역에도 한번 도전해 볼 거야.

4 box-office hit 흥행작

박스오피스(box-office)는 원래 '표 파는 곳'을 말하지만, 보통은 '판매 수입액'을 말할 때 쓰입니다. 영화가 대박 났을 때 보통 box-office hit이라고 하는데, 비슷한 표현으로 smash hit, big hit, blockbuster 등이 있어요.

Erin Have you seen the new movie that just came out?
Cole Which one?
Erin It's called *Bullet Train*. It's supposed to be a **box-office hit**. A lot of people I know have seen it. Want to watch it with me?
Cole *Bullet Train*, huh? Sounds like it's getting a lot of buzz. Sure, I'd be down to watch it with you!

Erin 최근 개봉한 새 영화 봤어?
Cole 어떤 영화?
Erin Bullet Train 말이야. 사람들이 흥행할 거라고 하더라. 내가 아는 사람들은 그거 많이 봤어. 나랑 같이 볼래?
Cole Bullet Train? 화제가 많이 되는 것 같은데. 당연히 너랑 보고 싶지!

5 well worth seeing 정말 볼 만한 가치가 있는

worth ~ing는 '~할 가치가 있는'으로, 앞에 well을 붙여 의미를 강조하고 있어요. (앞서 well in advance에서의 well도 in advance를 강조하죠.) 비슷한 표현은 highly recommended, a must-see 정도가 있습니다.

Blair Have you been to the new art exhibit at the museum yet?
Johnny No, I haven't had a chance to go yet. Is it any good?
Blair It's fantastic! I went last weekend. Trust me, it's **well worth seeing**.
Johnny Alright, I'll have to check it out then. Thanks for the recommendation!

Blair 박물관에서 새로 열리는 미술 전시회 가 봤어?
Johnny 아니, 아직 가 볼 기회가 없었어. 괜찮아?
Blair 정말 환상적이야! 지난 주말에 갔었거든. 날 믿어. 정말 볼 만해.
Johnny 알았어. 그럼 한번 꼭 가 봐야겠다. 추천해 줘서 고마워!

UNIT 4

Music
음악

(Amber tells Cassie and Shawn about the plans she made with Derek. Ben approaches at the end to ask Cassie a question.)

Shawn So how was the movie?

Amber Actually… Derek and I really hit it off!

Cassie I'll say, you guys made plans to go to that film festival which is like a month away!

Amber That's not all. We're going to a concert next Friday.

Shawn I love a good concert. The [1] **music blaring**, the dancing… So, who're you seeing?

Amber The Weeknd.

Shawn Wait? I thought he stopped [2] **playing gigs**.

Amber Nope, he went back on tour a few weeks ago, and Boston is his first stop!

Shawn That's awesome. He is so [3] **musically talented**.

Cassie Do I know The Weeknd?

Shawn Sure you do! You know that song, *Blinding Light*, Right? It's [4] **a massive hit**!

Amber Come on Cas, you know it. It's got [5] **a** really **catchy tune** and lyrics go like this "I said, ooh, I'm blinded by the lights. No, I can't sleep until I feel your touch…"

Cassie Oh yeah! Okay, I know the one.

Shawn Just promise me, Amber, when The Weeknd goes on stage, do not sing along in front of Derek. You're completely tone-deaf.

Cassie Ha-ha!

Ben Hey, guys! Um, Cassie, do you have a second?

Cassie Sure. I'll see you guys later.

Ben I was just wondering, do you want to go to dinner with me tomorrow night?

I'll say (상대방 말에 동의하며) 그렇지, 동의해   sing along 함께 노래를 따라 부르다
tone-deaf 음치의

(Amber는 Cassie와 Shawn에게 Derek과의 계획에 대해 이야기한다. 마지막에 Ben이 Cassie에게 다가와 질문을 하나 한다.)

Shawn 영화는 어땠어?

Amber 사실… Derek이랑 나랑은 죽이 잘 맞았어!

Cassie 그래 보여. 한 달 뒤에 있는 영화제 같이 가기로 계획까지 짜 버렸잖아!

Amber 그게 다가 아니야. 다음 주 금요일에 콘서트도 함께 가.

Shawn 좋은 콘서트는 나도 진짜 좋아하는데. 울려 퍼지는 음악 소리에, 춤도 추고… 그래서 누구 콘서트 보러 가는데?

Amber The Weeknd.

Shawn 잠깐만. 난 The Weeknd가 공연 그만둔 줄 알았는데.

Amber 아냐, 몇 주 전에 다시 순회 공연 시작했어. 보스턴이 첫 방문지야!

Shawn 짱이다. The Weeknd는 음악적으로 정말 재능이 있어.

Cassie 내가 The Weeknd를 아나?

Shawn 그럼, 당연히 알지! Blinding Light라는 노래 알지? 그거 대박 히트작이잖아!

Amber 야, Cas, 네가 아는 노래야. 귀에 착 감기는 이런 멜로디와 가사가 일품이지. 'I said, ooh, I'm blinded by the lights. No, I can't sleep until I feel your touch…(난 말했죠, 오, 나는 그 빛에 눈이 부셔요. 아니, 나는 당신의 손길을 느끼기 전에는 잠들 수 없어요…)'

Cassie 오, 맞네! 나 아는 노래야.

Shawn Amber, 너 나랑 약속해. The Weeknd가 무대에서 노래 시작하면 제발 Derek 앞에서 노래 따라 부르지 않기로. 넌 완전히 음치야.

Cassie 하하!

Ben 안녕! 음, Cassie, 잠시 시간 있어?

Cassie 응. 애들아, 나중에 봐.

Ben 내일 저녁에 나랑 같이 저녁 먹을 수 있는가 해서.

Collocations and Conversations about **Music**

1 music blaring 음악이 크게 울리는

라이브 콘서트에서는 음악 소리의 현장감이 느껴지고, 클럽에서는 큰 음악 소리가 고막을 때립니다. 이렇게 크고 요란한 음악 소리를 말할 때 music blaring을 사용하는데, 비슷한 표현으로 music blasting, music pumping 등이 있어요.

Husband What's that noise outside?
Wife Oh, it's just the neighbors. With **music blaring** and people shouting, it sounds like a wild party.
Husband Wow, it's really loud.

남편 밖에 무슨 소리야?
아내 어, 이웃들 소리야. 시끄러운 음악이 빵빵 울리고 사람들까지 소리치는 걸 보니, 화끈한 파티라도 하나 보네.
남편 와우. 정말 시끄러운데.

2 play gigs 공연을 하다

밴드나 가수들이 라이브 콘서트, 지방 순회 공연을 하는 걸 play gigs라고 표현합니다. gig은 요즘 의미가 확장되어서 사이드로 하는 아르바이트(part-time), 프리랜서들이 하는 일들도 gig라고 해요.

Sonny I heard your band is getting pretty popular.
기타리스트 Yeah, we're starting to get some attention. We've been **playing gigs** around town and people seem to really like our music.
Sonny That's awesome!

Sonny 너희 밴드가 꽤 인기를 끌고 있다고 들었어.
기타리스트 응. 관심을 좀 받기 시작했지. 시내에서 공연하는데, 사람들이 우리 음악을 정말 좋아하는 것 같아.
Sonny 잘됐다!

3 musically talented 음악적으로 재능이 있는

'재능이 있는' 게 talented인데, '음악적으로 재능이 있는' 건 musically talented입니다. 상대방이 뛰어난 재능이 있다는 것을 강조할 때는 incredibly talented라는 표현을 사용해요. 참고로, 타고난 재능이 있다고 할 때는 naturally talented라고 하면 됩니다.

Penny Have you heard my cousin play the piano before?
Ralph No, I haven't. Is she any good?
Penny She's incredibly **musically talented**. She's won a bunch of awards at competitions.
Ralph Wow, that's impressive.

Penny 내 사촌이 피아노 치는 거 들어 봤어?
Ralph 아니, 못 들어 봤는데. 잘 쳐?
Penny 정말 장난 아니게 음악적 재능이 있어. 대회에서 상도 많이 받았지.
Ralph 와, 대단하네.

4 a massive hit   대박, 엄청난 흥행

영화가 대박 났을 때는 a box-office hit을 쓰지만, a massive hit은 영화, 음악, 책 등 다양한 분야에서 사용할 수 있어요. 비슷한 표현은 a phenomenal success가 있습니다.

Victoria Have you heard Beyoncé's latest album?
Annie No, I haven't. What's it called?
Victoria It's called *Renaissance*. It's been all over the radio lately and it's already **a massive hit**.

Victoria Beyoncé의 최근 앨범 들어봤어?
Annie 아니, 안 들어 봤어. 타이틀이 뭐지?
Victoria Renaissance라고 해. 라디오에서 최근에 계속 나오고 있는데, 이미 대박 히트야.

5 a catchy tune   귀에 쏙쏙 들어오는 중독성 있는 음악

들자마자 금방 머릿속에 맴돌고 따라 부르기 쉬운 노래가 있는데, 그런 음악을 catchy하다고 합니다. 그래서 그렇게 '기억에 남는 음악'을 a catchy tune이라고 하지요. 비슷한 표현은 an infectious melody(전염성이 있는 멜로디), an earworm(귀에 벌레가 있는 것처럼 계속 머릿속에 맴도는 중독성이 강한 음악) 등이 있어요.

Gabriella I just heard *Shake It Off* by Taylor Swift.
Brook Oh yeah, I love that song! It has such **a catchy tune**.
Gabriella You're right. Every time I hear it, it gets stuck in my head for the rest of the day.

- get stuck in one's head 머리에 맴돌다

Gabriella 방금 Taylor Swift의 Shake It off 들었어.
Brook 아, 그래, 난 그 노래 정말 좋아! 정말 중독성 있는 멜로디야.
Gabriella 정말 그래. 들을 때마다 온종일 머릿속에 맴돌아.

UNIT 5
Eating Out
외식

(Ben and Cassie are on a first date at a restaurant, and Ben reveals he has a crush on Cassie.)

Cassie I've never been to this neighborhood. There are a lot of **¹trendy cafés** around here.

Ben And **²gourmet restaurants**. I know you like Thai food, so I thought Basil House would be perfect for tonight.

Cassie Oh, I love Thai food! But I also enjoy the **³local cuisine** as well. I like pretty much everything.

Ben That's great. I've developed **⁴an acquired taste** for their Tom Yum here, but if you're not a fan, we can try another dish.

Cassie No, I love it! So, you come here often?

Ben Not that often. I come here on special occasions. Oh, and I hope you have a **⁵healthy appetite**. The **⁶portion sizes** are huge. I made the mistake last time of having a quick snack beforehand, and it really **⁷spoiled my appetite**.

Cassie Don't worry, I haven't eaten since lunch.

Ben So, since you like Thai food, does that mean you like spicy food?

Cassie Oh yeah! I mean, I don't like it **⁸scorching hot**, but I like dishes with strong flavors.

Ben Yeah, food tastes bland if it only has **⁹mild flavors**. You should try the Tom Yum then!

Cassie Okay, I will. Any other recommendations?

Ben Let's see… The chicken satay is outstanding. It has just **¹⁰a subtle hint of** lime… Oh and the Sang Kaya is good for dessert, but it's very rich.

Cassie Maybe we should share it then?

Ben Perfect, let's do it! Listen, I must confess something… I've liked you for a while now, and it wasn't until that night at the movies that I started to think that maybe you felt the same way…

Cassie I do! I've had a crush on you since we first met, but I truly didn't think you felt the same.

Ben Well, I do. Come on, let's eat… I'm starving!

---

cuisine 요리, 음식   confess 고백하다   have a crush on ~ ~에 첫눈에 반하다, 홀딱 반하다

(Ben과 Cassie는 레스토랑에서 첫 데이트를 하고, Ben이 Cassie에게 호감이 있음을 고백한다.)

Cassie 이 동네는 처음 와 봤는데, 여기 유행하는 카페들이 많네.

Ben 근사한 음식점들도 많아. 네가 태국 음식을 좋아한다고 해서 오늘 Basil House가 딱일 것 같았어.

Cassie 와, 나 태국 음식 정말 좋아해! 근데 현지 음식도 좋아해. 사실 난 웬만한 건 다 잘 먹어.

Ben 좋네. 난 여기 Tom Yum 맛에 길들여졌는데, 네가 별로라면 다른 메뉴로 바꿔도 돼.

Cassie 아니, 너무 좋아! 그래, 여기는 자주 와?

Ben 그렇게 자주는 아냐. 특별한 날에만 오거든. 아, 그리고 너 식욕이 좀 당기면 좋겠다. 양이 정말 많거든. 지난번에는 간식을 미리 먹는 실수를 해서 식욕이 팍 떨어졌었어.

Cassie 걱정하지 마. 나 점심 이후로 아무것도 안 먹었으니까.

Ben 그럼, 넌 태국 음식 좋아하니, 매운 음식도 좋아하는 거야?

Cassie 응, 맞아! 지나치게 매운 건 안 좋아하지만, 강한 맛이 나는 음식은 좋아해.

Ben 그래. 음식이 순하기만 하면 심심하지. 그럼 Tom Yum 먹어 봐!

Cassie 좋아, 그럴게. 다른 추천 메뉴는 뭐가 있어?

Ben 어디 보자… chicken satay가 특히 맛있어. 라임 맛이 살짝 은은하게 느껴지거든… 아, 디저트로 Sang Kaya도 괜찮은데 매우 진해.

Cassie 그럼 같이 나눠 먹을까?

Ben 그래, 그렇게 하자! 저기, 나 고백할 게 있는데… 나 오랫동안 널 좋아하고 있었어. 그리고 그날 밤 영화관에서 너도 아마 나와 비슷한 감정이지 않을까 하는 생각이 들기 시작했어…

Cassie 나도 그래! 널 처음 만날 때부터 좋았지만, 네가 나랑 같은 감정일 거라고는 생각을 못 했어.

Ben 아, 나도 같은 감정이야. 자, 어서 먹자… 배고프다!

Collocations and Conversations about **Eating Out**

1 **trendy cafés** 유행하는 카페들

사람들에게 요즘 인기 있고, 잘 나가는 스타일을 trendy하다고 해요. trendy 대신 hip도 좋습니다. trendy restaurant, trendy fashion도 많이 나오는 표현이죠.

Frannie Have you been to this **trendy café** that just opened up around here?
Leslie No, not yet. Which one are you talking about?
Frannie There's this new one called "The Coffee House" that just opened up last week. They offer all kinds of specialty drinks and snacks, and the decor is really unique.

- decor 장식

> **Frannie** 여기 근처에 새롭게 오픈한 요즘 유행하는 카페 가 봤어?
> **Leslie** 아니, 아직. 어떤 카페 말하는 거야?
> **Frannie** 지난주에 문 연 The Coffee House라는 카페가 있어. 모든 종류의 특별한 음료와 스낵이 있고, 장식도 정말 독특해.

2 **gourmet restaurants** 고급 음식점

보통 고급스러운, 맛있는 음식을 제공하는 음식점에 gourmet를 사용해요. (참고로 t는 묵음이니 주의하세요.) upscale restaurants, fine dining establishments, Michelin-starred restaurants(미슐랭 스타를 받은 음식점) 정도가 비슷한 느낌을 줍니다. 그리고 정말 맛있고 고급스러운 음식을 gourmet food라고 해요.

Parker Do you know any good **gourmet restaurants** in the city?
Levi Yeah, there's this Italian place called "La Trattoria" that's really good. They use all fresh ingredients and homemade pasta. It's definitely not a cheap place, but it's worth it.
Parker That sounds great! Thanks!

> **Parker** 이 도시에 있는 근사한 음식점을 알아?
> **Levi** 응, La Trattoria라는 이탈리아 식당이 있는데, 정말 좋아. 신선한 재료와 직접 만든 파스타를 사용해. 저렴하진 않지만, 가 볼 만해.
> **Parker** 정말 좋네! 고마워!

3 **local cuisine** 향토 요리, 지역 요리

외국이나 지방의 지역 음식을 local cuisine이라고 해요. 비슷한 표현으로 traditional dishes가 있어요. cuisine은 일반 음식을 말할 때는 사용하지 않고, '지역과 문화를 대표하는 음식'을 말할 때 주로 사용합니다.

Chef Have you tried the **local cuisine** here?
Tourist No, not yet. What do you recommend?
Chef The seafood chowder and fish and chips are must-tries.
Tourist Okay, I will definitely try them.

- must-tries 꼭 먹어 봐야 하는 것들

셰프 여기 현지 요리 드셔 보셨어요?
여행객 아니요, 아직이요. 어떤 걸 추천하세요?
셰프 해산물 차우더랑, 피시 앤 칩스는 꼭 드셔 보세요.
여행객 네, 꼭 먹어 볼게요.

4 an acquired taste (시간이 갈수록 길들여져) 좋아지는 맛

냄새 때문에 두리안을 싫어했지만, 실제로 먹어 보니 괜찮았고, 계속 먹다 보니 너무 맛있어진 경험, 있을 거예요. 이때 an acquired taste라는 표현을 사용해요. acquire는 무언가를 얻는 느낌인데, 시간이 지나면서 맛을 얻는 느낌을 기억해 보세요. 참고로 이 표현은 음악, 예술, 취미 등 맨 처음에는 별로였지만, 시간이 지나면서 좋아지는 것을 말할 때도 두루 사용합니다.

Phyllis Have you tried kombucha before?
Samuel Yeah, I have. It's definitely **an acquired taste**.
Phyllis I've heard that before. What does it taste like?
Samuel It has a slightly sour taste. Some people love it, but others find it too strong.

Phyllis 콤부차 마셔 봤어?
Samuel 응. 확실히 마시다 보면 좋아져.
Phyllis 나도 그 얘기는 들어 봤어. 맛이 어때?
Samuel 살짝 시큼해. 어떤 사람들은 아주 좋아하지만, 다른 사람들은 너무 강하다고도 해.

5 healthy appetite 왕성한 식욕

appetite는 보통 '식욕'을 뜻해서 요리 먹기 전에 식욕을 돋우는 것을 애피타이저(appetizer)라고 합니다. 많이 먹는 사람에게는 big appetite가 있다고 말해요. good appetite, voracious appetite, hearty appetite도 healthy appetite와 비슷한 뜻이에요. 주로 '식욕'으로 쓰이지만, healthy appetite for knowledge(지식에 대한 왕성한 욕망)처럼 다른 욕망을 나타낼 때 쓰이기도 합니다.

Babysitter Wow, you really finished your plate quickly! You have a **healthy appetite**.
Child Yeah, I always get pretty hungry.
Babysitter That's impressive! Do you eat a lot of food all the time?
Child I tend to eat more than some of my friends.

시터 와우. 정말 뚝딱 해치웠네! 식욕이 왕성하구나.
아이 네, 전 항상 배가 고파요.
시터 대단하네! 항상 그렇게 많이 먹니?
아이 다른 친구들보다는 많이 먹는 편이에요.

Collocations and Conversations about Eating Out

6 portion sizes 제공량

어떤 음식점은 음식이 너무 조금 나오고(small portion), 어떤 곳은 많이 나오기도(big portion, generous portion) 하죠. 이렇게 '제공되는 음식량'을 portion sizes라고 합니다. 전 개인적으로 적당한 양(moderate portion, reasonable portion)을 좋아해요.

Wife I ordered a salad, but it is huge!
Husband Yeah, the restaurant is known for its large **portion sizes**.
Wife I don't think I can finish it all.
Husband Don't worry, you can always take the leftovers home.

- leftover 남은 음식

아내 샐러드 하나 주문했는데, 양이 엄청나네!
남편 응, 이 음식점이 양 많이 주기로 유명해.
아내 다 못 먹을 것 같아.
남편 걱정지지 마. 남은 음식은 집에 가져가면 돼.

7 spoil one's appetite 식욕을 떨어뜨리다

spoil은 '망치다'로, 식사 전에 주전부리를 하면 당연히 밥맛이 없어지죠. 이 주전부리가 spoil one's appetite한 거예요. 비슷한 표현은 kill one's appetite, take away one's appetite이고, 반대로 '식욕을 돋우다'는 whet one's appetite라고 합니다.

Roommate 1 Hey, do you want to grab a slice of pizza before dinner?
Roommate 2 I think I'm going to skip the pizza. I don't want to **spoil my appetite** for dinner.
Roommate 1 That's a good point.

룸메이트 1 저기, 저녁 먹기 전에 피자 한 조각 먹을래?
룸메이트 2 피자는 안 먹을래. 저녁 먹기 전에 식욕 떨어뜨리고 싶지 않아.
룸메이트 1 좋은 생각이야.

8 scorching hot 엄청 매운/더운/뜨거운

scorching을 사용해서 정말 너무 맵다는 것을 강조하고 있지만, 사실 이 표현은 기후를 말할 때 더 많이 사용합니다. 갈수록 여름이 무척 더운데요, 그렇게 무덥다는 것을 묘사할 때 scorching hot이 찰떡이랍니다.

Theo Be careful! That tea is **scorching hot**!
Amiri Ow, you're right. This tea is really hot.
Theo Here, let me get you some ice water to cool down your tea.
Amiri Thanks. I didn't expect it to be so hot.

Theo 조심해! 차 정말 뜨거워!
Amiri 아, 정말이네. 이 차 정말 뜨겁다.
Theo 여기, 차 식힐 수 있게 얼음물 좀 가져다 줄게.
Amiri 고마워. 이렇게 뜨거울 줄 몰랐어.

9 mild flavor   순한 맛

mild는 음식에 사용하면 '순한, 약한'의 의미예요. 날씨에 쓰면 '적당한 온도의' 온화한 날씨를 뜻하죠. 또 mild headache, mild cold처럼 가볍게 아플 때도 사용해요. 음식 맛이 강할 때(맵거나 향이 진하거나)는 strong flavor를 사용하면 됩니다.

Customer How's the salsa at this restaurant?
Waitress It's good. It has a **mild flavor**, so it's not too spicy.
Customer That's great. I'm not a big fan of really spicy food.

고객 이 식당 살사 맛은 어때요?
웨이트리스 괜찮아요. 맛이 순해서, 너무 맵지는 않아요.
고객 잘됐네요. 전 지나치게 매운 음식은 안 좋아해서요.

10 a subtle hint of   약간의, 미묘한

금방 눈치 채지 못할 정도로 '아주 약간의'라는 말로, 음식이나 색상, 감정에 사용할 수 있는 표현이에요.

Barista What can I get for you?
Customer Can I have a latte with **a subtle hint of** vanilla?
Barista Sure thing. Would you like it hot or iced?
Customer Hot, please.

바리스타 뭐 드릴까요?
고객 은은한 바닐라 향이 나는 라떼 한 잔 주세요.
바리스타 네. 뜨겁게 드릴까요, 아이스로 드릴까요?
고객 뜨겁게 주세요.

CHAPTER 9
WORK
일

왼쪽의 QR코드를 스캔하시고 '바로듣기'를 탭하세요.
해당 도서의 음원을 바로 들으실 수 있습니다.
반복 재생과 속도 조절도 가능합니다.

UNIT 1
Getting a Job
직장 잡기

(Everyone is talking about work, and Cassie applies for her dream job.)

Amber Ugh! I don't want to work tonight! The manager is making me come in early to help set up for a party. I mean, seriously? That was not in my **¹job description** when I started!

Ben Why would he make you do that?

Amber I don't know, he says I'm not a good team player or something like that.

Shawn Just ignore him. Don't let it bother you. So, Ben, how's work going for you?

Ben It's going alright. No complaints.

Shawn So, are you planning on staying at the IT company or are you applying for a new job?

Ben I think I'll just stay there. I know it's an **²entry-level job**, but there's room for growth. In a few years, I'll work my way up to a better-paid position within the company. What about you?

Shawn Nice. Well, as of yesterday, I am officially one of the **³job seekers** now.

Cassie What?! You quit your job at the store?!

Shawn Yep! Besides, it was just a part-time thing for me to have during school, but now I need to really **⁴join the workforce**. Plus, I don't want to stay in retail. I got a finance degree, remember?

Amber In that case, you should talk to Derek. He just **⁵landed a job** at Bayside Financial. I think they're still hiring.

Shawn Thanks for the tip. I'll give him a call!

Cassie Hey, everyone! You'll never guess what I just found out… The Boston Globe is hiring! They're interviewing candidates for the open journalist position next month!

Ben Oh Cas, that's your dream job!

Cassie I know! I'm going to go work on my application now! Wish me luck!

---

set up 준비하다   as of ~ ~부터, ~ 날짜로

(모두가 일에 대해 이야기하고 있고, Cassie는 자신이 꿈꾸던 일자리에 지원한다.)

Amber 아, 진짜 오늘 밤은 일하기 싫다! 매니저가 파티 준비 도우라고 나보고 일찍 오라는데, 말이 돼? 애초에 내 업무 내용에 그런 건 없었거든!

Ben 왜 너한테 그런 걸 시키는 거야?

Amber 모르겠어. 내가 좋은 팀 플레이어가 아니라나 뭐라나.

Shawn 그냥 무시해. 그것 때문에 신경 쓰지 마. 그런데 Ben, 일은 좀 어때?

Ben 괜찮아. 불만 없어.

Shawn 그럼 그 IT 회사에 계속 다닐 계획이야, 아니면 새로운 일에 지원할 생각이야?

Ben 그냥 거기서 계속 일하려고. 신입 레벨이긴 하지만, 성장할 수 있는 기회가 있으니까. 몇 년 후엔 연봉이 더 높은 직책으로 올라가게 될 거야. 넌?

Shawn 좋네. 음, 어제부로 난 공식적으로 구직자야.

Cassie 뭐?! 가게에서 일 그만둔 거야?!

Shawn 응! 게다가 그 일은 학교 다니면서 잠깐 했던 거라서. 이젠 정말 정식 직장을 잡아야 해. 게다가 소매업에서 일하고 싶지도 않고. 나 재무학 학위 받았잖아. 기억해?

Amber 그럼 Derek이랑 이야기해 봐. 걔 Bayside Financial에서 직장 잡았어. 아직도 채용 중인 것 같던데.

Shawn 꿀팁 고마워. Derek한테 전화해 볼게!

Cassie 얘들아! 내가 방금 알게 된 거 알면 깜짝 놀랄 거야… Boston Globe에서 채용 중이야! 다음 달에는 공개 기자 채용 면접을 본대!

Ben 오, Cas, 네가 꿈에 그리던 직장이잖아!

Cassie 그럼! 지금 바로 지원서 작성하러 간다! 행운을 빌어 줘!

Collocations and Conversations about **Getting a Job**

1 job description 직무 기술서

직장을 구할 때 구직 사이트에서 채용 공고를 클릭하면 어떤 일을 하는 자리인지 나와 있는데, 이게 바로 job description이에요. 다른 말로는 duties and responsibilities라고 합니다.

Finley Hi, I saw your post about a job opening. Can you tell me more about the **job description**?

Jack Sure! The job is for a customer service representative. You'll be responsible for answering customer inquiries and resolving any issues they may have with our products.

- inquiry 문의   resolve (문제를) 해결하다

Finley 안녕하세요. 채용 공고 게시물을 봤는데요. 직무에 대해 좀 더 자세히 설명해주시겠어요?
Jack 네! 이 일은 고객 서비스 담당자 일입니다. 고객 문의에 답변하고 제품 관련 문제를 해결하는 업무를 담당하게 됩니다.

2 entry-level job 신입직, 신입직 업무

대학 졸업 후 바로 취업하는 사람은 거의 대부분 경험이 없거나 부족합니다. 그래서 당연히 맨바닥부터 시작하는데, 이 포지션을 entry-level job, entry-level position이라고 합니다. 비슷한 표현은 junior position, trainee position 등이 있어요.

Job Seeker I'm really interested in applying for the job opening you posted, but I'm worried I don't have enough experience. Is this an **entry-level job**?

Recruiter Yes, it is! We're looking for someone who is eager to learn and grow with our company. While experience is always a plus, we're willing to train the right person for the job.

구직자 게시하신 채용 공고에 지원하고 싶은데 경험이 많지 않아서 걱정입니다. 이 직무가 신입직인가요?
채용 담당자 네, 맞습니다! 저희는 배우면서 회사와 함께 성장하고 싶은 사람을 찾고 있습니다. 경험이야 있으면 언제나 장점이지만, 업무에 적합한 인재라면 기꺼이 교육할 의향이 있습니다.

3 job seeker 구직자

seek는 '뭔가를 적극적으로 찾다'라는 말이라서 job seeker는 직업을 적극적으로 찾는 '구직자'를 말합니다. 비슷한 표현은 job hunter, job applicant, job candidate 정도가 있습니다.

Martin Have you noticed how many **job seekers** are out there these days?

Ross Definitely, it seems like the job market is more competitive than ever.

Martin Yeah, I've been trying to help a friend who's a job seeker by reviewing his résumé. It's not easy to find a job these days.

Martin 요즘 구직자가 얼마나 많은지 알아?
Ross 응, 취업 시장이 그 어느 때보다 경쟁이 치열한 것 같아.
Martin 그러게. 나도 구직자인 친구의 이력서를 검토하면서 도와주고 있거든. 요즘 구직하기가 쉽지 않네.

4 join the workforce 일을 시작하다(노동 시장에 진입하다)

직장을 잡고 일을 시작한다고 할 때 보통 start working이라고 간단하게 말해도 괜찮습니다. 그런데 좀 formal한 상황에서는 enter the job market, 또는 join the workforce라고 종종 말해요. 이 표현은 특정한 직장을 잡는다는 느낌보다는, 내가 노동 시장에 참여하여 일을 시작한다는 느낌이 강해요.

Mom It is time for you to get a job.
Son But I don't want to work.
Mom I don't care, you are old enough to **join the workforce** now.

엄마 이제 너 직장 잡을 때야.
아들 근데 저 일하고 싶지 않아요.
엄마 그건 나 알 바 아니고. 넌 이미 충분히 일할 나이가 되었어.

5 land a job 직장을 잡다

'직장을 잡다'라고 할 때 가장 쉽고, 많이 나오는 표현이 get a job이에요. 하지만 land a job도 꽤 많이 사용합니다. 비행기가 오랜 비행 후 원하는 도착지(destination)에 착륙하듯이, 오랫동안 원하던 직업을 구할 때 보통 land a job이라는 표현을 많이 사용해요. 비슷한 표현은 get hired, find employment 정도가 있습니다.

Sally I heard you **landed a** new **job**. Congratulations!
Trevor Thanks! I'm really excited about it. It's a great job offer with a company I've always wanted to work for.
Sally That's amazing!

Sally 너 새 직장 잡았다면서? 축하해!
Trevor 고마워! 진짜 기대된다. 항상 일하고 싶었던 회사에서 좋은 일자리를 제안했어.
Sally 멋지다!

UNIT 2
Types of Jobs
직업의 종류

(Cassie is talking to Amber and Derek about work, and Ben joins them.)

Amber So, Cassie, have you heard anything back from the Boston Globe yet?

Cassie No, but I just submitted my application a week ago. I doubt I'm going to get an interview. My only experience was at the school paper, which barely counts.

Amber Don't worry so much. What can they expect from a recent graduate? I'm sure they'll call.

Derek You know how I put in a good word for Shawn; I think they've already contacted him. If you want, Cassie, I could do the same for you.

Cassie I appreciate that, but I don't think working in finance is for me.

Derek Well, if you change your mind, my company has several **¹well-paid positions** still open, and employees automatically get a promotion after the first three months.

Amber I'm so jealous. I hate working at a **²menial job** with no chance of getting a raise.

Derek I've already offered to recommend you, Amber, and you said no.

Amber That's because I'm not a corporate sellout! I want a more **³rewarding job**. No offense.

Derek None taken. So, Cassie, what do you say? My office is **⁴within commuting distance**, the hours are flexible, there is year-end bonus, and…

Cassie I'm afraid I have to agree with Amber on this one, but thanks for the offer.

Ben Offer? Seriously, Derek, are you trying to recruit all your friends to work at your company?

Derek It would make it a lot less boring if we all worked together!

Ben Boring? I would think working in finance would be a very **⁵demanding job**, not boring.

Cassie Hang on! Someone's calling… Hello?… Yes, this is her… I did?… Oh, thank you! Yes, I will. Okay, thanks again, bye! … I can't believe it… I got the interview!

---

put in a good word (~에 대해) 좋게 말을 해 주다   corporate sellout 돈의 노예(돈을 벌기 위해서 자신의 신념을 버리는 사람)   No offense! 기분 나쁘게 듣지 마!   None taken. 신경 쓰지 말아요. (보통 상대방이 기분을 상하게 한 후 사과를 하면 '괜찮아,' '기분 나쁘게 듣지 않았어'라는 뜻으로 하는 답변)

(Cassie는 Amber, Derek과 일에 대해 이야기하고 있는데 Ben이 합류한다.)

Amber 그래서 Cassie, Boston Globe에서는 연락 왔어?

Cassie 아직, 겨우 일주일 전에 지원서 제출했으니까. 면접 볼 가능성은 별로 없을 것 같아. 학교 신문사에서 일한 게 전부인데, 그건 거의 안 쳐주잖아.

Amber 너무 걱정하지 마. 이제 갓 졸업한 졸업생에게 뭘 더 바라겠어? 분명히 연락할 거야.

Derek 내가 Shawn에 대해 회사에다 좋은 말 미리 해 둔 건 너희도 알 거야. 이미 회사에서 Shawn에게 연락한 것 같던데. Cassie 너도 원한다면, 내가 그렇게 해 줄게.

Cassie 고맙지만, 금융 쪽 일은 나하고 맞지 않는 것 같아.

Derek 음, 그래도 마음이 바뀌면, 우리 회사에 여전히 보수가 괜찮은 포지션이 몇 개 남아 있어. 그리고 첫 3개월 후에는 자동으로 진급도 되거든.

Amber 진짜 부럽다. 난 급여 인상 기회도 없는 보잘것없는 일을 하는 게 정말 지겨운데.

Derek 내가 너 추천해 준다고 했는데, Amber 네가 됐다고 했잖아.

Amber 그건 내가 대기업의 노예가 되고 싶지 않아서야! 보람이 더 큰 일을 원한다고. 아, 기분 나쁘게 듣진 마.

Derek 괜찮아. 그럼 Cassie, 넌 어떻게 생각해? 우리 사무실은 출퇴근 가능한 거리고, 일하는 시간도 유연하고, 연말 보너스도 있어. 그리고…

Cassie 미안한데, 이건 Amber와 같은 생각이야. 그래도 제안해 줘서 고마워.

Ben 제안? Derek, 너 정말로 친구들을 다 네가 다니는 회사에서 일하게 하려는 거야?

Derek 우리 다 같이 일하면 훨씬 덜 지루할 거잖아!

Ben 지루하다고? 금융 쪽에서 일하는 건 지루한 게 아니라, 매우 힘든 일일 것 같은데.

Cassie 잠깐만! 전화 왔어… 여보세요?… 네, 제가 Cassie인데요… 제가요?… 오, 고맙습니다! 네, 그럴게요. 네, 다시 한번 고맙습니다! 믿을 수가 없어… 나 인터뷰 제안 받았어!

Collocations and Conversations about **Types of Jobs**

1 well-paid position 보수가 괜찮은 포지션

누구나 높은 연봉을 받고 싶어 하기에 well-paid position에 매력을 느낄 수밖에 없습니다. 비슷한 표현은 well-compensated position, high-paying job 등이 있어요.

Angie I heard you got a job offer. What kind of position is it?
Wesley It's a **well-paid position** as a software engineer at a tech company.
Angie Good for you! Are you excited about the job?
Wesley Definitely! The pay is so much better than my current job.

> Angie 너 일 제안 받았다면서. 어떤 포지션이야?
> Wesley 테크 기업의 꽤 높은 보수의 소프트웨어 엔지니어 자리야.
> Angie 잘됐다! 그 일할 생각하니 신나?
> Wesley 당연하지! 지금 하는 일보다 급여가 훨씬 좋은걸.

2 menial job 허드렛일

menial job은 특별한 기술 없이 반복적이고, 지루하고, 육체적인 일들(청소, 계산)을 말합니다. 비슷한 표현은 unskilled labor, low-level job 등이 있어요. 반대로 기술과 교육이 필요한 직업은 prestigious job, highly skilled job, professional job, high-level job이라고 합니다.

Craig I heard you got a new job. What kind of work will you be doing?
Edmund It's just a **menial job** at a fast-food restaurant. But it's a paycheck, you know?
Craig I understand, sometimes you have to take what you can get.

> Craig 새 직장 구했다면서. 어떤 일을 하게 되는 거야?
> Edmund 그냥 패스트푸드점에서 하는 허드렛일이야. 그래도 돈은 버니까.
> Craig 이해해. 때에 따라서는 구할 수 있는 일은 다 해야지.

3 rewarding job 보람 있는 일

일을 할 때 돈도 중요하지만, 보람을 훨씬 더 중요시하는 사람들이 있습니다. 누군가에게 도움을 줄 수 있는 일, 뿌듯함과 보람을 주는 일을 rewarding job이라고 해요. 비슷한 표현은 fulfilling job, fulfilling career가 있습니다.

Leo What kind of work are you looking for?
Grace I'm really hoping to find a **rewarding job** that allows me to really help people and make a difference.
Leo That's great.

> Leo 어떤 일을 찾고 있어?
> Grace 사람들을 진정으로 돕고 변화를 일으킬 수 있는 보람 있는 일을 찾고 싶어.
> Leo 정말 좋네.

4 within commuting distance 출퇴근 가능 거리에 있는

출퇴근(commuting)에 3-4시간이 걸린다면 정말 죽을 맛이겠죠. within commuting distance 는 '출퇴근이 가능한 거리'라는 의미예요. (물론 상대적인 개념이겠지만요.) 비슷한 표현은 a short drive away, within easy reach 등이 있습니다.

Reagan I just saw a job posting that you might be interested in.
Kurt I saw it too, but I'm not sure I'll apply for it. It's not **within commuting distance** for me.
Reagan Yeah, I understand. Commuting can be a hassle. Have you thought about looking for jobs closer to where you live?

- hassle 귀찮은 일

Reagan 방금 네가 관심 가질 만한 채용 공고를 봤어.
Kurt 나도 봤는데, 지원할지 잘 모르겠어. 내가 출퇴근할 수 있는 거리가 아니거든.
Reagan 응, 이해해. 출퇴근이 번거로울 수 있지. 사는 곳에서 가까운 곳에 있는 일자리를 찾아볼 생각은 해 봤어?

5 demanding job 힘들고 어려운 일

응급실에서 일하는 의사나 간호사를 보면 정말 눈코 뜰 새 없이 바쁩니다. 이렇게 많은 시간과 노력을 요구하는 정말 힘든 일을 demanding job이라고 해요. 비슷한 표현은 challenging job, rigorous job, high-pressure job 등이 있습니다.

Sophia How's the new job going?
Mackenzie It's going well, but it's definitely a **demanding job**. There's a lot to learn and a lot of responsibility.
Sophia That's understandable. But I'm sure you can handle it.

Sophia 새 직장은 어때?
Mackenzie 괜찮아. 근데 확실히 일이 힘들어. 배워야 할 것도 많고 책임질 것도 많아.
Sophia 충분히 이해해. 하지만 넌 잘 해낼 거야.

UNIT 3
Earning Money
돈 벌기

(Amber, Madison, and Cassie are talking about earning money.)

Madison So, Amber, how's work going?

Amber Awful! Last night we were so slow, I only made 50 dollars in tips. How am I supposed to [1] **earn a living** on that? Plus, I broke a mirror, so now that's seven years of bad luck!

Cassie I thought you were making good money at the restaurant?

Amber Not always. It depends on my schedule, so it's not a steady flow. And what I've been earning lately can barely cover [2] **my living expenses**. I'm broke and I'm sick of it!

Madison Sorry I asked.

Cassie What about you? How are things at the marketing agency?

Madison Oh, I can't complain about the money. My company offers a [3] **competitive salary**.

Amber Yeah… It must be nice to get [4] **prompt payments** on a regular basis. That's what I need.

Madison And they also give me [5] **generous benefits**, so yeah, money's not the problem. But…

Cassie What is it?

Madison I'm just having some problems with my boss.

Amber You always had a problem with authority.

Madison Ha! You're one to talk! Anyway, it's nothing I can't handle… So, how's the job hunt going for you, Cas? Didn't you have an interview last week? How did it go?

Cassie I did, but I'm really unsure about how well it went. And I still haven't heard anything…

Amber I'm sure you did better than you think.

Madison Yeah, and it takes a while to hear back, keep your head up!

---

broke 돈이 한 푼도 없는   You're one to talk. 사돈 남 말하네.(= 네가 말할 자격이 있는 것 같진 않은데.)
Keep your head up! 용기 내!, 포기하지 매!

(Amber, Madison, Cassie가 돈 버는 것에 대해 이야기하고 있다.)

Madison 그래, Amber, 일은 잘 돼?

Amber 최악이야! 어젯밤에는 손님이 너무 없어서 팁으로 50달러밖에 못 벌었어. 이걸로 어떻게 살아가라고? 게다가 거울을 깨뜨렸으니 이젠 7년간 재수가 없겠지!

Cassie 식당에서 돈 잘 벌었던 거 아니었어?

Amber 항상 그렇진 않아. 스케줄에 따라 달라서 안정적이지가 않아. 그리고 요즘에 버는 돈은 생활비를 겨우 충당하는 정도야. 이제 빈털털이인데, 정말 지겹다!

Madison 물어봐서 미안해.

Cassie 너는 어때? 마케팅 에이전시에서 일하는 건 어때?

Madison 어, 돈 버는 건 괜찮아. 회사가 급여를 높게 주거든.

Amber 응… 정기적으로 제때 급여를 받는 건 참 좋겠지. 내가 필요한 게 바로 그건데.

Madison 또 복지도 좋아. 그래서 돈은 문제가 아닌데…

Cassie 뭐가 문젠데?

Madison 그냥 상사와 문제가 좀 있어.

Amber 넌 항상 윗사람과 문제가 있더라.

Madison 하! 사돈 남말하네! 어쨌든, 내가 감당할 수 없는 일은 아니야… 그건 그렇고 Cas, 구직 활동은 어떻게 되고 있어? 지난주에 면접 보지 않았어? 어떻게 되었어?

Cassie 면접은 봤는데, 잘 봤는지는 모르겠어. 그리고 아직 아무 연락도 못 받아서…

Amber 분명 네가 생각하는 것보다 잘했을 거야.

Madison 그래, 연락 받기까지는 시간이 좀 걸리니까 힘내!

Collocations and Conversations about **Earning Money**

1 earn a living 생계를 유지하다

earn은 뭔가 '열심히 노력해서 얻는다'는 느낌을 주는 단어입니다. earn a living은 '열심히 돈을 벌어 생계를 유지하다'라는 말이에요. 비슷한 표현은 make a living, support oneself, put food on the table이 있어요.

Graduate 1 What do you want to do after graduation?
Graduate 2 I'm not sure yet. I just know I need to find a job so I can start **earning a living**.
Graduate 1 Yeah, that makes sense. Have you thought about what kind of work you might be interested in?
Graduate 2 I've been considering a few different fields, but I haven't made a final decision yet.

졸업생 1 졸업 후에 뭘 하고 싶어?
졸업생 2 아직 잘 모르겠어. 생계 유지를 위해 일자리를 찾아야 한다는 것은 확실히 알지.
졸업생 1 응. 그러겠네. 어떤 일에 관심이 있는지 생각해 봤어?
졸업생 2 다른 분야를 몇 군데 생각하고는 있는데, 아직 최종적으로 결정은 못 내렸어.

2 one's living expenses 생활비

기본적으로 살아가려면 의식주가 해결되어야 하고, 이 외에 교통비, 교육비 등에도 돈이 많이 들어갑니다. 이런 생활의 유지를 위해서 필요한 비용을 living expenses라고 해요. 비슷한 표현은 cost of living, daily expenses 정도가 있습니다.

Tess Hey, how's your new job going?
Davey It's good, but I didn't realize how high **my living expenses** would be here.
Tess Yeah, it can be tough. Have you thought about finding a roommate?
Davey That's a great idea. And it might be more fun than living alone.

Tess 어이, 새 직장은 어때?
Davey 좋은데, 여기 생활비가 이렇게 높을 줄은 몰랐어.
Tess 그래, 쉽지 않지. 룸메이트 구할 생각은 해 봤어?
Davey 좋은 생각이네. 그리고 혼자 사는 것보다 더 재미있을 수도 있겠어.

3 competitive salary 높은 급여

salary는 직장에서 받는 급여(월급/연봉)로, 월급은 monthly salary, 연봉은 annual salary라고 합니다. 같은 산업군에서 비슷한 경쟁사들보다 돈을 더 많이 준다면 이 회사는 나에게 competitive salary를 주는 거죠. 보통 회사가 구직자를 모집할 때 이 부분을 어필합니다. 하지만 알바생들은 보통 시간당 알바비를 받는데요. 이때는 hourly wage라고 하고 salary를 사용하지 않아요. 이렇게 wage는 고정급으로 받는 것이 아닌, 시급, 일급, 주급처럼 일한 시간만큼 받게 됩니다.

Sarah   What kind of job are you looking for?
Virginia   I'm looking for a job with **a competitive salary** and good benefits.

> Sarah 어떤 직업을 찾고 있어?
> Virginia 다른 회사와 비교해서 급여도 많고 복지가 괜찮은 직장을 찾고 있어.

4 prompt payment 신속한 지불

직장인은 월급을 제때 받고, 임대인은 월세를 제때 받는 것이 매우 중요합니다. 이럴 때 prompt payment를 사용해요. 비슷한 표현으로는 timely payment, on-time payment가 있어요. 반대로 제때 돈을 못 내는 경우에는 late payment를 사용합니다.

Zach   How's the new job going?
Diana   It's going well. I really appreciate that they have **prompt payments**. My last employer would sometimes delay paying us, which was really frustrating.
Zach   I'm glad to hear that.

> Zach 새 직장은 어때?
> Diana 괜찮아. 급여를 제 날짜에 신속하게 줘서 고맙지. 전 직장에서는 가끔 급여 지급이 늦어져서 정말 짜증났거든.
> Zach 다행이네.

5 generous benefits 풍부한 혜택(복지)

좋은 직장은 단순하게 competitive salary만 있는 것이 아니라, benefits(혜택)도 좋죠. 유급 휴가가 많거나, 직장 내 어린이집이 있거나, 출퇴근 시간이 자유롭거나 말입니다. 이런 경우 이 회사는 사원들에게 generous benefits를 제공해 준다고 할 수 있어요. 비슷한 상황에서 comprehensive benefits(포괄적인 복지 혜택), extensive perks(광범위한 특전)도 사용해요.

Bradley   Did you hear about that job opening at the tech company downtown?
Emma   No, I didn't. What's the position?
Bradley   It's a software engineering role. They're known for offering **generous benefits**, like paid time off, health insurance, and retirement plans. You should apply for it.

> Bradley 시내에 있는 테크 기업에서 채용 공고가 났다는 소식 들었어?
> Emma 아니, 못 들었어. 어떤 포지션이야?
> Bradley 소프트웨어 엔지니어링 직무야. 유급 휴가, 건강 보험, 퇴직 연금 제도 같은 다양한 복지를 제공하는 것으로 유명해. 꼭 지원해 봐.

UNIT 4

Work Hours
근무 시간

(Cassie, Amber, and Shawn are talking about their work hours.)

Amber Seriously, Cas, I don't know what I'm going to do. I can't afford my rent this month.

Cassie Are you able to ¹**work overtime**?

Amber I'm not sure that would solve the problem. I worked a double shift yesterday – ²**from dawn till dusk** – and earned less than a hundred. And now my manager is ³**cutting back on my hours**.

Shawn I keep telling you to quit your job. But honestly, you're not alone. I'm struggling as well. Based on what they said in my interview, it sounds like if I get the job, I'm going to have a pretty grueling schedule myself.

Cassie I don't understand, Derek said that the work at Bayside wasn't that demanding.

Shawn Maybe for him it's not, but they want me to work ⁴**eight solid hours** a day!

Cassie Um, Shawn, I think that's what most of companies expect these days.

Shawn Really? But what about my appointments? They're all scheduled during the weekdays.

Amber I guess you'll have to ⁵**free up some time** in the evenings or on the weekends for those.

Shawn Ugh! How inconvenient… So, Cas, any word yet on how the interview went for you?

Cassie No, and it's been over a month. I don't think I got the job.

Amber Don't say that! Stay positive. You know the power of positive thinking…

Shawn Not this again, Amber. But she's right, you shouldn't jump to conclusions yet.

Cassie Thanks, you guys.

---

double shift 2교대   You're not alone. 너만 그런 거 아니야.   grueling schedule 빡센 스케줄
Not this again. 또 그런다.(같은 말을 여러 번 반복하는 이에게 하는 말)   jump to conclusions 속단하다

(Cassie, Amber, Shawn이 근무 시간에 대해 이야기한다.)

Amber 정말이지 Cas, 뭘 해야 할지 모르겠어. 이번 달에는 집세도 못 내겠어.

Cassie 초과 근무는 할 수 있어?

Amber 그런다고 문제가 해결되진 않을 것 같아. 어제는 새벽부터 해질 때까지 2교대 일했는데, 100달러도 못 벌었어. 그리고 이젠 매니저가 근무 시간을 줄이겠다고 하고 있어.

Shawn 내가 계속 일 그만두라고 했잖아. 그런데 솔직히 너만 그런 건 아냐. 나도 그래. 면접 때 회사에서 이야기한 걸 보자면, 일을 시작하면 꽤 힘든 일정을 소화해야 할 것 같아.

Cassie 이해가 안 가. Derek은 Bayside에서 하는 업무가 그리 힘들지 않다고 했잖아.

Shawn Derek에게는 힘들지 않을 수도 있겠지만, 그 회사에서는 하루 8시간 꼬박 일하길 원한다니까!

Cassie 음, Shawn, 요즘 직장들은 대부분 하루 8시간 근무를 요구할 거야.

Shawn 정말? 그렇다면 내 약속은 어떻게 되는 거야? 다 평일에 있는데.

Amber 약속은 저녁이나 주말에 시간을 내서 해야겠지.

Shawn 으! 정말 불편하네… 그래, Cas, 면접 결과는 어떻게 됐는지 아직 소식 없어?

Cassie 아니 없어. 벌써 한 달도 넘었는데. 떨어진 것 같아.

Amber 그런 말 하지 마! 긍정적으로 생각해! 긍정적인 사고의 힘을 알잖아…

Shawn 또 그러네, Amber. 근데 Amber 말이 맞긴 해. 아직 속단하진 마.

Cassie 고마워, 얘들아.

Collocations and Conversations about **Work Hours**

1 work overtime 시간 외로 일하다, 초과 근무하다

보통 직장은 저녁 6시 정도에 끝나는데 work overtime하면 밤까지 근무해야 하니까 야근 이라고 해도 큰 무리는 없습니다. 물론 정확하게 하고 싶다면 '야근하다'는 work late라고 표현할 수 있어요. 비슷한 표현은 put in extra hours가 있습니다.

Friend 1 How was work today?
Friend 2 It was okay. We had a big project to finish, so I had to **work overtime**.
Friend 1 That sounds tough. How late did you have to stay at work to finish it?
Friend 2 Four extra hours. We didn't leave until 9 PM.

친구 1 오늘 일은 어땠어?
친구 2 괜찮았어. 마무리해야 하는 큰 프로젝트가 있어서 초과 근무해야 했어.
친구 1 힘들었겠네. 다 끝내려고 얼마나 늦게까지 일한 거야?
친구 2 4시간 정도 더 일했어. 저녁 9시가 돼서야 퇴근했어.

2 from dawn till dusk 새벽부터 저녁까지(온종일)

택배기사가 새벽부터 저녁 늦게까지(from dawn till dusk) 일하는 것을 상상해 보세요. 이렇게 하루 종일 계속 일하는 상황을 묘사할 때 많이 쓰입니다. 비슷한 표현은 from morning till evening, all day long, from sunup to sundown 등이에요. 그리고 from dusk till dawn은 '해 질 무렵부터 새벽까지(밤새도록)'를 의미해요. 임박한 마감일(deadline)이 있을 때 work from dusk till dawn 하는 경우를 표현할 수 있죠.

Employee I had to work **from dawn till dusk** yesterday.
Boss Wow, that's a long shift. Did you get everything done?
Employee Most of it, but I still have some unfinished work to do today.

직원 저 어제 새벽부터 밤까지 일해야 했어요.
상사 와, 정말 긴 근무였네. 다 끝냈나?
직원 대부분은 끝냈지만, 아직 오늘 해야 할 일이 좀 더 남아 있어요.

3 cut back on one's hours ~의 근무 시간을 줄이다

cut back은 '줄이다', hours는 '일하는 시간'이니 '일하는 시간을 줄이다'라는 말인데요. 회사가 매출이 줄어서 알바생 근무 시간을 줄인다든지, 일과 육아를 병행하기가 너무 힘들어 회사에 요청해서 cut back on one's hours하는 것들을 생각해 볼 수 있습니다. 비슷한 표현 으로는 reduce one's workload, decrease one's working hours, scale back one's schedule이 있 어요.

Wade Hey, you seem pretty stressed lately. Is everything okay?
Cooper I'm just feeling a bit overwhelmed with work. I've been working a lot lately.
Wade Do you think it might be helpful to **cut back on your hours** a bit?

Cooper I've thought about it, but I'm worried I wouldn't be able to get everything done.

> Wade 어이, 요즘 스트레스가 심해 보인다. 괜찮은 거야?
> Cooper 그냥 일에 좀 치이는 것 같네. 최근에 일을 많이 했거든.
> Wade 근무 시간을 조금 줄이면 도움이 되지 않을까?
> Cooper 그것도 생각해 봤는데, 그러면 일을 다 끝내지 못할까 봐 걱정이야.

4 eight solid hours 8시간 연속

9 to 5는 직장에서 9시부터 5시까지 8시간 일한다는 뜻으로 쓰이는 표현이고, eight solid hours는 직장에서 집중해서 일하는 시간을 말할 때 사용합니다. 꼭 일에만 쓰는 것은 아니고요, 집중적으로 8시간을 보내면 eight solid hours라고 할 수 있습니다. two solid hours면 2시간을 집중적으로 보내는 거겠죠? '8시간 계속해서'라는 표현 중에 8 straight hours도 기억해 주세요!

Frank How was your first day on the job?
Cecilia It was pretty intense. I had to work **eight solid hours** without any breaks.
Frank Oh, man. Did you manage to get everything done that you needed to?
Cecilia Yeah, I did. But I was so tired by the end of the day.

> Frank 출근 첫날은 어땠어?
> Cecilia 꽤 빡셌어. 쉬는 시간 없이 8시간 꼬박 일해야 했거든.
> Frank 오, 이런. 해야 할 일은 다 끝낸 거야?
> Cecilia 응. 하지만 하루가 끝날 즈음에는 너무 피곤하더라고.

5 free up some time 시간을 내다

아무리 바빠도 중요한 손님이 오면 시간을 내서(free up some time) 손님을 맞아야 하고, 아무리 바빠도 운동할 시간을 내야(free up some time) 합니다. 비슷한 표현으로 make time, carve out time, block out time 등이 있어요.

Colleague 1 Can you help me with this project?
Colleague 2 I'm swamped right now, but I'll try to **free up some time**.
Colleague 1 Thanks, I really need your expertise on this.
Colleague 2 No problem, I'll see what I can do to help.

• be swamped 매우 바쁜   expertise 전문 지식

> 동료 1 이 프로젝트 좀 도와줄 수 있어?
> 동료 2 지금 너무 바쁘지만, 시간을 좀 내 볼게.
> 동료 1 고마워, 너의 전문 지식이 정말 필요하거든.
> 동료 2 그래. 내가 도울 수 있는 일이 뭔지 볼게.

UNIT 5

Job Tasks
업무

(Amber finally quits her job, Shawn talks to Derek about his job, and Cassie gets her dream job.)

Amber I did it, you guys! I **¹handed in my notice**!

Madison Well done. I'm glad you finally quit.

Amber If I hadn't, I honestly probably would have lost my temper and been fired by the end.

Derek So, what are you going to do now that you're **²between jobs**?

Amber I'm not sure yet, but I've started skimming through a book on copy-editing.

Shawn Hey, everyone! I got the job at Bayside! And, thanks again for your help, Derek!

Madison Congrats, Shawn!

Derek I was worried you would refuse their offer when you found out about the hours.

Shawn Nah, I can get used to it. I know it will be a **³heavy workload**, but I can handle it.

Derek Luckily, there aren't a lot of **⁴time-consuming tasks**. Just make sure that you don't **⁵fall behind** with your projects, and you'll be fine. Actually, try to get ahead if you can.

Shawn Thanks for your advice. I already have a **⁶strict deadline** for my first project.

Derek Don't worry. As long as you **⁷follow their instructions** and **⁸hand in your work** on time, you can always go back and **⁹put the finishing touches on it** before you give the presentation at the client meeting.

Amber Well done, Shawn! So, Madison, how are things going with you and your boss?

Madison Oh, that little problem. Well, it's true my boss and I didn't get off to **¹⁰a promising start**, but we've reached a compromise now.

Amber Well, that's good.

Ben Hey, everyone! Cassie has some great news!

Cassie I got it! I got the job at Boston Globe! They just called. I'm their new local reporter!

---

copy-editing 교정   get ahead 앞서가다   compromise 합의, 합의점

(Amber는 마침내 일을 그만두고, Shawn은 Derek에게 일에 대해 이야기하고, Cassie는 꿈에 그리던 직업을 갖게 된다.)

Amber 얘들아, 내가 드디어 했다! 사직서 제출했어!

Madison 잘했어. 드디어 그만뒀다니 기쁘다.

Amber 사직서 안 냈으면, 아마 솔직히 이성을 잃고 화내다가 결국엔 해고당했을 거야.

Derek 직장 그만 두었으니, 이제 뭐 할 거야?

Amber 아직 잘 모르겠지만 교정에 관한 책을 훑어보기 시작했어.

Shawn 얘들아! 나 Bayside에 취직했어! 도와줘서 다시 한번 고마워, Derek!

Madison 축하해, Shawn!

Derek 네가 근무 시간 알고 회사 제안 거절할까 봐 걱정했었어.

Shawn 아냐, 적응할 수 있어. 업무량이 많을 거라는 건 알지만 감당할 수 있어.

Derek 다행히 시간이 많이 걸리는 작업은 많지 않아. 프로젝트 뒤처지지 않게 신경 쓰기만 하면 괜찮을 거야. 사실, 가능하면 미리 앞서서 일을 처리하려고 해 봐.

Shawn 조언 고마워. 첫 프로젝트부터 마감이 엄청 빡빡하더라고.

Derek 걱정하지 마. 지시대로 따르고, 제시간에 작업만 제출하면 돼. 고객 미팅에서 프레젠테이션하기 전에 언제든지 다시 확인하고 마무리 작업을 할 수 있을 거야.

Amber 잘했어, Shawn! Madison, 상사와는 어떻게 지내?

Madison 아, 그 소소한 문제. 상사하고 처음에 좋은 출발을 하지는 못했지만 지금은 타협점을 찾았어.

Amber 잘됐네.

Ben 얘들아! Cassie가 좋은 소식이 있다고 해!

Cassie 나 됐어! 나 Boston Globe에 취직했다고! 방금 전화 받았어. 내가 거기 신입 지역 기자가 됐어!

Collocations and Conversations about **Job Tasks**

1 hand in one's notice 사직서를 제출하다

일을 그만둔다고 공식적으로 회사에 통보할 때 hand in notice를 사용합니다. 2~4주 동안의 notice period(통보 기간)를 주어서 대체할 사람을 뽑을 수 있도록 하는 게 일반적이에요. 비슷한 표현으로 submit one's resignation, give notice가 있어요.

Eden Hey, have you heard that Jen is leaving her job?
Harry No, I haven't heard. What happened?
Eden She **handed in her notice** last week. I think she's decided to pursue a different career path.

> Eden Jen이 직장 그만둔다는 소식 들었어?
> Harry 아니, 못 들었어. 어떻게 된 거야?
> Eden 지난주에 사직서 제출했어. Jen이 다른 진로를 택하기로 결정한 것 같아.

2 between jobs 구직 중인

직장을 그만두고, 적극적으로 구직하는 동안을 between jobs로 표현해요. jobless, unemployed, in transition이라고도 합니다.

Jeff So, how's everything going at your job?
Mindy Actually, I quit last month, so I'm currently **between jobs** and trying to find something new.
Jeff Oh, I'm sorry to hear that. Well, good luck with the job hunt.

> Jeff 그래, 직장은 어때?
> Mindy 사실 나 지난달에 그만뒀어. 그래서 지금은 구직하면서 새로운 뭔가를 찾는 중이야.
> Jeff 아이고, 저런. 구직 잘하길 빌어.

3 heavy workload 버거운 업무량

workload는 '일의 양'인데, heavy가 나왔으니, 일의 양이 매우 많은 느낌이 들지요? 비슷한 표현으로 demanding workload, overwhelming workload, intensive workload 등이 있습니다. 참고로, heavy가 쓰이는 표현 뭉치가 좀 더 있는데 heavy traffic(심한 교통 체증), heavy rain(폭우)은 꼭 기억하세요.

Manager I'm sorry, the project has a **heavy workload**. Can you handle it?
Employee Yes, I can handle it. I'm used to working under pressure.
Manager Fantastic, let me know if you need any support.

> 매니저 미안한데, 프로젝트 작업량이 아주 많아. 처리할 수 있겠나?
> 직원 네, 처리할 수 있어요. 압박감 느끼며 일하는 것에 익숙합니다.
> 매니저 좋아, 어떤 도움이라도 필요하면 나한테 알려 주게.

4. time-consuming tasks 시간이 많이 걸리는 일들

물리적으로 정말 많은 시간을 요하는 일들이 있는데, 이런 일들을 말할 때 time-consuming을 많이 사용합니다. 사실 이런 일들이 좀 지루하고, 힘든 부분도 있어서 laborious tasks(많은 시간·노력을 요하는 힘든 일), tedious tasks(정말 지루한 과제)도 비슷한 느낌의 표현이에요.

Girlfriend What's been keeping you so busy at work lately?
Boyfriend Oh, I've just had a lot of **time-consuming tasks** with this new project.
Girlfriend That sounds rough.
Boyfriend Yeah, it's just taking up so much of my time that it's hard to get anything else done.

여자 친구 최근에 직장에서 뭐 때문에 그렇게 바빠?
남자 친구 어, 새 프로젝트 때문에 시간 걸리는 일이 많았어.
여자 친구 힘들겠다.
남자 친구 그래, 그 일이 시간을 너무 많이 잡아먹어서 다른 일을 하기가 힘들어.

5. fall behind 처지다

project가 너무 time-consuming한 일이라서 계획했던 timeline보다 뒤처질 때가 있고, 여기 저기 쓸 데가 많아서 매월 내야 하는 대출 이자를 제때 못 낼 때가 있어요. 이렇게 뭔가에 뒤처져 있을 때 fall behind를 유용하게 사용할 수 있는데, 비슷한 표현은 lag behind, get behind 등입니다.

Employee I'm worried I might **fall behind** on this project.
Manager No worries, just break it down into smaller tasks.
Employee Got it. I'll focus on the most important things first.
Manager Good plan, and don't hesitate to ask for help if you need it.

직원 이 프로젝트에서 뒤처질까 봐 걱정돼요.
매니저 걱정하지 말고 일을 좀 더 잘게 나눠서 해 보게.
직원 알겠습니다. 가장 중요한 것부터 집중해서 해 볼게요.
매니저 좋은 계획이네. 도움이 필요하면 주저하지 말고 요청해.

Collocations and Conversations about **Job Tasks**

6 strict deadline   반드시 지켜야 하는 마감 기간

strict는 '엄격한'의 뜻으로, 융통성이 느껴지지 않죠. strict deadline은 '반드시 꼭 지켜야 하는 마감 기간'을 말해요. 이때를 넘어가면 절대로 안 된다는 느낌입니다. 비슷한 표현은 hard deadline, firm deadline, non-negotiable deadline이 있어요.

Elliot How's the project coming along?
Bob It's going okay, but we have a pretty **strict deadline** to meet.
Elliot I bet. Do you think you'll be able to finish on time?
Bob I think so. But we'll all have to work really hard to make it, and we can't afford any delays.

Elliot 프로젝트는 어떻게 진행되고 있나요?
Bob 잘 진행 중이지만 마감일을 반드시 지켜야만 해요.
Elliot 그럴 거예요. 제시간에 끝낼 수 있을 것 같아요?
Bob 그럴 것 같긴 한데, 그러려면 우리 모두 정말 열심히 해야 할 거예요. 조금이라도 늦출 여유가 없거든요.

7 follow instructions   안내/지시에 따르다

수업을 들으면 교수님이 제시하는 instructions(지시사항)를 따라야 하고, 직장에 취업하면 회사에서 알려 주는 instructions를 따라야 하죠. 이때 보통 follow instructions라는 표현을 많이 사용합니다. 비슷한 표현에는 adhere to guidelines, obey the rules 등이 있어요.

Supervisor I'm sorry, James, but you are no longer working on this project.
James I don't understand. I **followed** all your **instructions** perfectly.
Supervisor No, you didn't. Your report was not thorough, and you missed the deadline.

관리자 James, 미안하지만, 더 이상 이 프로젝트에 참여하지 않아도 돼.
James 이해가 안 되는데요. 전 완벽하게 모든 지시대로 따랐는데요.
관리자 아니, 그렇지 않았어. 보고서가 미흡했고, 마감기일도 못 맞췄어.

8 hand in one's work   일을 제출하다

hand in은 뭔가를 '제출하다'라는 동작을 뜻해요. work는 학생에게는 '에세이', 직장인에게는 '프로젝트 보고서', 예술가에게는 '예술 작품'이 될 수 있습니다. 비슷한 표현으로는 submit one's work, turn in one's work, deliver one's work 등이 있어요.

Student 1 Hey, have you finished that report yet?
Student 2 Almost. I just need to make a few more edits and then I'll be ready to **hand in my work**.
Student 1 Great. Once you're done, we can go out.

학생 1 보고서 아직 안 끝났어?
학생 2 거의 끝났어. 몇 가지만 더 수정하면 바로 제출할 수 있을 것 같아.
학생 1 좋아. 너 다하면, 같이 나가자.

9 put the finishing touches on it 마지막으로 꼼꼼히 살펴보다

프로젝트 보고서를 제출 전에 다시 한번 더 꼼꼼히 마지막으로 살펴볼 때, 또는 의상 디자이너가 제품을 패션쇼에 출품하기 전에 마지막으로 꼼꼼히 살펴보는 그런 상황에 put the finishing touches가 잘 어울려요. 비슷한 표현은 finalize, polish, fine-tune 등이 있습니다.

Kylie Have you finished that essay yet?
Ana Almost. I'm just **putting the finishing touches on it** now.
Kylie That's good. When do you think you'll be finished?
Ana I should be done in an hour or so. I'm going over it one last time to make sure it's error-free.

- one last time 마지막으로 한 번 더   error-free 오류가 없는

Kylie 그 에세이 다 썼어?
Ana 거의 다. 이제 막 마무리 작업하고 있어.
Kylie 잘됐네. 언제쯤 끝날 것 같아?
Ana 한 시간 정도면 끝날 것 같아. 마지막으로 다시 한 번 잘못된 게 없는지 확인할게.

10 a promising start 순조로운/미래가 밝은 시작

뭔가를 하는데 시작이 좋을 때 a promising start를 사용할 수 있어요. 비슷한 표현은 positive kick-off, encouraging beginning 등이 있습니다. promising은 promising future(밝은 미래), promising business(미래가 밝은 사업)에도 사용합니다.

Margaret How's your new job going?
Pat It's going well. I've only been there a week, but I think it's off to **a promising start**.
Margaret That's great to hear.

Margaret 새 직장은 어때요?
Pat 잘하고 있어요. 아직 일주일밖에 안 됐지만 시작은 좋은 것 같아요.
Margaret 다행이네요.

CHAPTER 10
HOUSING
주택

 왼쪽의 QR코드를 스캔하시고 '바로듣기'를 탭하세요.
해당 도서의 음원을 바로 들으실 수 있습니다.
반복 재생과 속도 조절도 가능합니다.

UNIT 1

Buying or Renting

매매냐 임대냐

(Cassie and Ben are checking out properties with a real estate agent and figuring out if they want to keep renting or buy a place.)

Realtor So, you're looking to move into a new place, correct?

Cassie Yes! We've had a ¹**short-term rental** in this tiny studio apartment for too long!

Ben But we want to see some ²**affordable housing** options if possible. You don't need to show us any properties in the ³**upscale neighborhoods** or anything like that.

Realtor I completely understand. Some of those are ⁴**ridiculously expensive**. Don't worry, I'm sure there will be plenty of options in your price range. So, do you want to stay in your current neighborhood then?

Cassie If possible. Then we can stay close to our friends and Ben's office.

Ben But being within commuting distance is not a major requirement.

Realtor How many bedrooms? And do you prefer a house or an apartment?

Ben A two-bedroom apartment would be perfect for us.

Cassie And, if it had a nice view of the ocean, that would be a bonus.

Realtor Okay, do you already have furniture, or do you need one that is ⁵**fully furnished**?

Cassie We have furniture, so it doesn't need to come furnished.

Realtor Okay, and the last question, are you considering renting or buying?

Ben We want to keep our options open for now. So, can you show us both?

Realtor Of course. Now, let's take a look at some of your options.

(Cassie와 Ben은 부동산 중개인과 함께 부동산을 살펴보며, 임대를 계속 유지할지 집을 구입할지를 결정하고 있다.)

부동산 중개인 그러니까, 새로운 집으로 이사하려고 하시는 거예요?

Cassie 네! 이 작은 원룸 아파트에서 너무 오랫동안 단기 임대를 해 왔거든요!

Ben 가능하다면 저렴한 주택 옵션을 보고 싶어요. 고급 주택가나 그런 곳에 있는 부동산은 안 보여 주셔도 돼요.

부동산 중개인 네, 잘 파악했어요. 그런 물건은 정말 터무니없이 비싼 경우가 있죠. 걱정하지 마세요. 고객님 가격대에 맞는 옵션들이 많이 있을 거예요. 그럼 지금 사시는 동네에 계시고 싶은 건가요?

Cassie 가능하다면요. 그래야 친구들과 Ben 사무실이 가까워서요.

Ben 하지만 통근 거리 내에 꼭 있을 필요는 없어요.

부동산 중개인 침실은 몇 개 필요하시죠? 그리고 주택이 좋으세요, 아파트가 좋으세요?

Ben 침실 두 개짜리 아파트가 딱 맞을 것 같아요.

Cassie 그리고 이왕이면 멋진 바다가 보이는 곳이면 좋겠고요.

부동산 중개인 알겠습니다. 그리고 이미 가구를 가지고 계신가요, 아니면 가구가 완비된 집을 찾으시나요?

Cassie 가구가 있어서 구비된 것은 필요 없어요.

부동산 중개인 알겠습니다. 마지막 질문인데요, 임대를 원하세요, 아니면 집을 사실 건가요?

Ben 지금은 두 가지를 다 고려하고 있어요. 둘 다 보여 주실 수 있나요?

부동산 중개인 물론이죠. 그럼 한번 보러 가시죠.

Collocations and Conversations about **Buying or Renting**

1 short-term rental 단기 임대

여행에서 Airbnb 같은 공유 숙박 앱을 사용해 몇 주, 한 달 등 rent하는 경우에 short-term rental이라는 표현을 사용합니다. 비슷한 표현은 temporary accommodation이 있는데, 반대로 장기로 빌리는 경우는 long-term rental이라고 합니다.

June Hey, have you found a place to stay for your vacation yet?
Britney Not yet. I'm still looking. I'm considering a **short-term rental**.
June Oh, that's a good idea. Where are you thinking of renting?
Britney I found a few options online in the city center. They all look pretty nice.

> June 휴가 기간 동안 묵을 곳 찾았어?
> Britney 아직, 계속 찾고 있어. 단기 임대를 할까 생각 중이야.
> June 오, 좋은 생각인데. 어디를 빌릴 생각이야?
> Britney 도심에 있는 몇 군데를 인터넷에서 찾아봤어. 모두 꽤 괜찮아 보여.

2 affordable housing 저렴한 주택

대도시에는 사실 affordable housing이 거의 없어요. affordable은 내가 열심히 일하면 '감당할 수 있을 정도'라는 의미입니다. 부동산 매물 광고를 보면 affordable housing이라는 표현이 많이 나오는데, 비싸지 않으니 고려해 보라는 느낌을 주죠. 비슷한 표현으로는 low-cost housing, budget-friendly housing, economical housing이 있어요.

Audrey I'm having a hard time finding an apartment in the city. The rent is so expensive.
Eli Yeah, it's tough. Have you looked into **affordable housing** options?
Audrey No, I didn't even know that was a thing.
Eli There's a program run by the local housing authority that offers lower rates for those who qualify.

> Audrey 시내에서 아파트를 구하는 게 힘드네. 임대료가 너무 비싸.
> Eli 맞아, 힘들지. 저렴한 주택 옵션에 대해 알아는 봤어?
> Audrey 아니, 그런 게 있는지도 몰랐는데.
> Eli 지역 주택 당국이 자격을 갖춘 사람들에게 더 낮은 요금을 제공하는 프로그램이야.

3 upscale neighborhood 고급 동네

upscale은 비싸고, 럭셔리하고, 고급스러움을 나타내는 표현이에요. upscale restaurant, upscale hotel, upscale shopping처럼 쓰입니다. 미국의 upscale neighborhood는 비벌리힐스 정도가 됩니다. 비슷한 표현으로는 affluent area, high-end community 등이 있어요.

Tasha I heard your cousin moved to a new place.
Sanchez Yeah, she lives in an **upscale neighborhood** now.
Tasha Wow, that sounds fancy.

Tasha 네 사촌이 새로운 곳으로 이사했다며.
Sanchez 응, 지금 고급 동네에 살아.
Tasha 와, 멋지네.

4 ridiculously expensive 터무니없이 비싼

수십 억이 넘는 아파트를 보면 '헉' 소리가 나요. 물론 수요와 공급에 의해 결정되는 가격이라고 해도, 정말 너무 ridiculously expensive한 것 같아요. 비슷한 표현은 exorbitantly priced, outrageously expensive 등이 있습니다.

Gerald Have you seen the new luxury apartments they just built downtown?
Kay Yeah, I checked them out. They look really nice, but they're **ridiculously expensive**.
Gerald How expensive are we talking?
Kay For just a one-bedroom apartment, it's $5,000 a month.

Gerald 시내에 새로 지어진 고급 아파트 봤어?
Kay 응, 확인해 봤지. 정말 멋져 보이기는 한데 터무니없이 비싸더라.
Gerald 얼마나 비싼데?
Kay 방 하나짜리 아파트만 해도 한 달에 5,000불이야.

5 fully furnished (집이) 풀옵션인(가구가 다 갖추어진)

몸만 들어가서 생활할 수 있는 곳을 보통 fully furnished라고 합니다. (주로 가구와 가전제품이 갖추어져 있죠) 워낙 부동산에서 많이 나오는 표현이니 꼭 기억하세요. completely equipped, ready to move in, turnkey ready도 비슷한 의미입니다.

Friend 1 I heard you're moving to a new place. Did you find a furnished apartment?
Friend 2 Yes, I did. It's **fully furnished**, so I don't have to worry about buying any furniture.
Friend 1 That's convenient. Did you get everything you need?
Friend 2 Yeah, it comes with a couch, a bed, a dining table, and even dishes and silverware.

- silverware 식기류

친구 1 너 새로운 곳으로 이사 간다고 들었는데, 가구가 있는 아파트를 구했어?
친구 2 응. 가구가 다 있어서 따로 살 걱정할 필요가 없어.
친구 1 편리하네. 필요한 건 다 구한 거야?
친구 2 응. 소파, 침대, 식탁은 물론 그릇과 식기까지 다 구비되어 있어.

UNIT 2

Spending Money
돈 사용

(Cassie and Ben talk about their finances.)

Cassie So, what did you think of the properties that the realtor showed us?

Ben I liked them all! But first, let's decide if we should keep renting or if we're ready to buy.

Cassie Yes, I agree. Do you think buying is a real option for us?

Ben Well, we've both been **¹setting aside money** that we could use to make a deposit if we rent.

Cassie But that money could also be used as a **²down payment** if we decide to buy.

Ben True. But we may need to take out a loan as well to cover all of it.

Cassie Not necessarily, don't forget I **³inherited money** from my great-uncle. We can use that.

Ben You don't have to do that. That's your money.

Cassie No, I want to, please. I insist.

Ben Well, okay if you insist, then that covers our downpayment. What about the monthly payments?

Cassie Uhm… I'm making good money at the Globe now, and you're still doing great at your job. You should get that raise any day now.

Ben Yeah… about that. Actually, never mind. Let's not change the subject. Yes, even if the monthly payments are higher, if we **⁴create a budget** and stick to it, I think we can afford it.

Cassie And it looks like the amount is almost the same whether it's rent or a mortgage payment.

Ben I hate the idea of taking out a mortgage but at least, once we pay it off, we would own it.

Cassie I agree. Whereas if we pay rent, it could **⁵gradually increase** over time.

Ben So, have we decided?

Cassie Yeah, I think so. Let's buy!

Ben Great! Now, we just have to decide on which apartment we want to get!

---

pay off (빚, 돈 등을) 다 갚다

(Cassie와 Ben은 본인들의 재정 상황에 대해 이야기한다.)

Cassie 자기는 중개인이 우리에게 보여준 집들 어땠어?

Ben 난 다 좋았어! 하지만 먼저, 우리가 계속 임대를 할 것인지, 구매를 할지 정하자.

Cassie 그래. 맞아. 구매를 하는 게 정말 가능한 선택지일까?

Ben 글쎄, 우리 둘 다 임대할 때 보증금으로 쓸 돈을 모아두고 있으니까.

Cassie 그렇지만 우리가 구매하기로 하면 그 돈을 계약금으로 사용할 수도 있잖아.

Ben 맞아. 하지만 금액을 다 커버하려면 대출을 받아야 할 수도 있어.

Cassie 꼭 그렇진 않아. 내가 큰할아버지한테 상속받은 돈도 있잖아. 그걸 쓸 수도 있어.

Ben 그러지 않아도 돼. 그건 자기 돈이잖아.

Cassie 아니, 그렇게 하고 싶어. 정말로.

Ben 알았어, 자기가 꼭 그렇게 하겠다면. 그럼 계약금은 그렇게 충당하고. 그러면 매달 내야 할 월 대출 원리금은?

Cassie 음… 내가 Globe에서 돈을 꽤 벌고, 자기도 일 열심히 잘하고 있잖아. 곧 급여 인상도 될 거고.

Ben 음, 그게 좀… 아무튼 신경 쓰지 마. 하던 이야기 계속하자. 그래, 달마다 내야 하는 돈이 높더라도 우리가 예산을 세우고 그것에 따라 살면 충분히 가능할 것 같아.

Cassie 그리고 월세나 주택 담보 대출 월 상환 금액이나 거의 같은데.

Ben 주택 담보 대출 받는 건 정말 싫지만, 적어도 일단 다 갚고 나면, 집은 우리 게 되니까.

Cassie 나도 동의해. 반면에 월세를 내면, 시간이 지나면 월세가 계속 오를 거야.

Ben 그럼 우리 결정한 거지?

Cassie 그래, 그런 거 같아. 집 사자!

Ben 좋았어! 이제 어떤 아파트를 살지만 결정하면 되네!

Collocations and Conversations about **Spending Money**

1 `set aside money` 돈을 따로 모으다

set aside는 뭔가를 옆에 따로 보관해 두는 이미지입니다. 비슷한 표현은 save money, put money aside가 있어요. 참고로 set aside time이라는 표현이 있는데, 이건 '따로 뭔가를 하려고 시간을 할애하다'라는 뭉치 표현이에요.

Zooey　I'm thinking about buying a new laptop, but I don't have enough money.
Gil　Why don't you **set aside** money from each paycheck until you have enough?
Zooey　I never thought of that. Thanks, I'll do that!

　　Zooey 새 노트북을 살까 생각 중이긴 한데 돈이 충분하지 않네.
　　Gil 돈이 충분해질 때까지 월급에서 돈을 따로 모아 두는 건 어때?
　　Zooey 그 생각은 못해 봤는데. 고마워, 그렇게 할게!

2 `down payment` 계약금

집이나 차를 살 때 현금으로 딱 사면 좋겠지만, 대부분은 그럴 여유가 안 됩니다. 그래서 down payment(계약금)를 넣고, 은행에서 대출받아서 매달 원리금을 갚아 갑니다. 비슷한 표현은 initial payment, deposit, upfront payment 등이 있어요. 그리고 보통 월세로 살게 되면 보증금을 넣는데 이것은 보통 key money라고 많이 해요.

Hope　I found the perfect house, but I don't know if I can afford it.
Jake　Have you looked into getting a mortgage?
Hope　Yes, but the **down payment** is really high. It's 20% of the total cost of the house.

　　Hope 완벽한 집을 찾았는데 내가 감당할 수 있을지 모르겠어.
　　Jake 주택 담보 대출은 알아봤어?
　　Hope 응, 그런데 계약금이 너무 높아. 집값의 총 20%나 되네.

3 `inherit money` 돈을 물려받다

부모님이 돌아가시고 자녀들이 재산을 상속받을 때 inherit라는 동사를 씁니다. 그래서 inherit property는 '부동산을 상속받다'라는 뜻이죠. 참고로 돈 외에 부모님의 능력이나 재능을 물려받았다고 할 때도 inherit를 사용할 수 있어요.

Isabella　I heard your uncle passed away. I'm so sorry for your loss.
Marie　Thank you. It's been a tough time for my family.
Isabella　Did he leave you anything in his will?
Marie　Yes, he did. I'm going to **inherit** some **money**.

- pass away 돌아가시다   will 유언

Isabella 너희 삼촌이 돌아가셨다고 들었어. 삼촌 일은 정말 유감이야.
Marie 고마워. 우리 가족 모두 힘들었어.
Isabella 삼촌이 유언으로 너한테 남긴 게 있어?
Marie 응. 내가 돈을 좀 물려받게 될 거야.

4 create a budget 예산을 세우다

버는 족족 쓰면 안 되기에 create a budget을 해야 합니다. 수입은 어떻게 되고, 고정 지출(fixed expenses)은 어느 정도인지, 가끔 나가는 변동 지출(variable expenses)은 어떻게 되는지 확인해야죠. 이렇게 create a budget을 하면 예산을 넘어가지 않는 선에서만 소비를 하는 게 중요한데요, 이때 사용할 수 있는 표현이 stick to a budget(예산 내에서 쓰다)입니다.

Mom Now that you have your first job, it's important to **create a budget**.
Son How do I do that?
Mom First, you need to list all your expenses — rent, utilities, food, transportation, and any other bills you have. Then, you can figure out how much you can spend on other things.

엄마 이제 첫 직장을 얻었으니 예산을 세우는 것이 중요해.
아들 어떻게 해야 하죠?
엄마 먼저 집세, 공과금, 식비, 교통비, 기타 청구서 등 모든 지출을 나열해. 그러면 다른 항목에 얼마를 지출할 수 있는지 알 수 있지.

5 gradually increase 점증하다

시간이 지나면서 매년 물가와 임금도 조금씩 상승하는 게 일반적입니다. 물론 increase gradually라고 해도 좋습니다. 비슷한 표현은 slowly grow, steadily rise가 있어요.

Sydney I heard you got a new job. Congratulations!
Pete Thank you! It's a great opportunity.
Sydney Did they offer you a good salary?
Pete Yeah, it's not bad. They mentioned that my salary would **gradually increase** over time.

Sydney 너 새 직장 구했다면서. 축하해!
Pete 고마워! 정말 좋은 기회야.
Sydney 연봉은 괜찮게 준대?
Pete 응, 나쁘지 않아. 시간이 가면 급여가 점진적으로 인상될 거래.

UNIT 3

Deciding and Choosing
결정과 선택

(Cassie and Ben decide which apartment they want to buy and tell the realtor.)

Ben Okay, so we have a choice to make. And it shouldn't be [1] **a hasty decision**.

Cassie I agree. I don't want it to be a quick decision either; this is our future home. Let's go through and consider [2] **the pros and cons** of each one we saw.

Ben So, the first place we looked at was the one in the nineteenth-century building, right?

Cassie Yes. I really like that one. It had a lot of charm. But we should [3] **take into account** the rooms were very small.

Ben I liked it too, but since it's an old building, it will also need more renovations over time.

Cassie That's true. What about the second one?

Ben It was the most expensive, and it didn't have the view you wanted.

Cassie True. But that one was the closest to your work.

Ben Don't let that be a factor… I didn't get that raise. And to be honest, I don't think I will have another chance. I've been [4] **weighing the possible outcomes**, and I'm going to find a new job.

Cassie I'm so sorry! And, if you think that's best, then I support it.

Ben Thanks. We can talk about it some more another time. But don't worry. I won't leave unless I have another job first. So how about the third place we saw?

Cassie Well, it was the biggest, it had a view of the ocean, and it's in our neighborhood.

Ben It's also close to our friends, the building is newer, and the sellers are asking a good price.

Cassie Maybe this isn't such [5] **a tough choice**.

Ben Yeah? So, have we made a decision?

Cassie I think so.

Ben Okay, I'll call the realtor and we'll make an offer on the third apartment!

(Cassie와 Ben은 어떤 아파트를 살지 결정하고 중개인에게 말한다.)

Ben 좋아, 이제 선택해야 해. 서두르지 말고 신중하게 결정해야 해.

Cassie 그래. 나도 성급하게 결정하고 싶지 않아. 이건 우리 미래의 집이니까. 우리가 본 집들의 각각의 장단점을 따져 보자.

Ben 첫 번째로 봤던 건 19세기에 지어진 빌딩에 있는 집이었지?

Cassie 응. 나 그 집 정말 마음에 들어. 되게 매력적이었지. 그런데 방들이 너무 작은 걸 고려해야 해.

Ben 나도 그 집 마음에 들었지만, 오래된 건물이니 시간이 지나면서 보수를 많이 해 줘야 할 거야.

Cassie 맞아. 두 번째 집은 어땠어?

Ben 가장 비싸고, 자기가 원한 전망도 아니었어.

Cassie 맞아. 그런데 그 집이 자기 직장이랑 제일 가깝잖아.

Ben 그건 고려하지 마… 사실 연봉 인상 안 됐어. 그리고 솔직히 또 다른 기회는 없을 것 같아. 가능한 결과들을 따져 봤는데, 새 직장을 구하려고 해.

Cassie 아, 이런! 자기 생각에 그게 최선이라면 나도 지지해.

Ben 고마워. 그건 다음에 더 얘기하자. 하지만 걱정하지 마. 먼저 다른 직장 잡기 전까지는 지금 직장 그만두지 않을 거니까. 우리가 본 세 번째 집은 어때?

Cassie 음. 그 집이 가장 크고, 바다가 보였어. 또 우리 동네에 있지.

Ben 친구들과도 가깝고, 건물도 더 새거고, 가격도 괜찮았어.

Cassie 그렇게 어려운 선택은 아닌 것 같은데.

Ben 그렇지? 그럼 우리 결정을 내린 건가?

Cassie 그런 것 같아.

Ben 좋아, 중개인한테 전화해서 세 번째 아파트로 구매한다고 할게!

Collocations and Conversations about **Deciding and Choosing**

1 a hasty decision 성급한 결정

충동적으로 결혼한다거나, 다른 사람 말만 믿고 투자를 한다거나 계획 없이 직장을 그만둔다거나 하는 것은 모두 a hasty decision입니다. 비슷한 표현은 a rash decision, an impulsive decision, a snap decision이 있어요.

Doug I heard you bought a new motorcycle. Do you like it?
Ted   To be honest, I regret it. I feel like I made **a hasty decision**.
Doug What do you mean?
Ted   Well, I didn't really do my research. I just saw it and liked it, so I bought it.

> Doug 새 오토바이 구입했다면서. 마음에 들어?
> Ted   솔직히 말해서 후회해. 성급히 결정한 것 같아.
> Doug 무슨 말이야?
> Ted   아 그게, 내가 제대로 알아보지를 않았어. 그냥 보고 마음에 들어서 샀거든.

2 the pros and cons 장단점들

'장단점'을 the pros and cons라고 많이 하는데, 앞에 weigh나 consider 또는 look at을 함께 쓰면 '장단점을 따져/고려해/살펴 보다'라는 뜻이 됩니다. the pros and cons와 비슷한 표현은 advantages and disadvantages, upsides and downsides, benefits and drawbacks, strengths and weaknesses 등이 있어요.

Annabel I'm thinking about getting a dog, but I don't know if it's a good idea.
Diane   Why not? Dogs are great companions.
Annabel I know, but I'm not sure if I'm ready for the responsibility.
Diane   That's understandable. You should weigh **the pros and cons** before making a decision.

- companion 친구, 벗

> Annabel 개를 키울까 생각 중인데 그게 좋은 생각인지 모르겠어.
> Diane   왜 그러는데? 개는 훌륭한 친구잖아.
> Annabel 나도 알지만, 내가 책임질 준비가 되어 있는지는 잘 모르겠어.
> Diane   충분히 이해해. 결정 내리기 전에 장단점을 잘 따져 봐야겠다.

3 take into account 고려하다

take into account는 뭔가 결정을 내리는 데 신중하게 고민하는 모습이 떠오릅니다. account 대신 consideration을 넣어서 take into consideration이라고 해도 좋아요. 비슷한 표현은 consider, factor in 등이 있어요.

Alex   We should buy a new laptop. This one is too slow.
Jamie True, but we need to **take into account** our budget before deciding.
Alex   Of course. Let's compare prices first.
Jamie Exactly. We don't want to overspend.

Alex 우리 새 노트북 사야겠어. 이거 너무 느려.
Jamie 맞아. 근데 결정하기 전에 예산도 고려해야지.
Alex 당연하지. 먼저 가격을 비교해 보자.
Jamie 그래. 너무 과소비하면 안 되니까.

4 weigh the possible outcomes

가능한 결과들을 따져 보다 (저울질하다)

weigh는 '무게를 달다' 외에 저울의 왼쪽과 오른쪽에 뭔가를 올리고 어떤 게 더 나을지 저울질하는 이미지입니다. 예를 들어서 창업을 할 때 weigh the possible outcomes를 하는 게 매우 중요하죠. 비슷한 표현은 consider potential results, evaluate the likely outcomes, assess the possible consequences 등이 있어요.

Teacher Before making a decision, you need to **weigh the possible outcomes**.
Student But how do I do that?
Teacher Consider the pros and cons, and think about the consequences.
Student Okay, I'll do that. Thanks.

선생님 결정을 내리기 전에 가능한 결과를 잘 따져 봐야 해.
학생 하지만 어떻게 해야 하죠?
선생님 장단점을 고려하고 그 결과에 대해 생각해 봐.
학생 알겠습니다. 그렇게 할게요. 고맙습니다.

5 a tough choice 힘든 선택

사업을 선택하면 가족과 시간을 많이 못 보내고, 반대로 하자니 돈이 걱정이 돼요. A회사는 pay를 많이 주는데 일이 많고, B회사는 pay는 안 높지만 내가 좋아하는 일이고, 여유도 있고… tough choice네요. choice 대신 call을 사용해서, a tough call이라고도 해요. 비슷한 표현은 a difficult decision, a challenging dilemma, a hard choice 등이 있어요.

Pam I have to decide between going to my friend's wedding or going on a business trip.
Layla That's **a tough choice**. What are the dates for each event?
Pam The wedding is on Saturday and the business trip is the following Monday.
Layla Why don't you fly back from the wedding on Sunday? Then you can go to both.

Pam 친구 결혼식에 갈지 출장을 갈지 결정해야 해.
Layla 힘든 선택이네. 각각 날짜가 어떻게 되는데?
Pam 결혼식은 토요일이고 출장은 다음 주 월요일.
Layla 결혼식 갔다가 일요일에 돌아오는 건 어때? 그럼 두 군데 모두 참석할 수 있잖아.

UNIT 4

Preparing a Meal
식사 준비

(Cassie, Amber, and Shawn are prepping for the housewarming party.)

Cassie Thank you for coming to help prep! And in this heavy rain too… you guys are the best!

Shawn Of course! So, where's Ben tonight?

Cassie They're making him work late, again. I'm telling you. He is really starting to hate his job.

Amber He should quit, I was glad I did. Oh, Shawn, don't open your umbrella inside. It's bad luck!

Shawn Anyways… what do you need us to do?

Cassie Oh, right. So, you know my parents are coming to the party too? Well, I thought it would be nice to make them a [1] **home-cooked meal** for a change, and I need help preparing the food. Amber, can you do the meat, and, Shawn, maybe you can help me unload those grocery bags?

Amber Sure… Wow! This is some [2] **tender meat**. Where did you get it?

Cassie Oh, Ben has his favorite local butcher. I can't remember the name. Joey's maybe?

Shawn I love that place!

Cassie Here's a cutting board, Amber. It's a [3] **smooth surface** that will make it easier for you to work on. I'm going to start slow-cooking the meat now. Shawn, these bags have all the ingredients for the side dishes.

Shawn Great, let's see… Hold on! Did you go to the farmer's market without me?

Cassie Yeah, I had to go early this morning to make sure I had the best [4] **fresh produce**.

Amber Hey, do you have another knife? This one has a [5] **dull blade**.

Cassie No, but there's a sharpener in the drawer.

Amber Yeah. I found it. By the way, who all is coming?

Cassie My parents, you and Derek, Shawn and Jesse, Madison, and my childhood friend, Rachel, are coming, too. So, let's get to work! We have a lot of people to feed!

---

butcher 정육점   cutting board 도마

(Cassie, Amber, Shawn은 집들이 파티 준비를 하고 있다.)

  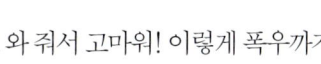

Cassie 준비하는 것 돕겠다고 와 줘서 고마워! 이렇게 폭우까지 내리는데도… 너희들은 최고야!

Shawn 당연하지! Ben은 오늘 밤에 어디에 있어?

Cassie 회사에서 또 늦게까지 일을 시키네. 정말이지, Ben이 일을 진짜 싫어하기 시작했다니까.

Amber 그만둬야겠다, 난 그만두길 잘했거든. 아, Shawn, 실내에서 우산 펴지 마. 불행을 불러온다고!

Shawn 어쨌든… 우리가 뭘 해야 하지?

Cassie 아, 맞다. 우리 부모님도 파티에 오시는 거 알지? 이번엔 기분 전환 차원에서 집밥을 만들까 해. 너희들이 음식 만드는 거 도와주면 좋겠어. Amber, 너는 고기 손질 좀 해 주고, Shawn, 넌 저 장바구니들 내리는 것 좀 도와줄래?

Amber 그래… 와! 고기가 정말 부드러운데. 어디서 샀어?

Cassie Ben이 좋아하는 동네 정육점이 있어. 이름은 기억이 안 나네. Joey's였던가?

Shawn 나 거기 좋아해!

Cassie Amber, 여기 도마. 매끄러운 표면이라 일하기 편할 거야. 난 이제 고기를 천천히 익힐게. Shawn, 이 장바구니들에 반찬 재료가 다 들어 있어.

Shawn 좋아, 한번 볼까나… 잠깐! 너 나 빼고 농산물 직판장에 간 거야?

Cassie 그래, 가장 신선한 농산물을 사려고 아침 일찍 가야 했어.

Amber 야, 다른 칼 있어? 이건 칼날이 무뎌.

Cassie 없는데. 그래도 서랍에 숫돌이 있어.

Amber 응, 찾았다. 그런데 오늘 누구누구 오는 거야?

Cassie 우리 부모님, 너랑 Derek, Shawn하고 Jesse, Madison, 그리고 내 소꿉친구인 Rachel도 올 거야. 자, 어서 일하자고! 먹을 입들이 많아!

Collocations and Conversations about Preparing a Meal

1 home-cooked meal 집밥

이미 만들어지거나(pre-packaged) 가공된(processed) 음식을 자주 먹는 게 현실이지만, 누가 뭐래도 집밥이 최고죠. 이렇게 직접 재료를 사서 만든 음식을 home-cooked meal이라고 합니다. 비슷한 표현은 home-made meal이 있어요.

Coworker 1 What are you doing tonight?
Coworker 2 I'm planning on staying in and cooking a **home-cooked meal**.
Coworker 1 That sounds great. What are you making?
Coworker 2 I'm thinking of making spaghetti and meatballs. It's one of my favorite dishes.

동료 1 오늘 밤에 뭐 해?
동료 2 집에 있으면서 집밥 요리하려고.
동료 1 그거 좋네. 뭘 만들 건데?
동료 2 스파게티와 미트볼을 만들 생각이야. 내가 가장 좋아하는 요리 중 하나거든.

2 tender meat 부드러운 고기

칼로 썰었을 때 부드럽게 잘리고, 육즙도 적당하고, 질기지 않은 고기를 표현할 때 tender라고 합니다. 이런 고기는 입에서 녹죠(melt in my mouth). 비슷한 표현은 juicy meat, succulent meat이 있어요. 모두 '육즙이 많은 고기'의 뜻이죠.

Cook That's some **tender meat**. What's your secret?
Chef I marinated it overnight. The acid in the marinade helps to break down the protein and make it tender.
Cook Wow, I'll have to try that next time. It's delicious!

- marinate 양념장에 재우다

요리사 정말 고기가 부드럽네요. 비결이 뭐예요?
셰프 하룻밤 재웠어요. 양념장의 산이 고기의 단백질을 분해하고 부드럽게 만드는 데 도움이 되죠.
요리사 와우, 다음에는 나도 그렇게 해 봐야겠어요. 맛있네요!

3 smooth surface 매끈한 면

도마(cutting board, chopping board)를 보면 평평하죠. 이렇게 평평하고 매끈한 면을 나타낼 때 smooth surface를 사용할 수 있어요. 참고로 smooth는 푹신하고 부드러운 천을 말할 때도 사용할 수 있습니다.

Chef Do we have a **smooth surface** to roll out this dough?
Assistant Yes, we have a marble countertop. It's perfect for dough.
Chef Great, let's use that. It's important to have a **smooth surface** to prevent sticking.

> 셰프 이 반죽을 굴릴 수 있는 매끄러운 면이 있나?
> 조수 네, 대리석 조리대가 있습니다. 반죽에 딱 맞아요.
> 셰프 좋아. 그걸 사용하자. 반죽이 달라붙지 않게 표면이 매끄러운 것이 중요하거든.

4 fresh produce 신선한 농산물

신선한 과일과 채소를 fresh produce라고 합니다. produce를 '생산하다'라는 동사로만 알고 계신 분들이 있는데 명사로는 '농산물'을 말해요. fresh는 산지에서 바로 따서 직송하여 가공되지 않아 신선하다는 느낌을 전달하죠. 비슷한 표현으로는 locally sourced ingredients, farm-fresh produce, organic produce 등이 있습니다.

Ruth I'm going to the grocery store. What do we need?
Lee Can you pick up some **fresh produce**? Like maybe some fruit for snacks?
Ruth That sounds good. What about meals?
Lee Get spinach, tomatoes, and cucumbers for salads, and broccoli and carrots for a stir-fry.

> Ruth 식료품점에 갈 건데, 우리 뭐 필요하지?
> Lee 신선한 농산물 좀 사다 줄 수 있어? 간식용 과일 같은 거?
> Ruth 좋아. 식사 준비하는 데 필요한 건?
> Lee 샐러드용 시금치, 토마토, 오이하고, 볶음용 브로콜리와 당근 좀 사다 줘.

5 dull blade 무딘 칼날

비슷한 표현으로는 blunt blade, worn blade 등이 있고요, 반대로 '잘 드는 칼날'은 sharp blade라고 합니다. 그리고 '면도날'은 razor blade라고 해요.

Cook This knife won't cut through anything. It's so frustrating!
Chef Let me see. Ah, it has a **dull blade**. We'll have to sharpen it before we can use it.
Cook I didn't know that. Thanks, Chef.

> 요리사 이 칼이 잘 안 썰려요. 너무 답답해요!
> 셰프 어디 보자. 아, 칼날이 무뎌졌네요. 칼날을 갈아야 사용할 수 있을 것 같아요.
> 요리사 그건 몰랐어요. 고마워요, 셰프.

UNIT 5

A House-warming Party
집들이

(Cassie and Ben are throwing a party to celebrate the purchase of their new apartment.)

Cassie Ben, this is my friend, Rachel. We grew up together.

Ben Welcome! Please help yourself. We want you to [1]**feel at home**.

Rachel Thank you, you must be so excited to finally have a place of your own!

Ben We sure are! That's why we decided to [2]**throw a housewarming party**!

Cassie Come on, I want to introduce you to Madison. I think you two have a lot in common.

Rachel Okay, great. I was worried I wouldn't have anyone to talk to here except your parents.

Cassie Madison, I'd like you to meet my friend Rachel. We've been friends since third grade.

Madison Oh, hi! So nice to meet you.

Cassie Oh, there're my parents. Excuse me.

Mom Oh wow, Pickle! This place looks great. Has it [3]**recently been remodeled**?

Cassie No, it's actually a new building.

Dad I say, the back garden area is great. And I love the layout of this [4]**spacious living room**.

Cassie Yeah, it's better than the first place we saw. [5]**The rooms were rather cramped**.

Ben The old one in that [6]**five-story building** downtown? Yeah, that one was too small.

Dad Ben! It's so nice to see you again. We just love this apartment.

Mom Especially this [7]**spectacular view**! How did you find a place [8]**overlooking the ocean**?

Ben Cassie specifically asked for it. In fact, we really liked the second apartment we looked at, but unfortunately, it was on the second floor and so it had an [9]**obstructed view**.

Cassie And the view is just one of the benefits of being in a new [10]**high-rise building**. Honestly, this place is our dream home. Come on, Mom and Dad, I want to introduce you to everyone!

Help yourself. 맘껏 먹어.   obstructed 막힌

(Cassie와 Ben이 새 아파트를 구매한 것을 기념하여 파티를 열고 있다.)

Cassie Ben, 이쪽은 내 친구 Rachel. 우린 (어렸을 때부터) 함께 자랐어.

Ben 어서 오세요! 마음껏 드시고, 집처럼 편하게 계세요.

Rachel 고마워요. 드디어 자기 집이 생겨서 정말 신나겠어요!

Ben 정말 그래요! 그래서 저희가 집들이를 하기로 한 거예요!

Cassie 자, 내가 Madison을 소개해 줄게. 너희 둘은 공통점이 많은 것 같아.

Rachel 그래, 좋아. 여기에 너희 부모님 말고는 이야기 나눌 사람이 없을 것 같아서 걱정했거든.

Cassie Madison, 내 친구 Rachel을 소개할게. 우리는 초등학교 3학년 때부터 친구야.

Madison 오, 안녕하세요! 만나서 반갑습니다.

Cassie 오, 우리 부모님 오셨다. 잠시만.

Mom 와, Pickle! 여기 정말 멋있다. 최근에 리모델링한 거야?

Cassie 아니요, 신축 건물이에요.

Dad 이 건물 뒤에 있는 정원이 멋지다. 이 넓은 거실의 레이아웃도 너무 좋아.

Cassie 네, 첫 번째 본 집보다 낫죠. 거긴 방들이 너무 좁았거든요.

Ben 시내 5층 건물에 있던 그 낡은 집? 맞아, 그 집은 다소 좁았어.

Dad Ben! 다시 만나서 정말 반갑네. 이 아파트 정말 좋은데.

Mom 특히 이 멋진 전망이! 바다가 보이는 집을 어떻게 찾은 거야?

Ben Cassie가 특별히 그걸 부탁했어요. 사실, 두 번째 봤던 아파트가 참 좋았는데, 아쉽게도 2층이라 전망이 가려져 있었어요.

Cassie 전망은 새 고층 건물에 사는 장점 중 하나일 뿐이죠. 솔직히 여기가 저희 꿈의 집이에요. 자, 엄마, 아빠, 제가 두 분을 모든 친구들에게 소개하고 싶어요!

Collocations and Conversations about **A House-warming Party**

1 feel at home 마음이 편안하다

손님에게 마음 편하게 있으라고 할 때 feel at home을 사용합니다. 직장에서는 feel at home 하려고 자리에 가족사진과 좋아하는 인형도 갖다 놓고 꾸미기도 하지요. 비슷한 표현은 make oneself at home, feel at ease 등이 있습니다.

Sal I'm nervous about staying with my aunt for a month. I've never been to her house.
Theodore Don't worry about it. I'm sure she'll make you **feel at home**.
Sal How can I **feel at home** in someone else's house?
Theodore Why not bring some of your favorite things from home? It can help create a familiar atmosphere and make you feel more at ease.

- at ease (마음이) 편안한

Sal 한 달 동안 이모와 같이 지낼 일이 긴장돼. 이모 집에 한 번도 가 본 적이 없거든.
Theodore 걱정하지 마. 이모가 집처럼 편안하게 해 주실 거야.
Sal 다른 사람 집에서 어떻게 집처럼 느낄 수 있겠어?
Theodore 집에서 좋아하는 물건 몇 가지 가져가면 어때? 친숙한 분위기를 만들어서 더 편안하게 느낄 수 있을 거야.

2 throw a housewarming party 집들이하다

'파티를 열다'라고 할 때 hold a party도 사용하지만 casual하게 throw a party를 많이 사용합니다. housewarming party는 새집으로 이사 가서 가족, 친구들을 초대하는 '집들이'를 말해요. '집들이하다'라는 뜻을 나타내는 비슷한 표현은 host a housewarming party, organize a welcome party 등이 있어요.

Monica We just moved into our new house. I'm so excited!
Pamela That's great news! When are you going to **throw a housewarming party**?
Monica I was thinking about having one next weekend. I want to show off our new place.
Pamela That's a great idea.

Monica 우리 방금 새집으로 이사했어. 너무 신나!
Pamela 정말 좋은 소식이네! 집들이는 언제 할 거야?
Monica 다음 주말에 할까 생각 중이야. 새집 자랑하고 싶거든.
Pamela 좋은 생각이야.

3 recently remodeled 최근에 리모델링 된

최근에 보수 공사 또는 인테리어 공사한 집을 말할 때 recently remodeled라고 할 수 있어요. 비슷한 표현은 recently renovated, newly upgraded, freshly refurbished 정도가 있습니다.

Acquaintance 1 I'm looking for a new apartment to rent. Do you know any good places?

Acquaintance 2 Actually, my friend just moved out of her place. It's a great apartment and has **recently been remodeled**.

Acquaintance 1 That sounds perfect. Tell me more.

> 지인 1 임대할 새 아파트를 찾고 있어요. 괜찮은 곳 좀 아세요?
> 지인 2 사실 제 친구가 최근에 살던 집에서 이사 나갔거든요. 최근에 리모델링한 좋은 아파트예요.
> 지인 1 아주 좋은 것 같은데요. 더 자세히 좀 말해 봐요.

4 spacious living room 넓은 거실

spacious는 space가 넓다는 의미로, 비슷한 표현은 roomy living room, large living room, open living room이 있습니다. 추가로 spacious apartment는 '넓은 아파트'를 말하고, spacious interior는 보통 차의 '넉넉한 내부'를 말할 때 사용합니다.

Renter I'm looking for a new place, can you help me?

Realtor Sure. First, what is the most important feature to have?

Renter For me, it's all about the living room. I like to have a **spacious living room** where I can relax and entertain guests.

> 임차인 새집을 찾고 있는데 도와주시겠어요?
> 부동산 중개인 네. 먼저, 가장 중요시하시는 집의 요소가 뭔가요?
> 임차인 저에겐 거실이 가장 중요해요. 휴식을 취하고 손님을 맞이할 수 있는 넓은 거실이 있으면 좋겠어요.

5 the rooms are rather cramped 방들이 다소 비좁다

cramped는 spacious와 정반대 표현이에요. 불편함이 느껴지는 매우 비좁은 공간을 말할 때 많이 사용합니다. 비슷한 표현으로 small, compact, tiny 등이 있어요. 여기에 rather가 들어가서, '정말 아주 작지는 않지만, '꽤' 작다는 느낌을 줘요. pretty cramped, sort of cramped, kind of cramped라고 해도 비슷하죠. 그리고 실제로는 무지 작지만, 그렇게 있는 그대로 솔직하게 말하면 좀 무례하게 들릴 수도 있으니 좀 더 완곡하게 말할 때 사용해도 좋아요.

Buyer 1 What do you think of this apartment?

Buyer 2 It's not bad, but **the rooms are rather cramped**. I think it would feel a bit crowded if we tried to fit all our furniture in there.

Buyer 1 Yeah, I noticed that too. Maybe it is too small for us.

> 구매자 1 이 아파트 어떻게 생각해?
> 구매자 2 나쁘지는 않지만 방들이 다소 비좁네. 가구 다 들여놓으면 조금 비좁은 느낌이 들 것 같아.
> 구매자 1 응, 나도 그런 생각이 들었어. 우리에겐 너무 작은 것 같아.

Collocations and Conversations about **A House-warming Party**

6 five-story building 5층 건물

story는 '층'의 뜻으로 one-story building은 '단층 건물', twenty-story building은 '20층 건물'입니다. 여기서는 five-story가 뒤의 building을 수식하는 형용사이므로 five-stories building이 아니라 five-story building이라고 하는 것에 주의하세요.

Amelia Have you seen the new building they're constructing downtown?
Carl You mean the **five-story building**? Yeah, I've seen it. It looks impressive.
Amelia I heard it's going to be a mixed-use building, with retail space on the first floor and apartments on the upper levels.

> Amelia 시내에 새로 짓고 있는 건물 봤어?
> Carl 그 5층짜리 건물? 응, 봤어. 인상적이던데.
> Amelia 1층에는 상점, 위층에는 아파트가 들어서는 주상복합 건물이 될 거라고 들었어.

7 spectacular view (너무나 멋진) 장관

정말로 멋진 경치를 보면 생각나는 형용사가 꽤 많습니다. spectacular뿐 아니라 breathtaking, stunning, impressive, incredible, magnificent 등이 있어요. spectacular는 신기하게도 경치에 많이 쓰여요. spectacular sunset(너무 멋진 일몰)처럼요.

Andy Wow, look at this apartment. The view is incredible!
Charlotte I know, right? That's what sold me on it. You can see the entire city from up here.
Andy It's a **spectacular view**. I can't imagine ever getting tired of looking out that window.

- sell A on B A에게 B가 좋다고 설득하다

> Andy 와, 이 아파트 좀 봐. 전망이 정말 끝내준다!
> Charlotte 응, 그렇지? 그게 내가 이 아파트에 끌린 이유야. 여기서 도시 전체가 다 보이거든.
> Andy 정말 멋진 경치네. 창밖을 바라보는 게 영영 질리지 않을 것 같아.

8 overlooking the ocean 바다가 내려다 보이는

overlook은 두 가지 의미가 있는데요. overlook mistakes처럼 실수를 '간과하다, 눈감아 주다'라는 말이 있고요. 이 표현에서와 같이 '위에서 내려다 보다'라는 의미도 있어요. 그래서 overlooking the ocean이 '바다가 내려다 보이는'인 거예요. the ocean 대신에 내려다 보이는 것들을 다양하게 넣으면 되는데, 예를 들어 overlooking the park(공원이 내려다 보이는), overlooking the city(도시가 내려다 보이는)라고 할 수 있습니다.

Becca Have you seen the beach house that just went up for rent?
Fay No, I haven't. What's so special about it?
Becca It's a two-story house **overlooking the ocean**. The view is supposed to be amazing.

Fay That sounds incredible.

- go up for rent 임대로 내놓다

Becca 방금 매물로 나온 비치 하우스 봤어?
Fay 아니, 못 봤어. 뭐가 그렇게 특별한데?
Becca 바다가 내려다보이는 2층짜리 집이야. 전망이 정말 굉장할 거야.
Fay 멋질 것 같다.

9 obstructed view (부분적으로) 가려진 전망[시야]

obstruct는 '진로/시야를 막다'라는 의미예요. 그래서 obstructed view는 '가려진 시야'를 말합니다. 비슷한 표현은 partially blocked view, limited visibility 등이 있어요.

Ellie I'm thinking about renting that apartment on the 10th floor. It's got a great location and the price is right.
Joey That sounds like a good deal. What's the catch?
Ellie Well, it has an **obstructed view**. There's a big building right in front of it.

- catch (드러나지 않은) 내용, 꿍꿍이

Ellie 10층에 있는 아파트를 임대할까 생각 중이야. 위치도 아주 좋고 가격도 적당해.
Joey 괜찮은 것 같은데. 뭐 문제 있어?
Ellie 글쎄, 시야가 가려져 있어. 바로 앞에 큰 건물이 있거든.

10 high-rise building 고층 빌딩

뉴욕이나 두바이 등에 가면 높은 건물들이 많은데 이런 높은 건물을 high-rise building이라고 합니다. 비슷한 표현은 skyscraper, towering structure가 있습니다.

Maya Have you seen the new **high-rise building** they just finished downtown?
Kenny No, I haven't. What's it like?
Maya It's really impressive. It's over 50 stories and has some of the best views in the city.
Kenny Wow, that's tall.

Maya 시내에 새로 완공된 고층 빌딩 봤어?
Kenny 아니, 못 봤어. 어떤데?
Maya 정말 굉장해. 50층이 넘고 전망이 도시에서 가장 멋져.
Kenny 와, 엄청 높네.

CHAPTER 11
BUSINESS
사업

 왼쪽의 QR코드를 스캔하시고 '바로듣기'를 탭하세요.
해당 도서의 음원을 바로 들으실 수 있습니다.
반복 재생과 속도 조절도 가능합니다.

UNIT 1
Starting a Business
사업 시작

(Ben is talking to Derek and Shawn about quitting his job, and while they go through his options with him, he realizes the best thing to do is start his own business.)

Derek So, Ben, how's work going?

Ben I'm planning on quitting. Honestly, I've just lost my patience there. My manager is never going to give me that raise, and I'm tired of trying to [1] **win his approval**.

Shawn So, what are you going to do then?

Ben Well, I don't want to start at another entry-level job. I thought about going into business with my uncle, but I doubt I'd make any [2] **significant contribution** to his shoe-manufacturing company. I don't think I'm cut out for that, my only experience is in IT security.

Derek Why don't you consider starting your own business?

Shawn Yeah! Look at McAfee, he made a breakthrough in the cybersecurity market when he released VirusScan, and that's [3] **revolutionized the way** we detect computer viruses.

Derek Exactly, maybe you should [4] **launch a** new **product** of your own.

Ben You know, that's not a bad idea. The clients I do business with now could really use a better data privacy detector, so I'm sure there is a market for it. Yeah, I like it.

Shawn So, it sounds to me like you are going to [5] **set up a company**, right?

Ben Yes, that's exactly what I'm going to do. I'll set up my own data security company. It'll be a fresh start for me, just what I need.

Derek What a great plan! And Shawn and I can free up some time to help look over your finances, right, Shawn?

Shawn Absolutely!

---

cut out for ~ ~에 적합한
could really use 원하다
make a breakthrough 혁신을 하다

(Ben은 Derek, Shawn과 함께 직장을 그만두는 것에 대해 이야기한다. 몇몇 선택지를 검토하다가, Ben은 자기 사업을 시작하는 게 최고라는 것을 깨닫는다.)

Derek 그래 Ben, 일은 어떻게 되고 있어?

Ben 나 그만두려고. 솔직히, 이제 더 이상 못 견디겠어. 매니저는 절대 연봉을 올려 주지 않을 거고, 매니저한테 인정받으려고 애쓰는 것에도 지쳤어.

Shawn 그럼, 이제 뭘 할 생각이야?

Ben 음, 신입사원에서 다시 시작하고 싶지는 않아. 삼촌이랑 사업하는 것도 생각해 봤는데, 솔직히 내가 삼촌네 신발 제조회사에 크게 기여할 수 있을지 모르겠어. 내가 IT 보안 분야에만 경험이 있어서, 그쪽에는 별로 맞지 않을 것 같아.

Derek 자기 사업 시작하는 걸 고려해 보는 건 어때?

Shawn 그래! McAfee를 봐. 바이러스 스캔을 출시해 사이버 보안 시장에서 큰 혁신을 일으켰잖아. 그게 컴퓨터 바이러스를 탐지하는 혁신적인 방법이기도 하고.

Derek 내 말이. 어쩌면 너도 너만의 제품을 출시하는 걸 고려해 볼 수 있을 거야.

Ben 그거 괜찮은 생각이다. 지금 내가 거래하는 고객들이 좀 더 나은 데이터 프라이버시 탐지기를 원할 거야. 분명히 시장 수요도 있을 테고. 그래, 맘에 드는데.

Shawn 그럼, 네가 회사를 차릴 거라는 뜻으로 들리는데, 맞지?

Ben 그래. 그게 정확히 내가 하려는 거야. 데이터 보안 회사를 직접 설립할 거야. 이게 나에겐 새로운 시작이 될 거야. 내게는 꼭 필요한 거지.

Derek 멋진 계획이야! 그리고 Shawn이랑 내가 네 재정 관리도 좀 도와줄 수 있어. 그렇지, Shawn?

Shawn 당연하지!

Collocations and Conversations about **Starting a Business**

1 win one's approval   ~로부터 인정을 받다

직장에서 상사에게 인정받고, 아이돌 연습생이 열심히 해서 인정받아 데뷔하고 싶을 때 모두 win one's approval하려고 노력하는 것입니다. 비슷한 표현으로 gain one's recognition, seek one's acceptance, gain one's endorsement 등이 있어요.

Alex   I'm really nervous about meeting my girlfriend's parents for the first time.
Chandler   Don't worry. Just be yourself and everything will be fine.
Alex   I really want to make a good impression and **win their approval**. Any tips?
Chandler   Maybe bring a small gift for them; like a bouquet of flowers or a box of chocolates.

Alex 여자 친구 부모님을 처음 뵙게 되어 정말 떨려.
Chandler 걱정하지 마. 그냥 너답게 행동하면 모든 게 잘될 거야.
Alex 좋은 인상을 남기고 여자 친구 부모님 인정도 받고 싶은데, 무슨 팁 좀 있어?
Chandler 그분들께 작은 선물을 가져가는 건 어떨까? 꽃다발이나 초콜릿 상자 같은 것 말이야.

2 significant contribution   상당한 기여

팀 프로젝트에서 최선을 다해 팀에 기여할 때, 자원봉사로 지역 사회에 기여할 때, 열심히 연구해서 기술 발전에 기여할 때 강조 표현으로 significant contribution을 사용할 수 있어요. significant 대신에 valuable, meaningful, noteworthy 등의 형용사를 사용해도 비슷한 느낌을 전달합니다.

Volunteer 1   I heard that you're organizing a fundraiser for the local animal shelter.
Volunteer 2   Yeah, I've been volunteering there for a while, and I wanted to make a **significant contribution** to their cause.
Volunteer 1   That's awesome. How can I help?

자원봉사자 1 지역 동물 보호소를 위한 모금 행사를 주최하신다고 들었어요.
자원봉사자 2 네, 한동안 그곳에서 자원봉사를 해 왔고 그 동물 보호소의 취지에 크게 기여하고 싶었거든요.
자원봉사자 1 멋지네요. 전 어떻게 도와드릴까요?

3 revolutionize the way   방식에 혁신을 일으키다

스마트폰은 인간이 소통하는 방식에 큰 변화를 가져왔고, 아마존 같은 온라인 쇼핑몰은 우리 삶에 큰 변화를 일으켰습니다. 우리 삶에서 revolutionize the way한 거죠. 비슷한 표현은 disrupt the way, shift the paradigm, change the way we live 등이 있어요.

Ian Have you heard about the new technology that's coming out next year?
Cameron No, what is it?
Ian It's a new kind of battery that's supposed to **revolutionize the way** we store and use energy.
Cameron Wow, that sounds like a big deal.

> Ian 내년에 출시될 신기술에 대해 들어 봤어?
> Cameron 아니, 뭔데?
> Ian 에너지를 저장하고 사용하는 방식에 혁신을 가져올 새로운 종류의 배터리야.
> Cameron 와, 대단한 것 같은데.

4 launch a product   제품을 출시하다

신차를 판매하거나 새로운 버전의 스마트폰을 판매하거나 할 때 launch a product라는 표현을 자주 사용합니다. 비슷한 표현은 introduce a product, release a product, roll out a product 등이 있어요. launch의 콜로케이션으로 또 자주 나오는 것 중에 launch a campaign(캠페인을 시작하다), launch a website(웹사이트를 오픈하다)가 있습니다.

Investor I heard that your company is planning to **launch a** new **product** pretty soon. Is that true?
CEO Yes, it's been in development for a while and we're finally ready to release it to the public next month.

> 투자자 회사에서 곧 신제품을 출시할 예정이라고 들었습니다. 사실인가요?
> CEO 네, 한동안 개발 중이었고 드디어 다음 달에 대중에게 공개할 준비가 되었습니다.

5 set up a company   회사를 설립하다

set up은 새롭게 뭔가를 만든다는 의미예요. 뒤에 company가 나왔으니 회사를 설립한다는 말이죠. set up a new business라고 해도 좋아요. set up 대신 establish, create를 사용해도 비슷한 의미를 전합니다.

Josey I heard that you're planning to start your own business. What kind of business are you thinking about?
Luna I want to **set up a company** that specializes in eco-friendly cleaning products.
Josey That's a great idea. I'm sure there's a market for that.

> Josey 너 사업 시작할 계획이라고 들었는데, 어떤 사업을 구상하고 있는 거야?
> Luna 친환경 청소용품 전문 회사를 설립하고 싶어.
> Josey 좋은 생각이네. 분명 그걸 원하는 시장이 있을 거야.

UNIT 2
Competition
경쟁

(Cassie announces her promotion and Ben tells her he's starting a new company.)

Cassie Ben! I got it! I got a promotion!

Ben Congrats, Cas! I'm so happy for you! So, tell me about the new position.

Cassie Thanks! I'm getting to cover national stories now! Plus, I'll get some generous benefits.

Ben You've been making great progress with your stories, so I'm not surprised that you've made such a great impression on your boss. Was there [1] **stiff competition** for the position?

Cassie Oh, yeah! Everyone wants to do national stories! I had some [2] **cut-throat competitors**.

Ben Well done, Cas! I'm so proud of you. We should celebrate!

Cassie But wait, didn't you say you wanted to talk about something tonight?

Ben Actually, yes. I'll just tell you now and then we can go celebrate… maybe two things… You know I've been unhappy at my job, but I wasn't sure what to do.

Cassie For sure. You've been unhappy there for a while.

Ben Yeah. You're right. So, I'm going to create and market my own data privacy management software.

Cassie Wow! So, you're starting your own company? But, wait, doesn't your current company do something with data privacy? Wouldn't that mean you'll be a [3] **rival company**?

Ben No, that's the best thing. They just handle data-loss detection, but I'll provide data-loss detection and prevention. So, I would have the [4] **competitive advantage**.

Cassie Oh, that's good.

Ben In fact, the only competition is CyberDetect and they're not a [5] **fierce competitor**. Oh, and I've already talked to Derek and Shawn, and they said they'd help look over the finances.

Cassie This is so exciting! You're right, that's two causes for celebration. Let's go out!

---

look over ~ ~를 검토하다

(Cassie는 승진 소식을 알리고, Ben은 Cassie에게 새로운 회사를 시작하겠다고 말한다.)

Cassie Ben! 내가 해냈어! 나 승진했어!

Ben 축하해, Cas! 너무 잘됐다! 그래, 새로운 포지션에 대해 말 좀 해 봐.

Cassie 고마워! 이제 전국 뉴스를 취재할 수 있게 되었어! 거기에 복지 혜택도 두둑히 받게 될 거야.

Ben 그동안 자기 기사들이 점점 좋아졌으니 자기가 상사에게 좋은 인상을 남긴 게 놀라운 일도 아니지. 그런데 경쟁이 심했어?

Cassie 아, 그럼! 다들 전국 뉴스를 취재하고 싶어 하니까! 정말 치열한 경쟁자들이 몇 명 있었어.

Ben 정말 잘했어. Cas! 너무 자랑스럽다. 축하해야지!

Cassie 그런데, 잠깐. 자기 오늘 밤에 뭐 좀 얘기하고 싶다고 하지 않았어?

Ben 그래, 맞아. 그냥 지금 말할게. 그러고 나서 우리 축하하러 가자… 축하할 일이 두 개일 수도… 알다시피 내가 직장생활에 별로 만족 못 했잖아. 그런데 어떻게 해야 할지도 몰랐고.

Cassie 그렇지. 자긴 한동안 거기서 별로 즐겁지 않았지.

Ben 응. 맞아. 그래서 나만의 데이터 개인 정보 관리 소프트웨어를 만들어 판매하려고.

Cassie 와! 그럼 자기가 회사를 시작한다는 거야? 잠깐, 지금 일하는 회사도 데이터 개인 정보 보호와 관련 있는 거 아니야? 경쟁 회사가 된다는 거잖아?

Ben 아니지, 그게 오히려 최고지. 현재 회사는 데이터 손실 감지만 다루지만, 나는 데이터 손실 감지와 예방을 제공할 거니까. 내가 경쟁 우위에 설 수 있는 거지.

Cassie 아, 그렇구나, 좋네.

Ben 사실, 유일한 경쟁사는 CyberDetect인데, 치열한 경쟁자는 아니야. 아, 그리고 Derek이랑 Shawn과도 이미 이야기 나눴는데, 둘 다 재무 관리 도와주기로 했어.

Cassie 진짜 신나는데! 자기 말이 맞다. 축하할 일이 두 가지나 있는 거네. 나가자!

Collocations and Conversations about **Competition**

1   stiff competition   치열한 경쟁

A라는 회사의 한 자리를 놓고 수천 명이 지원했어요. Harvard에 들어가고 싶은 학생들은 많은데 자리는 제한되어 있죠. 이런 경우를 stiff competition이라고 합니다. 비슷한 표현은 cut-throat competition, tough competition, intense competition 등이 있어요.

Stephen I heard you're thinking about starting a coffee shop. Do you think it will be successful?
Phoebe I'm a little nervous about the **stiff competition** in the area, but I think if we offer high-quality coffee and a comfortable atmosphere, we can stand out from the other coffee shops.

Stephen 커피숍을 창업할 생각이라고 들었는데. 성공할 수 있을 것 같아?
Phoebe 그 지역 내 경쟁이 치열해서 조금 긴장되기는 하지만, 고품질의 커피와 편안한 분위기를 제공한다면 다른 커피숍과 차별화할 수 있을 것 같아.

2   cut-throat competitor   치열한 경쟁자

앞의 stiff competition과 동의어로 cut-throat competition이 있다고 했죠? 상대의 목을 따서라도 이기려고 하는 그런 경쟁자는 참 무서운 경쟁자겠죠. 비슷한 표현은 ruthless competitor, vicious competitor, relentless competitor가 있습니다.

Taylor Okay, let's try and come up with some ideas on how to deal with this new **cut-throat competitor**.
Stu Why don't we improve our marketing strategies and offer promotions to our loyal customers?

Taylor 좋아. 새로이 등장한 이 치열한 경쟁자를 어떻게 대처할지 몇 가지 아이디어를 생각해 보자고.
Stu 마케팅 전략을 개선하고 우리의 충성 고객에게 프로모션을 제공하는 건 어떨까?

3   rival company   경쟁 회사

사업이 잘되면 항상 라이벌(rival)이 생겨납니다. rival company와 비슷한 표현은 competitor, opponent, challenger 등이 있어요. 이 rival과 많이 나오는 또 다른 콜로케이션으로는 rival school, rival team 정도가 있어요.

Associate 1 Have you heard about the new product from our **rival company**?
Associate 2 No, what's the product?
Associate 1 It's a smartwatch that has a longer battery life than ours.
Associate 2 Oh, no, that sounds like we need to step up our game.

- step up one's game 업그레이드하다, 향상시키다

동료 1 우리 경쟁사 신제품에 대해 들어봤어?
동료 2 아니, 어떤 제품인데?

동료 1 스마트워치인데 우리 제품보다 배터리 수명이 더 길어.
동료 2 아, 이런. 우리도 한 단계 업그레이드해야 할 것 같은데.

4 **competitive advantage** 경쟁 우위

경쟁이 심한 세상에서 살아남기 위해서는 경쟁 상대보다 앞서야 합니다. 사업을 해도 자금력이 풍부하면 분명 competitive advantage가 있는 거죠. 이 표현은 좀 formal한 상황에서 쓰이는데, competitive edge도 비슷한 표현이에요. 그리고 casual하게는 upper hand(우위)를 사용합니다.

Val Why did that company open up another branch here? They already have an office downtown.
Keegan I think the second branch's location will offer a **competitive advantage**. Its geographical location is more ideal here given their clientele.
Val Oh, I didn't think of it that way.

- given ~ ~를 고려해 볼 때

Val 왜 그 회사가 여기에 또 다른 지점을 오픈했어요? 이미 시내에 사무실이 있는데 말이죠.
Keegan 두 번째 지점 위치가 경쟁 우위를 제공할 거라고 생각해요. 고객층을 고려해 보면 여기가 더 이상적인 위치예요.
Val 아, 그쪽으로는 생각 못했네요.

5 **fierce competitor** 막강한 경쟁자

위에서 언급한 cut-throat competitor와 비슷한 표현이에요. fierce 하면 '사나운' 개가 이빨을 드러내고 으르렁거리는 모습이 떠오르는데요, 이런 강력하고 나에게 공포를 줄 수 있는 경쟁자를 fierce competitor라고 합니다.

Ken Have you been following the latest sports news?
Jess Not really. Why? What's up?
Ken There's been a lot of talk about this new athlete who's breaking all sorts of records. He's becoming a major threat to his **fierce competitors**.
Jess Oh, really? That sounds interesting. I might have to catch up on the news then!

Ken 최신 스포츠 뉴스 계속 팔로우하고 있어?
Jess 아니. 왜? 무슨 일인데?
Ken 각종 기록을 경신하는 이 신인 선수에 대한 이야기가 많이 나오고 있거든. 막강한 경쟁자들에게 큰 위협이 되고 있어.
Jess 아, 정말? 재미있겠는걸. 뉴스 제대로 챙겨서 들어야 할 것 같은데!

UNIT 3
Gaining Success
성공의 획득

(Cassie tells Amber about her work trip and Amber asks Ben how business is going.)

Cassie Today was a great day. My boss told me that I've had an **¹outstanding performance**, and she said that she has spoken very highly of my work product to the entire editing board.

Amber So, does that mean you've gotten your first national assignment?

Cassie Yep! I leave next month for five or six days to cover a story in New Orleans.

Amber I love New Orleans! I had my first palm reading done there. It was amazing.

Ben Hi, Amber!

Amber Ben, how's the new company? Has it taken off yet? I bet **²business is booming** already.

Ben It's good so far. Last week I made one big deal, so hopefully, soon I'll be **³gaining market shares**, and then…

Amber Only one?! I thought you'd be a **⁴phenomenal success** by now! You're so tech-savvy.

Ben Thanks, but not yet, so far, it's just a **⁵modest success**. But, hey, it's only been a few months.

Cassie You just need to give it some time and get the word out there.

Amber Here. Take this crystal. It brings you wealth. It will help you make a bigger profit.

Ben That's nice, but what I really need is more clients. The program is highly effective and I'm offering it at an excellent price, but Cassie is right. I just need more clients.

Amber Hang on. I think I have a crystal that will help with that too!

Cassie Maybe you should talk to Madison, she's in marketing. Maybe she can help?

Ben You're right. That's a great idea! I'll give her a call now and see when she could meet.

---

speak highly of ~ ~를 칭찬하다   take off 잘나가다, 성공하다
tech-savvy 기술을 잘 알고 있는   get the word out 알리다

(Cassie는 Amber에게 자기가 떠날 출장에 대해 이야기하고, Amber는 Ben에게 사업은 어떻게 되고 있는지 묻는다.)

Cassie 오늘 정말 좋은 날이었어. 상사가 내 업무 성과가 뛰어나다고 말했고, 편집팀 전체에게 내 업무 결과물에 대해 칭찬을 아끼지 않았어.

Amber 그 말은 드디어 전국 취재 첫 업무 맡았다는 거야?

Cassie 응! 다음 달에 5~6일 동안 New Orleans에 취재하러 떠나.

Amber 나 New Orleans 엄청 좋아하는데! 거기서 내가 처음으로 손금을 봤거든. 정말 놀라웠지.

Ben 안녕, Amber!

Amber Ben, 새 회사는 어때? 벌써 잘되는 거야? 분명히 이미 아주 잘되고 있겠지.

Ben 지금까지는 괜찮아. 지난주에 큰 거래를 한 건 해서, 곧 시장 점유율을 늘릴 수 있을 거고, 그러면…

Amber 겨우 하나?! 지금 즈음이면 엄청나게 성공을 거두지 않았을까 했는데! 넌 정말 기술에 빠삭하잖아.

Ben 고마워, 그런데 아직은 아니야. 그냥 미미한 성공에 불과해. 그렇지만 이제 겨우 몇 개월밖에 안 됐으니까.

Cassie 시간을 좀 더 갖고, 더 홍보해야지 뭐.

Amber 여기, 이 수정 받아. 이게 너한테 부를 가져다줄 거야. 더 큰 수익을 내는 데 도움이 될 거라고.

Ben 고맙긴 한데, 지금 내가 진짜 필요한 건 더 많은 고객이야. 프로그램이 매우 효과적이고, 가격도 아주 괜찮게 제공하고 있지. 하지만 Cassie 말이 맞아. 더 많은 고객이 필요하긴 해.

Amber 잠깐만, 그런 것에도 도움이 되는 수정이 있어!

Cassie 자기가 Madison한테 얘기해 보는 게 좋을 거 같아. 마케팅 분야에서 일하잖아. 도와줄 수도 있지 않을까?

Ben 맞아. 좋은 생각이야! 바로 지금 Madison한테 전화해서 언제 만날 수 있는지 확인해 볼게.

Collocations and Conversations about **Gaining Success**

1. **outstanding performance** 뛰어난 업무 성과

다른 사람들보다 압도적인 업무 성과를 냈을 때 outstanding performance를 냈다고 합니다. outstanding 대신 exceptional, remarkable, excellent 등도 쓸 수 있어요.

Coworker 1 Did you see John's presentation yesterday?
Coworker 2 Yes, it was amazing! He gave an **outstanding performance**.
Coworker 1 I know, right? He really knows how to engage the audience and deliver his message.

> 동료 1 어제 John이 하는 프레젠테이션 봤어?
> 동료 2 응, 정말 굉장하던데! 엄청 뛰어나게 잘했어.
> 동료 1 그렇지? John은 확실히 청중의 참여를 유도하고 자기 메시지 전달하는 법을 정말 잘 알더라.

2. **business is booming** 사업이 번창하고 있다

booming은 뭔가 증가하는 느낌이 들어요. 아이를 많이 낳던 시기를 baby boom 시대라고 하고, 그때 태어난 아이를 baby boomer라고 하죠. 경제는 boom(호황)과 bust(불황)를 반복하고요. business가 booming하다는 것은 그만큼 사업이 잘되는 것을 말합니다. 비슷한 표현은 business is picking up, business is on the rise 등이 있어요.

Ally Hey, how's your store doing these days?
Store Owner Great! **Business is booming**!
Ally That's great to hear. I'm glad it's so successful.

> Ally 저기, 요즘 매장은 어때요?
> 매장 주인 아주 좋아요! 정말 잘되고 있어요!
> Ally 정말 다행이네요. 잘된다니 좋군요.

3. **gain market share** 시장 점유율을 높이다

OTT 시장을 보면, 넷플릭스가 처음 시작을 했지만 이후 다양한 경쟁자가 나와서 market share(시장 점유율)를 서로 차지하려고(높이려고) 경쟁했죠. 비슷한 표현은 increase market share, grow market share, expand market share 등이 있습니다.

Supervisor What's your department's strategy for this quarter?
Manager We're focusing on **gaining** more **market share**.
Supervisor How do you plan to do that?
Manager We're going to target new customer segments and offer more competitive pricing.

- quarter 분기

> 관리자 이번 분기 그쪽 부서의 전략은 무엇인가요?
> 매니저 시장 점유율을 높이는 데 집중하고 있습니다.

관리자 어떻게 할 계획인데요?
매니저 새로운 고객 집단을 목표로 삼고 보다 경쟁력 있는 가격을 제시할 거예요.

4 phenomenal success 대박 성공

성공을 강조할 때 phenomenal success를 사용하면 정말 '대박 성공'을 말하는 거예요. phenomenal 대신 incredible, outstanding, tremendous 등으로 표현할 수도 있습니다. 더해서 phenomenal growth(대박 성장), phenomenal experience(대단한 경험)도 기억해 주세요!

Ronald Have you heard about Samantha's new book?
Steve Yes, I have. I heard it's been a **phenomenal success**.
Ronald She's sold over 100,000 copies already.
Steve Wow, that's incredible! Samantha must be thrilled with the response to her book.

Ronald Samantha가 쓴 새 책 얘기 들었어?
Steve 응, 들었어. 완전 대박 성공이었다고 하던데.
Ronald 벌써 100,000부 이상 팔렸어.
Steve 와, 굉장하다! 책 반응에 Samantha가 감격하겠구먼.

5 modest success 적당한 성공

phenomenal success는 아니지만, 그래도 어느 정도 성공한 경우 modest를 사용해서 modest success라고 해요. moderate success, decent success, fair success 정도가 비슷한 표현입니다.

Tristan Hey, how did your new product launch go?
Brenda It was a **modest success**. We sold a decent amount, but it wasn't anything extraordinary.
Tristan Well, that's still good news.

Tristan 신제품 출시는 어떻게 되었어?
Brenda 적당히 성공했어. 꽤 많이 팔았지만, 아주 무지 대단하진 않았어.
Tristan 아, 그래도 좋은 소식이네.

UNIT 4
Dealing with Failure
실패에 대처하기

(Ben meets with Madison and talks about how he's marketing his business.)

Madison I'm glad you've come to see me, Ben. You've had a promising start, but from what you've told me about your marketing strategies, I think your business is **¹doomed to failure**.

Ben Really?!

Madison It's the harsh truth, I know, and you can take your business elsewhere if you want, but I think you seriously need my help.

Ben But right now, I'm **²breaking even**.

Madison Yeah, so far, you've had a **³mediocre performance**, but soon you will go bankrupt.

Ben That's my fear, that no matter what I do I will completely fail. So, what's the problem?

Madison Based on what you've told me, I strongly disapprove of how you are advertising your company. It is making a bad impression on potential new clients.

Ben I do really need new clients. So, what am I doing wrong?

Madison Like here, putting an ad in the Yellow Pages. That is a big no-no. Businesses only do that **⁴as a last resort** before they go under. Instead, we need to register your business with Google, set up a press release for sure, and completely rethink your social media advertising.

Ben What's wrong with my social media?

Madison For one, I'll show you a better way to handle and **⁵dismiss criticism** on your platforms. Don't worry, with my help you will have more clients in no time.

Ben Thanks, Madison. So where should we start?

Madison Let's start now. Oh, but hold on… Rachel's calling. Sorry, Ben, I'll be right back.

---

harsh 가혹한, 냉혹한   go bankrupt 파산하다   put an ad 광고를 내다
Yellow Page 업종별 전화번호부 또는 업체 목록 홈페이지   go under 망하다   press release 보도자료
in no time 바로, 즉시

(Ben은 Madison을 만나 자신의 비즈니스 마케팅에 대해 이야기한다.)

Madison 날 보러 와 줘서 너무 기쁘다, Ben. 창창하게 출발은 잘했는데, 네 마케팅 전략을 들어보니, 네 비즈니스는 이대로 가면 망할 거야.

Ben 진짜로?!

Madison 냉혹한 진실이긴 하지만, 사실이야. 원한다면 다른 곳에서 비즈니스를 진행해도 좋지만, 너한테는 내 도움이 정말 절실히 필요한 것 같긴 하다.

Ben 그래도 현재는 손익 분기점을 맞추고 있는데.

Madison 그래, 지금까지는 그럭저럭 유지하고 있지만, 곧 망하게 될 거야.

Ben 그게 내가 두려워하는 거야. 뭘 해도 실패할 것 같다는 것. 그래, 뭐가 문제인 거야?

Madison 네가 말해 준 걸 보면, 솔직히 네 광고 방식 완전 별로야. 잠재 신규 고객들에게 좋지 않은 인상을 주고 있다고.

Ben 나 정말 신규 고객이 필요해. 내가 뭘 잘못하고 있는데?

Madison 예를 들어 여기, 옐로 페이지에 광고 넣는 거. 그건 절대 안 돼. 회사들이 망하기 전에 마지막 수단으로 하는 거거든. 그것 대신 Google에 업체 등록을 하고, 보도자료 반드시 작성하고, 소셜 미디어 광고 전략을 완전히 재검토해야 해.

Ben 내 소셜 미디어에 무슨 문제가 있는 건데?

Madison 우선, 플랫폼에서 부정적인 비판 글을 다루거나 무시하는 더 나은 방법을 보여줄게. 걱정하지 마, 내가 도와주면 금방 더 많은 고객을 얻을 수 있을 거야.

Ben 고마워, Madison. 그럼 어디서부터 시작할까?

Madison 지금 바로 시작하자. 아, 잠깐만… Rachel한테서 전화가 오네. 미안해, Ben. 금방 올게.

Collocations and Conversations about Dealing with Failure

1 **doomed to failure** 실패할 운명인

doomsday라고 들어 보셨나요? '지구 최후의 날'이라는 뜻인데요. doom은 뭔가 끝나는 느낌을 줍니다. doomed to failure도 'failure(실패)로 예정돼 있는, 실패한 운명인'이라는 표현이에요. 비슷한 표현은 bound to fail, doomed from the start, destined for failure 등이 있어요.

Kim Hey, have you heard about Jennifer's new business idea?
Matt Yeah, I have. To be honest, I think it's **doomed to failure**. I don't think there's a market for that kind of product, and there are already established competitors in the industry.

- established 자리를 잡은

Kim Jennifer가 새로 시작하는 사업 아이디어 들어 봤어?
Matt 응, 들었어. 솔직히 말해서 실패할 것 같아. 그런 종류의 제품에 대한 시장 수요가 없는 것 같고, 그 업계에는 이미 자리를 잡은 경쟁자들이 있잖아.

2 **break even** 손익 분기를 맞추다

even은 '같은'이라는 뜻이 있어요. 내가 투자한 돈과 버는 돈이 같으면, 손해도 아니고 이익도 아니게 되는 건데요. 바로 이 지점을 break even이라고 합니다. '손익 분기점에 도달하다'라고 할 때는 reach the break-even point라고 해요.

Weston Hey, how's your new business venture going?
Sue It's going well. We're not making a profit yet, but we're hoping to **break even** by the end of the year.

Weston 새로운 창업은 어떻게 진행되고 있어?
Sue 잘되고 있어. 아직 수익을 내고 있지는 않지만 연말까지는 손익 분기점을 맞출 수 있을 거라고 기대하고 있어.

3 **mediocre performance** 평범한 성과/경기

mediocre는 average, ordinary의 뜻입니다. outstanding performance, phenomenal success와는 좀 거리가 느껴지죠. 비슷한 표현은 average performance, lackluster performance, subpar performance 등이 있어요.

Manager How was your team's performance this quarter?
Team Leader We didn't hit our targets, but we didn't fall too far behind either.
Manager I see. What do you think were the reasons for the **mediocre performance**?
Team Leader We had some internal issues that caused delays, but we'll do better next quarter.

매니저 이번 분기의 팀 성과는 어땠나요?
팀장 목표를 달성하지는 못했지만 크게 뒤처지지도 않았습니다.
매니저 그렇군요. 성과가 평범했던 이유는 무엇이라고 생각해요?
팀장 내부적인 문제로 인해 지연이 발생했지만 다음 분기에는 더 잘할 수 있을 거예요.

4 as a last resort 최후의 수단으로

어떤 문제가 있어서 모든 것을 다 해 봤는데도 안 될 때는 최후의 수단을 고려하게 됩니다. 이때 사용하는 표현이 as a last resort예요. 비슷한 표현은 as a final option, in extreme circumstances 정도가 있어요.

Tenant 1 Have you tried talking to the landlord about the noise issue?
Tenant 2 Yes, I have. Unfortunately, he hasn't been responding to my complaints.
Tenant 1 That's frustrating. Should we file a complaint with the local council?
Tenant 2 Let's try to resolve it with the landlord first, and only do that **as a last resort**.

- file a complaint (공식적으로) 불만 신고하다   resolve 해결하다

세입자 1 소음 문제에 대해 집주인과 대화해 봤어?
세입자 2 응. 해 봤는데, 안타깝게도 내 불만에 응답하지 않더라고.
세입자 1 답답하네. 지역 당국에 불만이라도 제기해야 할까?
세입자 2 우선 집주인과 해결을 시도해 보고 그건 최후의 수단으로만 해 보자.

5 dismiss criticism 비판을 무시하다

피드백에는 건전한 피드백(constructive feedback)과 그냥 아무 이유 없이 비난하는 부정적인 피드백(negative feedback)이 있습니다. 사실 나에게 도움이 되는 비판은 무조건 dismiss하지 말고, 받아들일 것은 받아들여서 자신을 발전시켜야 합니다. 비슷한 표현은 brush off criticism, disregard criticism, ignore criticism 등이 있어요.

Ariana Have you read the reviews of the new movie that just came out?
Jay No, I haven't. I usually **dismiss criticism** and make my own judgments.
Ariana Well, some of the reviews have been pretty negative. It might be worth checking out before spending money on tickets.

Ariana 최근에 개봉한 새 영화에 대한 리뷰 읽어 봤어?
Jay 아니, 아직. 난 보통 남들 비판은 무시하고, 내가 스스로 판단하는 편이야.
Ariana 글쎄, 일부 리뷰는 꽤 부정적이더라고. 표 사느라 돈 쓰기 전에 확인해 보는 것도 좋을 것 같아.

UNIT 5

Travel
여행

(Cassie finally goes to New Orleans for work and talks to Ben about her trip on the phone.)

Ben Hey! I've been waiting for your call. How was your flight?

Cassie It was a really frustrating and **¹tiring journey**.

Ben Oh, what happened?

Cassie Well, first, when I got there, I had to go to the check-in counter because even though I only had one **²carry-on bag**, I had to reprint my **³boarding pass**. Apparently, the mobile scanners were broken. And the check-in line was so long because a lot of people had checked bags.

Ben Oh, that must have been annoying. I hate when that happens.

Cassie That's not it. Once I got to the counter, they told me the plane was overbooked so they had to reroute me. Instead of a direct flight to New Orleans, I had a **⁴short layover** in Dallas. Then, the new flight was delayed so I only had 20 minutes to catch my **⁵connecting flight**.

Ben But you made it?

Cassie Just barely. And that one was a really **⁶bumpy flight**.

Ben How awful! It seems like you have bad luck with flights. Are you all **⁷checked into the hotel** now?

Cassie Yes, but it's nothing like the one the Globe showed me when we made the **⁸travel arrangements**. It's even better! Right now, I'm in a **⁹luxury hotel** right in the French Quarters. I'm actually standing in the lobby now, getting ready to go out and explore.

Ben Well then, that sounds like it was well worth the trip there. And I'm glad you got…

Cassie Hang on a second… Sorry about that, there was a woman who came up to me asking where she can **¹⁰exchange money**. I guess she thought I was from here. What were you saying?

Ben Just that I'm glad you got there safe and that I miss you.

That's not it. 그게 다가 아니야.   overbooked 초과 예약된   reroute 다른 노선으로 변경하다

(Cassie는 마침내 업무 차 New Orleans에 가고, Ben과 전화로 여행에 대해 이야기한다.)

Ben 자기야! 전화 기다리고 있었어. 비행은 어땠어?

Cassie 정말 짜증나고 피곤한 여행이었어.

Ben 어, 무슨 일 있었어?

Cassie 우선 공항에 도착했을 때 체크인 카운터로 가야 했어. 왜냐면 기내에 들고 갈 가방 하나만 있었지만, 탑승권을 다시 출력해야 했거든. 보니까 모바일 스캐너가 고장 났더라고. 그리고 많은 사람들이 짐을 체크인하고 있어서 줄이 너무 길었어.

Ben 정말 짜증났겠다. 그런 일 생기면 정말 싫지.

Cassie 그게 다가 아니야. 체크인 카운터에 가자마자, 비행기가 예약이 초과되어서 다른 비행기로 바꿔야 한다고 그러더라고. New Orleans 직항편 대신 댈러스에서 짧게 경유했는데, 그 새 항공편이 연착돼서 연결 항공편을 탈 시간이 딱 20분밖에 없었어.

Ben 그래도 비행기는 제대로 탄 거지?

Cassie 가까스로 탔어. 게다가 비행기가 많이 흔들렸어.

Ben 정말 최악이었네! 자기가 비행기 운은 없는 것 같아. 지금 호텔 체크인은 다 한 거야?

Cassie 응, 그런데 여행 준비할 때 Globe(회사)에서 보여 줬던 호텔과 전혀 달라. 심지어 더 좋아! 지금 French Quarters에 있는 고급 호텔에 있어. 지금 사실 로비에 서 있거든. 이제 나가서 좀 둘러보려고.

Ben 그래, 그래도 거기 가기 잘한 것 같네. 그리고 기쁘네, 자기가…

Cassie 잠깐만… 미안, 어떤 여자가 와서 환전할 수 있는 곳이 어디냐고 물어봤어. 내가 여기 사는 사람인 줄 알았나 봐. 자기 무슨 말했지?

Ben 그냥 무사히 도착해서 다행이고, 보고 싶다고.

Collocations and Conversations about Travel

1 tiring journey 피곤한 여행

오랫동안 비행기를 타거나, 운전을 하거나, 높은 산을 등반하거나 하면 매우 피곤하죠. 이럴 때 tiring journey를 사용할 수 있습니다. tiring 대신 exhausting, long and arduous 등을 쓸 수 있어요.

Husband What a **tiring journey**! I'm so glad to be home. I had to take three flights with long layovers in between.
Wife That sounds exhausting. How long did it take you to get here?
Husband In total, it took me over 18 hours!

> 남편 정말 피곤한 여행이었어! 집에 오니 정말 좋다. 비행기를 세 번이나 타고 중간에 길게 경유도 해야 했으니까.
> 아내 정말 힘들었겠네. 여기까지 오는 데 얼마나 걸렸어?
> 남편 총 18시간 넘게 걸렸어!

2 carry-on bag 기내용 가방

carry-on bag이 가장 많이 나오지만, 손으로 들고 갈 수 있다고 해서 hand luggage, 기내(cabin)로 가지고 들어간다고 해서 cabin luggage라고도 합니다.

Jude Are you all packed for your trip?
Stephan Yes, I am. I only brought a **carry-on bag** this time, so it was pretty easy to pack.
Jude How convenient! Didn't you have to sacrifice anything important due to the size of your bag?
Stephan No, not really. I just made sure to pack efficiently and only bring the essentials.

- essential 필수품

> Jude 여행 짐은 다 챙겼어?
> Stephan 응. 이번에는 기내용 가방 하나만 가져와서 짐 싸기가 꽤 쉬웠어.
> Jude 정말 간편하네! 가방 사이즈 때문에 중요한 물건을 포기해야 했던 건 아냐?
> Stephan 딱히 그런 건 아니야. 짐을 효율적으로 싸고, 또 꼭 필요한 것만 챙기도록 했거든.

3 boarding pass 탑승권

board는 '비행기·배 등에 타다'라는 말이에요. 그래서 boarding할 때 pass하기 위해 필요한 것이라고 해서 '탑승권'을 boarding pass라고 하죠. 관련해서 boarding call은 비행기가 출발하기 전에 탑승하라고 안내하는 방송이에요. 이때 boarding time(탑승 시간), boarding gate(탑승 게이트)를 확인해서 늦지 않게 가야 합니다.

Ned Excuse me, where do I get my **boarding pass** for this flight?
Check-in agent You can either check-in online and get an electronic boarding pass on your phone or use the self-check-in kiosks over there.
Ned Okay, thank you.

> Ned 죄송한데, 이 항공편 탑승권은 어디서 받을 수 있나요?
> 탑승 수속 담당자 온라인으로 체크인하고 휴대폰으로 전자 탑승권을 받으시거나 저기 있는 셀프 체크인 키오스크를 이용하시면 됩니다.
> Ned 네, 감사합니다.

4 short layover 짧은 경유, 짧은 환승 시간

short layover란 비행기 환승 시간이 짧은 경우를 말해요. 예를 들어, 첫 번째 비행기에서 내려서 다음 비행기를 타기까지 1~2시간밖에 없는 two-hour layover 같은 상황이죠. 반대로, 환승 시간이 길면 extended layover라고 해요. 8시간 이상 기다려야 한다면 공항에서 시간을 보내거나 근처를 둘러볼 수도 있어요.

Girlfriend How was your flight?
Boyfriend It was fine, thanks. I had a **short layover** in Houston before my next flight.
Girlfriend Oh, did you have enough time to grab something to eat?
Boyfriend Yes, I did. I had a quick bite to eat in the food court.

> 여자 친구 비행은 어땠어?
> 남자 친구 괜찮았어, 고마워. 다음 비행기 타기 전에 휴스턴에서 짧은 환승 시간이 있었어.
> 여자 친구 뭐 먹을 시간은 충분했어?
> 남자 친구 응. 푸드 코트에서 간단히 뭐 좀 먹었어.

5 connecting flight 환승 비행기

비행기 타고 가다가 중간 경유지(layover)에 들르고 나서 다음 비행기로 갈아타는데, 이 다음 비행기가 바로 connecting flight입니다. 비슷한 표현으로 transfer flight, transit flight가 있어요.

Jose What's your travel itinerary for your trip next week?
Debbie I have a **connecting flight** from London to New York, with a layover in Toronto.
Jose Oh, that sounds like a long journey.

- itinerary 여행 일정표

> Jose 다음 주 여행 일정이 어떻게 돼?
> Debbie 런던에서 뉴욕으로 가는 환승 항공편이 있고 토론토에서 경유해.
> Jose 오, 긴 일정이네.

Collocations and Conversations about **Travel**

6 bumpy flight 기체가 흔들리는 비행

비행기를 타다 보면 난기류(turbulence)를 만날 수 있는데, 그러면 비행기가 흔들립니다. 이런 비행을 bumpy flight라고 해요. 비슷한 표현은 turbulent flight가 있어요.

Passenger 1 Wow, that was a **bumpy flight**!
Passenger 2 Yeah, it was pretty rough up there. Did you manage to get any sleep?
Passenger 1 Not really, I was too busy holding on for dear life! I really hate turbulence.

- for dear life 목숨을 걸고, 필사적으로

승객 1 와, 비행기가 정말 엄청 흔들렸네!
승객 2 응, 꽤 거친 비행이었어. 잠은 좀 잤어?
승객 1 아니, 목숨 부지하느라 정신이 없었어! 난기류는 정말 싫어.

7 check into the hotel 호텔에 체크인하다

호텔에 도착하면 가장 먼저 체크인을 하죠. 바로 그 과정을 말할 때 check into the hotel을 사용합니다. check into the flight라고 하면 '탑승 수속'을 밟는 것이고, check into hospital이라고 하면 '입원 수속'을 밟는 거죠. check into가 어디에 체크인하는지 말하는 거라면, check in은 일반적인 체크인 동작을 말하는 거예요. I'd like to check in, please.(체크인할게요.) 처럼요.

Guest Hi, I'm here to **check into the hotel**.
Desk Clerk Sorry, you can't check in until 2 PM.
Guest Okay, but can you store my luggage somewhere while I do some sightseeing?
Desk Clerk Sure, we can keep your bags in the storage room until you get back.

숙박객 안녕하세요, 호텔 체크인 수속하려고요.
접수 담당자 죄송하지만, 오후 2시까지는 체크인이 안됩니다.
숙박객 알겠어요. 그런데 관광하는 동안 제 짐 좀 어디에 보관해 주실 수 있나요?
접수 담당자 네, 다녀오실 때까지 보관실에 짐을 보관해 드리겠습니다.

8 travel arrangements 여행 준비

여행하기 전에 비행기표를 끊고, 어디서 묵을지, 동선을 어떻게 짤지 미리 준비하는 과정이 바로 travel arrangements예요. 비슷한 표현은 trip planning, itinerary planning 등이 있습니다.

Coworker 1 Have you made any **travel arrangements** for the conference next week?
Coworker 2 Not yet. I was thinking of booking a flight and a hotel this weekend.

Coworker 1 I already booked my flight and hotel, so I can send you the details if you need them.

동료1 다음 주 컨퍼런스 참석을 위한 출장 준비는 하셨어요?
동료2 아직요. 이번 주말에 항공편과 호텔을 예약하려고 생각 중이에요.
동료1 전 이미 항공편과 호텔을 예약했으니 필요하면 세부 정보를 보내드릴게요.

9 luxury hotel 고급 호텔

luxury hotel과 비슷한 표현으로 upscale hotel, five-star hotel이 있습니다. 그것보다 단계가 낮지만 꽤 괜찮은 호텔은 mid-range hotel이라고 하는데 대표적으로 boutique hotel이 있어요. 저렴한 호텔은 budget hotel, economy hotel이라고 하죠.

Friend 1 I just booked a room at a **luxury hotel** for our upcoming vacation.
Friend 2 Wow, that sounds amazing! What kind of amenities does it have?
Friend 1 It has a rooftop pool, a spa, and a fancy restaurant. Plus, the rooms have a great view of the city.

- amenities 편의 시설

친구1 다가오는 우리의 휴가를 위해 방금 고급 호텔 방을 예약했어.
친구2 와, 정말 멋지다! 어떤 편의 시설이 있어?
친구1 옥상 수영장, 스파, 멋진 레스토랑이 있어. 게다가 객실에서는 도시의 멋진 전망을 볼 수 있지.

10 exchange money 환전하다

여행 가기 전에 꼭 하는 것 중 하나가 환전입니다. 비슷한 표현은 convert currency, get money exchanged 등이 있고요. 참고로 swap money는 내가 원하는 통화를 갖고 있는 사람과 직접 교환한다는 말이에요.

Traveler Excuse me, do you know where I can **exchange money** around here?
Stranger Sure, there's a bank just around the corner where you can change your money. What currency do you have?
Traveler I have euros and I need to exchange them for dollars.

여행자 죄송한데, 이 근처에서 환전할 수 있는 곳 아세요?
낯선 사람 네, 모퉁이 돌면 환전할 수 있는 은행이 있어요. 어떤 통화를 가지고 계세요?
여행자 유로화를 가지고 있는데 달러로 바꿔야 해요.

CHAPTER 12
LOVE AND MARRIAGE

사랑과 결혼

왼쪽의 QR코드를 스캔하시고 '바로듣기'를 탭하세요.
해당 도서의 음원을 바로 들으실 수 있습니다.
반복 재생과 속도 조절도 가능합니다.

UNIT 1
Falling in Love
사랑에 빠지다

(Ben proposes to Cassie at their favorite restaurant where they had their first date.)

Ben I'm so glad we came here again.

Cassie Me too! I love coming to this neighborhood ever since you brought me here in college.

Ben Any guesses where we're eating tonight?

Cassie You made a reservation? Where?

Ben Take a look.

Cassie Oh, the Basil House! What's the occasion?

Ben That's right. You'll see. Here, I got us this table, do you remember it?

Cassie Yes! The subtle hint of curry flavors is bringing back fond memories of our first date!

Ben You have no idea how much I missed you while you were in New Orleans.

Cassie I missed you too!

Ben In fact, it got me thinking about the first day I met you… The moment I saw you, I [1] **fell madly in love with** you.

Cassie I fell in love with you that day too. It was [2] **love at first sight**.

Ben And these past few years together I've fallen even more [3] **desperately in love** with you.

Cassie Oh, Ben.

Ben Truly. Living with you has been [4] **sheer enjoyment**. In fact, I don't ever want to be without you again. You are [5] **the love of my life**.

Cassie Ben, I… I feel the same way. I'm so deeply in love with you too.

Ben Cassie, will you marry me?

Cassie Ben! Oh, my… Yes! Of course, I'll marry you!

(Ben은 Cassie와 첫 데이트를 했던, 그들이 가장 좋아하는 레스토랑에서 Cassie에게 프로포즈를 한다.)

Ben 여기 다시 와서 너무 좋다.

Cassie 나도! 대학 다닐 때 자기가 여기 데려온 이후로 이 동네 오는 게 너무 좋아.

Ben 오늘 밤 우리 어디에서 식사할지 짐작 가는 데 있어?

Cassie 미리 예약했구나? 어디로?

Ben 한번 봐 봐.

Cassie 오, Basil House! 오늘 무슨 날이야?

Ben 응. 곧 알게 될 거야. 여기, 이 테이블 예약해 놨는데, 기억나?

Cassie 그럼! 은은한 카레 향이 우리 첫 데이트 때의 좋은 추억을 떠올리게 하네!

Ben 자기가 New Orleans에 있을 동안 얼마나 보고 싶었는지 모를걸.

Cassie 나도 자기 보고 싶었어!

Ben 사실, 처음 자기를 만났던 날이 생각났어… 처음 보는 순간, 정말 미친 듯이 사랑에 빠졌거든.

Cassie 나도 그날 자기를 처음 봤을 때 사랑에 빠졌어. 첫눈에 반했거든.

Ben 그리고 지난 몇 년 동안 함께하면서, 난 자기를 더욱 더 깊이 사랑하게 되었어.

Cassie 오, Ben.

Ben 정말이야. 자기와 함께한 삶은 정말 큰 즐거움이었어. 사실, 다시는 자기 없이 살고 싶지 않아. 자기는 내 삶의 전부야.

Cassie Ben, 나도 그렇게 느껴… 나도 너무나 사랑해.

Ben Cassie, 나랑 결혼해 줄래?

Cassie Ben! 오, 세상에… 응! 당연히, 자기랑 결혼할게!

Collocations and Conversations about **Falling in Love**

1 **fall madly in love with** 미치도록 사랑에 빠지다

fall in love with ~는 '~와 사랑에 빠지다'라는 표현인데, madly(미치도록)가 들어가서 의미를 강조하고 있습니다. 이렇게 매우 강한 사랑에 빠졌을 때 crazy about ~, head over heels in love with ~, smitten with ~ 등의 표현도 사용할 수 있어요.

Kate Have you heard about Barb? She **fell madly in love with** her new neighbor.
Dale Wow, really? What's so special about him?
Kate She says he's charming, funny, and kind. They hit it off instantly.
Dale That's great. I hope it works out for her.

- hit it off 죽이 잘맞다, 바로 통하다

Kate Barb 이야기 들었어? 새 이웃과 미치도록 사랑에 빠졌다던데.
Dale 와, 정말? 그 사람이 뭐가 그렇게 특별한데?
Kate 매력적이고, 재밌고, 친절하다고 해. 둘이 보자마자 통했대.
Dale 멋진걸. 잘됐으면 좋겠다.

2 **love at first sight** 첫눈에 반한 사랑

말 그대로 at first sight(첫눈에), love(사랑)에 빠진 것을 love at first sight라고 합니다. 비슷한 표현은 instant attraction(즉각적인 끌림), fall for someone right away(바로 홀딱 반하다), crush(홀딱 반함)가 있어요.

Joyce So, Eric met someone at the coffee shop yesterday, and he said it was **love at first sight**.
Barry Really? I didn't know that was even possible. Love at first sight?
Joyce Yeah, apparently, they just looked at each other and knew they were meant to be together.
Barry Well, I hope it works out for him. He deserves love.

Joyce 그러니까, Eric이 어제 커피숍에서 누군가를 만났는데 첫눈에 반했대.
Barry 정말? 난 그게 가능한지도 몰랐어. 첫눈에 반한다?
Joyce 응, 들어 보니, 그 둘은 그냥 서로를 보고 하늘이 맺어준 운명이라는 걸 알았대.
Barry 음, 잘됐으면 좋겠다. 걔는 사랑받을 만해.

3 **desperately in love** 몹시 사랑에 빠진

desperately는 '몹시 필요하다(desperately need)', '몹시 원하다(desperately want)'에서처럼 긴급하고, 간절함을 강조하는 의미입니다. desperately in love는 그래서 '몹시 사랑에 빠진'이란 의미로, 비슷한 표현은 madly in love가 있어요.

Joan What did you do last night?
Larry I hung out with Lisa. She's **desperately in love** with her new boyfriend.
Joan Wow, that sounds serious. How long have they been dating?
Larry Only a few weeks, but she says she's never felt this way before.

Joan 어젯밤에 뭐 했어?
Larry 리사와 놀았어. Lisa가 새 남자 친구와 몹시 사랑에 빠졌더라고.
Joan 와, 진지한 것 같네. 사귄 지 얼마나 됐지?
Larry 몇 주밖에 안 됐지만 이런 기분은 처음이라고 해.

4 sheer enjoyment 순수한 즐거움

책을 읽거나 등산하거나 여행하거나 어떤 활동을 할 때 그 자체에 빠져서 즐기는 상태를 sheer enjoyment라고 합니다. 너무나 만족스러운 상태를 말하는데, 비슷한 표현으로 pure pleasure, absolute delight, complete joy가 있어요.

Lou How was your date with Gregory?
Tracy Wonderful! It was **sheer enjoyment** from start to finish.
Lou That's great to hear.

Lou Gregory하고 데이트는 어땠어?
Tracy 좋았어! 처음부터 끝까지 정말 즐거웠어.
Lou 정말 잘됐네.

5 the love of my life 내 삶의 사랑, 내 인생의 전부

내가 평생 함께하고 싶은 사랑하는 사람을 the love of my life라고 할 수 있어요. 그 사람이 그 어떤 존재보다 나에게 가장 소중하다는 것을 보여주는 표현인데요, 비슷한 표현은 my soulmate, my other half, my life partner 등이 있습니다.

Friend 1 Hey, how's everything going with Sarah?
Friend 2 It's amazing, really. She's **the love of my life**. I can't believe how lucky I am.
Friend 1 That's incredible to hear. You two seem so happy together.
Friend 2 Yeah, we really are. Every day feels like a dream come true since I met her.

친구 1 어이, Sarah랑 어떻게 돼 가?
친구 2 아주 좋지. 내 인생의 전부잖아. 내가 얼마나 운이 좋은 건지 믿을 수가 없을 정도야.
친구 1 그런 말을 듣다니 믿기지가 않는다. 너희 둘 같이 있으면 진짜 행복해 보여.
친구 2 응, 진짜 그래. Sarah를 만나고서부터는 꿈이 이뤄진 것 같은 기분이야.

UNIT 2
Engagement
약혼

(Cassie talks to her friends about her engagement and her bad dream.)

Cassie Ever since Ben proposed to me, something has been off.

Madison Are you having second thoughts? From what you said, it sounds like it was **¹a snap decision**.

Cassie No! Not at all. I want to marry Ben.

Amber After you told me about how he proposed, I was deeply moved. I think you guys are perfect together. He really **²brings out the best in you**.

Cassie And I can't believe he knew to ask my parents first, too.

Amber He did?!

Madison So, your mom and dad **³gave their blessing**?

Cassie Of course. He **⁴won their respect** a long time ago. But they still appreciated the gesture.

Madison Then what's the problem? You said something is wrong.

Cassie It could just be me. I had this terrible dream two nights ago, and in it we… we broke up.

Amber Two nights ago, it was a full moon. It could be a premonition.

Madison Or it could just be cold feet.

Cassie He's just been different with me ever since that night. I don't know what it is though.

Madison **⁵Trust your intuition** and maybe try to talk to him about whatever's going on.

Cassie Thanks, you guys.

Amber And I say we go see my psychic.

Cassie That's okay, Amber. I'll just try to talk to him about it.

---

be off 뭔가 잘못되다　　have second thoughts 다시 생각해 보다
be moved 감동하다　　It could just be me. 나만의 생각일 수도 있어.　　premonition 징후, 예감
cold feet 불안감　　psychic 점쟁이, 심령술사

(Cassie는 친구들에게 자신의 약혼과 악몽에 대해 이야기한다.)

Cassie Ben이 나에게 프러포즈한 이후로, 뭔가 좀 이상해.

Madison (그 결정에 대해서) 다시 신중하게 생각해 보고 있는 거야? 네 말 들어 보니까, 너무 (약혼을) 즉흥적으로 결정한 것 같던데.

Cassie 아니야! 절대 그렇지 않아. Ben과 결혼하고 싶어.

Amber Ben이 어떻게 프러포즈했는지 듣고 나서, 나 정말 감동받았잖아. 너희 둘, 정말 잘 어울리는 것 같아. Ben은 너의 가장 좋은 부분을 끌어내잖아.

Cassie 그리고 Ben이 우리 부모님께 먼저 결혼에 대해 여쭤본 것도 믿을 수 없어. (너무 대단한 것 같아.)

Amber Ben이 정말 그랬어?!

Madison 그러면 너희 부모님도 축복해 주셨다는 거지?

Cassie 그럼. Ben은 오래전부터 우리 부모님에게 인정받았어. 그래도 부모님은 Ben이 그렇게 물어봐 준 것에 진심으로 고마워하셨어.

Madison 그럼 뭐가 문젠데? 네가 뭔가 이상하다고 했잖아.

Cassie 그냥 나만의 생각일 수도 있어. 이틀 전에 끔찍한 꿈을 꿨는데… 그 꿈에서 우리가 헤어졌거든.

Amber 이틀 전에는 보름달이 떴는데. 그 꿈이 (미래를 말해 주는) 징조일 수도 있어.

Madison 아니면 그냥 불안한 거 아닐까?

Cassie 프러포즈한 날 이후로 Ben이 나에게 좀 다르게 대해. 그게 뭔지 모르겠어.

Madison 직감을 믿어 봐. 그리고 무슨 일이 있는지 Ben과 대화해 봐.

Cassie 고마워, 애들아.

Amber 그리고 우리 점쟁이도 만나러 가자.

Cassie 그건 됐어, Amber. Ben이랑 얘기해 볼게.

Collocations and Conversations about **Engagement**

1 a snap decision   성급한 결정

snap은 '순식간에 뭔가 일어나는' 것을 말할 때 사용합니다. 그래서 a snap decision은 깊은 생각 없이 순간적으로 결정하는 것을 말하죠. 비슷한 표현으로 a hasty decision, an impulsive decision, a spur of the moment decision 등이 있어요.

Roommate 1 What made you decide to buy that expensive watch?
Roommate 2 It was **a snap decision**. I saw it in the store window and just knew I had to have it.
Roommate 1 Well, I really like it.

룸메이트 1 어쩌다 그 비싼 시계를 산 거야?
룸메이트 2 그냥 바로 결정했어. 매장에 진열된 거 보고 바로 사야겠다고 생각했지.
룸메이트 1 음, 나 그거 진짜 마음에 든다.

2 brings out the best in ~   ~의 능력을 최대한 끌어내다

누군가의 잠재력을 최대한 끌어올린다고 할 때 이 표현을 사용합니다. 비슷한 표현은 bring out the full potential, get the best out of ~가 있어요.

Teacher I think group work **brings out the best in** students.
Student I agree. Working together helps us learn from each other.
Teacher Exactly, it encourages communication and cooperation.

교사 그룹 작업을 하면 학생들의 잠재력을 최대한 끌어낼 수 있다고 생각해.
학생 맞아요. 함께 작업하면 서로에게서 배우는 데 도움이 되죠.
교사 맞아. 의사소통과 협력을 촉진하고 말이지.

3 give one's blessing   축복해 주다, 허락해 주다

결혼이나 이민 같은 중대한 결정을 할 때 가족이나 지인의 허락과 축복을 받고 싶은 게 인지상정입니다. 이런 결정을 앞둔 사람에게 give our blessing할 수 있습니다. 비슷한 표현은 approve of, endorse, give the green light 등이 있어요.

Dan I have some news. I'm thinking of proposing to Rania.
Lynette Wow! For sure? Have you talked to her parents yet?
Dan No, not yet. I'm a little nervous about it.
Lynette You should talk to them first and see if they'll **give their blessing**.

Dan 소식이 있어. 나 Rania에게 프러포즈하려고.
Lynette 와! 정말이야? Rania 부모님과 얘기해 봤어?
Dan 아니, 아직. 좀 긴장되어서.
Lynette 먼저 그쪽 부모님께 말씀드리고 허락해 주실 건지 한번 확인해 봐.

4. win one's respect 인정을 받다, 존경을 받다

아이가 부모님께, 직장인이 상사에게, 학생이 선생님께 인정받고자 하는 것은 본능이죠. 여기서 '인정받다'가 win one's respect입니다. 비슷한 표현으로 earn one's respect, gain one's respect, secure one's respect 등이 있어요.

Bill I'm having a hard time with my coworkers. I feel like I'm not **winning their respect**.

Devin What do you think the problem is?

Bill I'm not sure. Maybe it's because I'm new and they don't know me very well.

Devin Well, it takes time to build relationships and earn people's respect.

Bill 동료들이랑 잘 안 맞는 것 같아. 내가 동료들의 인정을 받지 못하는 것 같아.
Devin 뭐가 문제라고 생각해?
Bill 잘 모르겠어. 내가 신입이라서 동료들이 날 잘 모르기 때문일 수도 있고.
Devin 글쎄, 관계를 맺고 사람들의 인정과 존경을 받으려면 시간이 걸리지.

5. trust one's intuition 직감을 믿다

이성적으로 설명할 수 없고, 이유를 대긴 힘들지만, 뭔가 직감적으로 이럴 것 같다는 느낌을 영어로 intuition, gut feelings, instinct라고 합니다. 위의 표현과 비슷한 표현으로는 follow one's gut, listen to one's inner voice, rely on one's instinct 등이 있어요.

Bride-to-be I'm having second thoughts about my wedding. Something doesn't feel right.

Bridesmaid What's bothering you?

Bride-to-be I'm not sure. Maybe it's the guest list or the venue. But something just feels off.

Bridesmaid Well, you should **trust your intuition**. Maybe your gut feelings are telling you something.

- venue (행사가 일어나는) 장소   gut feelings 직감

예비 신부 나, 결혼식에 대해 다시 생각해 보고 있어. 뭔가 느낌이 안 좋아.
신부 들러리 뭐가 마음에 걸리는데?
예비 신부 잘 모르겠어. 하객 명단이나 장소 때문일 수도 있고. 하지만 뭔가 이상하게 느껴져.
신부 들러리 음, 직감을 믿어야지. 직감이 너한테 뭔가 말해 주고 있는 건지도 모르니까.

UNIT 3

Disagreements
의견 충돌

(Cassie talks to Amber and Shawn about her argument with Ben.)

Cassie So I tried to talk to Ben about whatever has been bothering him.

Shawn What do you mean?

Cassie Well, he's been acting weird ever since we got engaged. Madison suggested I try talking to him about it, but it turned into a ¹**heated argument**.

Amber This is why you shouldn't listen to Madison.

Shawn Come on, Amber, it's important to voice your opinion in a relationship. Look at you and Derek. You have ²**major disagreements** all the time because you don't communicate.

Amber When did this become about me? Tell us, Cassie, why did you guys have an argument?

Cassie I don't know really. He said nothing was bothering him, but I know something is up.

Shawn How so?

Cassie He's been really distant. We've hardly spoken to each other at all lately.

Shawn Maybe something is on his mind? No matter how many ³**lengthy discussions** we've had about it, Jesse still goes quiet sometimes when Jesse's overthinking something.

Cassie And, we seem to have these ⁴**slight disagreements** about stupid things more often now.

Amber Derek and I have that problem too. Sometimes you just have to ⁵**agree to disagree**.

Cassie Well, Ben and I never used to. But this time it was a full argument. I don't know what to do now.

---

something is up 뭐가 이상하다   distant 서먹한
on one's mind 신경 쓰이는   overthink 지나치게 고민하다

(Cassie는 Ben과의 다툼에 대해 Amber와 Shawn에게 이야기한다.)

Cassie 내가 Ben에게 무슨 힘든 일이 있냐고 한번 얘기해 봤어.

Shawn 무슨 말이야?

Cassie 그게, Ben이 약혼한 이후로 좀 이상해. Madison이 Ben이랑 이야기해 보라고 해서 한번 대화를 해 봤는데, 결국 싸움으로 번졌어.

Amber 이래서 Madison 말을 들으면 안 된다는 거야.

Shawn 야, Amber, 인간관계에선 자기 의견을 말하는 게 중요해. 너와 Derek을 한번 봐. 서로 소통을 안 하니 늘 의견 차이가 크잖아.

Amber 언제부터 이게 내 이야기가 된 거지? 말해 봐, Cassie. 너희 왜 다툰 거야?

Cassie 사실은 잘 모르겠어. Ben은 아무 문제없다고 했지만, 난 뭔가 있는 것 같아.

Shawn 왜 그러는데?

Cassie Ben이 나와 거리를 두고 있어. 최근에는 거의 서로 말도 안 했거든.

Shawn 아마 무슨 고민이 있는 것 아닐까? Jesse랑 나는 아무리 대화를 길게 나누어도, Jesse가 뭔가를 지나치게 깊이 생각하느라 정말 조용해질 때가 여전히 가끔 있거든.

Cassie 그리고 우린 요즘 사소한 것 때문에 의견 충돌이 더 자주 있는 거 같아.

Amber Derek하고 나도 그런 문제가 있어. 때로는 그냥 서로 다른 걸 인정하고 받아들이는 게 좋아.

Cassie 음, Ben과 난 이전에는 전혀 이런 적이 없었거든. 그런데 이번엔 정말 크게 싸웠어. 이제 뭘 어떻게 해야 할지 모르겠어.

Collocations and Conversations about **Disagreements**

1 heated argument 열띤 논쟁

살다 보면 누구와 의견 차이로 인한 논쟁(argument)을 할 때가 있습니다. 이때 지나치게 열을 올리면서 논쟁할 때 heated argument라는 표현을 사용해요. 비슷한 표현으로는 fierce debate, intense dispute 등이 있어요.

Roommate 1 I can't believe we're having this **heated argument** again. It's like we can never agree on anything!
Roommate 2 Well, if you would just listen to my point of view…
Roommate 1 I think I should just move out. We're never going to agree.

> 룸메이트 1 우리가 또 이렇게 격렬하게 다투다니 정말. 우린 동의할 수 있는 게 정말 하나도 없는 것 같아!
> 룸메이트 2 글쎄, 네가 내 입장을 좀 잘 들어 보면…
> 룸메이트 1 그냥 내가 이사 나가는 게 좋겠어. 우린 절대 의견 일치가 안 될 거야.

2 major disagreement 큰 의견 차이

argument는 서로의 의견이 불일치(disagreement)되었을 때 발생합니다. disagreement의 정도가 매우 클(major) 때 더더욱 문제가 되죠. 비슷한 표현은 serious conflict, significant discord, major crash 등이 있어요.

Manager 1 I'm sorry, but we have a **major disagreement** on this issue.
Manager 2 I know, and it's frustrating that we can't seem to find common ground.
Manager 1 I just don't see how you can support that policy. It goes against everything I believe in.

- can't seem to ~ ~하려 해도 쉽지가 않다   common ground 공통점, 공감대

> 매니저 1 죄송한데, 이 문제에 대해서 우리 의견이 많이 다르네요.
> 매니저 2 그러게요. 공감대를 찾을 수 없어서 답답합니다.
> 매니저 1 어떻게 그 정책을 지지하실 수 있는지 이해가 안 돼요. 제가 믿는 모든 것에 반하는 정책이라고요.

3 lengthy discussion 긴 논의

은퇴 후 계속 도시에 살지, 시골로 내려갈지 배우자와 lengthy discussion을 할 수 있어요. 비슷한 표현은 extended debate, long talk 등이 있어요. 반대 표현으로는 brief discussion, short discussion이 있습니다.

Girlfriend I think we need to have a **lengthy discussion** about our plans for the future.
Boyfriend I agree. There are a lot of things we need to consider.
Girlfriend First of all, we need to decide where we want to live. Are you free tonight to discuss it?
Boyfriend Sure, I'm free tonight. Let's sit down and talk about it.

여자 친구 우린 앞으로의 계획에 대해 긴 논의를 해야 할 것 같아.
남자 친구 맞아. 우리가 고려해야 할 것들이 참 많아.
여자 친구 우선, 우리가 어디에서 살고 싶은지 정해야 해. 오늘 밤에 얘기할 시간 돼?
남자 친구 그럼, 오늘 밤에 시간 돼. 차분히 얘기해 보자고.

4 slight disagreement 약간의 불일치

major disagreement가 의견 차이가 매우 큰 경우라면, slight disagreement는 '사소한 의견 차이'로, 이건 조금만 양보하면 해결됩니다. 비슷한 표현은 minor disagreement, difference of opinion, disagreement on a small matter 등이 있습니다.

Marketer 1 So, what did you think?
Marketer 2 Actually, I have a **slight disagreement** with your pitch.
Marketer 1 Oh, really? What's your concern?
Marketer 2 Nothing major. I just think our target should be a little bit larger given the data.

- pitch 프레젠테이션   given ~ ~를 고려해 봤을 때

마케터 1 그래서 어떻게 생각하세요?
마케터 2 사실, 저는 당신의 발표 내용에 약간 동의하지 않는 부분이 있어요.
마케터 1 아, 그래요? 뭐가 우려되는데요?
마케터 2 별건 아니고요. 데이터를 고려할 때 우리 타겟을 조금 더 넓게 잡아야 한다고 생각해요.

5 agree to disagree 의견 차이를 인정하다, 서로의 의견을 존중하다

누구나 다 상대방의 의견에 disagree할 수 있죠. '상대의 의견에 disagree할 수 있는 그 자체에 대해서 agree하다', 즉 '상대방의 의견이 다를 수 있음을 인정하다'라는 말이에요. 비슷한 표현으로, 상대방에게 Let's just leave it at that.(그 정도로 하죠.)이라고 할 수 있습니다.

Rose I don't think we're ever going to see eye-to-eye on this issue.
Gail I agree. It seems like we have different perspectives.
Rose But that's okay. We can **agree to disagree**.

- see eye-to-eye 서로 의견이 일치하다, 마음이 맞다

Rose 우린 이 문제에 대해 절대 의견이 일치하지 않을 것 같아.
Gail 나도 그렇게 생각해. 우리는 서로 관점이 다른 것 같아.
Rose 그래도 괜찮아. 우린 서로의 의견을 존중할 수 있으니까.

UNIT 4
Marriage and Divorce
결혼과 이혼

(Ben tells Cassie what has been bothering him and they make up.)

Ben Cassie, can we talk?

Cassie Sure.

Ben I feel like I need to explain some things to you about how I've been feeling lately. Even though my parents got divorced when I was really young, I still always wanted to get married. And when my dad remarried, I looked up to him as a good husband role model.

Cassie Okay…

Ben Well, I recently found out that my dad has been having an affair. When he said his marriage vows, he [1] **gave his word**, and now he's broken it. He and my step-mom [2] **filed for divorce** recently.

Cassie Oh, wow. I had no idea!

Ben I just don't understand how someone could just cheat on their [3] **significant other** like that.

Cassie Just because your dad was a pretty awful husband, doesn't mean that you will be. I trust you. Don't let your dad and stepmom's [4] **failed marriage** mess up ours.

Ben I know, you're right, and I'm sorry. I guess lately I just haven't felt like I could do it.

Cassie Well, you can. I know it! Maybe you just need a new role model. Look at my parents. They were childhood sweethearts and have been happily married for 35 years.

Ben That's true… We can be just like them.

Cassie Except that we're [5] **college sweethearts**, obviously.

Ben Ha! I mean we can be just as happy as they are.

Cassie And we will do it our own way. Thank you for explaining. I love you.

Ben I love you so much, and I'm sorry.

---

look up to ~ ~를 존경하다, 우러러보다   have an affair 바람을 피우다
marriage vow 결혼 서약   mess up ~ ~를 망치다

(Ben은 Cassie에게 자신이 무엇 때문에 괴로웠는지를 말하고, 둘은 화해한다.)

Ben Cassie, 우리 이야기 좀 할까?

Cassie 그래.

Ben 자기한테 몇 가지 설명해야 할 것 같아서. 요즘 내가 느끼는 점에 대해서 말이야. 우리 부모님은 내가 아주 어릴 적에 이혼했지만, 난 항상 결혼을 하고 싶었어. 그리고 아버지가 재혼했을 때, 난 아버지를 좋은 남편의 롤 모델로 존경했어.

Cassie 응…

Ben 그런데 최근에 아버지가 바람을 피웠다는 걸 알게 되었어. 결혼 서약을 할 때 약속했는데, 이젠 그 약속을 어긴 거지. 아버지와 새엄마가 최근에 이혼 소송을 제기했어.

Cassie 아, 난 전혀 몰랐네!

Ben 나는 사랑하는 사람을 어떻게 그렇게 속이고 바람을 피울 수 있는지 이해가 안 돼.

Cassie 자기 아버지가 끔찍한 남편이었다고 해서, 자기도 그렇게 되는 건 아니야. 난 자기를 믿어. 아버지와 새엄마의 실패한 결혼 때문에 우리 결혼을 망치게 하진 마.

Ben 나도 알아, 자기 말이 맞고, 미안해. 최근에 그냥 내가 과연 할 수 있을까 걱정이 되었던 것 같아.

Cassie 자긴 잘할 수 있어. 난 알아! 자긴 아마 그냥 새로운 롤 모델이 필요한 걸 거야. 우리 부모님을 봐. 어린 시절부터 연인이었고, 35년간이나 행복하게 결혼 생활을 하고 있잖아.

Ben 맞아… 우리도 그분들처럼 될 수 있겠지.

Cassie 물론 우리가 대학 캠퍼스 커플이라는 건 빼고.

Ben 하하! 우리도 자기 부모님만큼 행복할 수 있을 거란 말이지.

Cassie 그리고 우리만의 방식으로 살아나갈 거야. 설명해 줘서 고마워. 사랑해.

Ben 정말 사랑하고, 미안해.

Collocations and Conversations about **Marriage and Divorce**

1 give one's word 약속하다

내가 누군가에게 뭘 하겠다고 강하게 약속할 때, give my word를 하는 겁니다. 단어 그대로 해석하면 '내 말을 주다'지만 '내 말 믿어. 정말 내가 약속 지킬게' 정도의 느낌이에요. 비슷한 표현은 promise, assure, pledge가 있어요.

Clint   I'm not sure if I can commit to helping with the charity event next week.
Anita   But you already **gave your word** that you would help. They're counting on you.
Clint   I know, but things have changed, and I don't know if I can anymore. I'm sorry.

- count on ~ ~에 의지하다, ~를 믿다   things 상황

Clint   다음 주에 있을 자선 행사를 내가 도울 수 있을지 잘 모르겠어.
Anita   근데 네가 이미 돕겠다고 약속했잖아. 다들 널 믿고 있는데.
Clint   알아, 하지만 상황이 바뀌어서 더 이상 할 수 있을지 모르겠어. 미안해.

2 file for divorce 이혼 소송을 제기하다

어떤 문제에 공식적으로 법적인 절차를 밟을 때 file을 사용합니다. 이혼(divorce) 소송도 서류를 작성해서 법원에 공식적으로 제출하죠. 그래서 file for divorce는 '이혼 소송을 제기하다'라는 말이에요. 비슷한 표현으로는 seek a divorce, apply for a divorce가 있습니다.

Chad   Did you hear about the Monroes?
Katie   No, what happened?
Chad   Doug told me that they just **filed for divorce** on Tuesday.
Katie   That's not surprising. They have been separated for a long time now.

Chad   Monroe네 소식 들었어?
Katie   아니, 무슨 일 있어?
Chad   Doug가 그러는데 Monroe 부부가 화요일에 이혼 소송을 냈다고 하더라고.
Katie   놀랄 일도 아니네. 오랫동안 별거해 왔잖아.

3 significant other 연인, 짝

내가 애정을 가지고 사랑하는 사람을 my significant other라고 합니다. 남자 친구에게는 여자 친구가 될 수 있고, 또 결혼한 사람에게는 배우자라고 할 수 있죠. 비슷한 표현으로는 partner, spouse, boyfriend/girlfriend 등이 있으니 상황에 맞게 사용하시면 됩니다.

Brian   And this is my **significant other**, Mandy.
Flora   Nice to meet you. So, how long have you two been together?
Brian   We've been dating for about a year now.

Brian   그리고 이쪽은 제 애인 Mandy예요.
Flora   만나서 반가워요. 두 분 사귄 지는 얼마나 되셨나요?
Brian   이제 사귄 지 1년 정도 됐어요.

4 failed marriage 실패한 결혼

결혼이 깨졌거나, 더는 유지되지 않는 상태의 결혼을 failed marriage라고 해요. 이혼을 했거나, 이혼을 하지 않았더라도 불행한 결혼생활이라면 failed marriage라고 할 수 있어요. broken marriage, troubled marriage도 비슷한 상황에서 사용할 수 있습니다.

Emma Hey, did you hear about Jake and Lisa?
Mike Yeah, their marriage didn't work out. I guess it was a **failed marriage** from the start.
Emma That's really sad. They seemed so happy at first.
Mike Sometimes love just isn't enough to make a marriage last.

> Emma 저기, 제이크랑 리사 소식 들었어?
> Mike 응, 결국 결혼생활이 잘 안 됐대. 처음부터 실패할 결혼이었나 봐.
> Emma 정말 슬픈 일이네. 둘이 처음엔 너무 행복해 보였는데.
> Mike 사랑만으로 결혼을 유지하기는 힘든 경우도 있나 봐.

5 college sweethearts 대학 캠퍼스 커플

sweetheart는 '연인'이라는 말이에요. 앞에 college가 나왔으니 대학 시절에 만난 커플이겠죠? 그래서 고등학교때 만난 커플이라면 high school sweethearts라고 할 수 있습니다. 그리고 정말 어린아이 때부터 커플이 되어서 지내온 경우는 childhood sweethearts라고 합니다.

Terry Did you know that Richard and Lauren are **college sweethearts**?
Frances No way, I had no idea. How long have they been together?
Terry They've been together since their freshman year in college. It's been almost a decade now.

> Terry Richard와 Lauren이 캠퍼스 커플이었다는 사실, 너 알고 있었어?
> Frances 말도 안 돼. 전혀 몰랐어. 둘이 사귄 지 얼마나 됐는데?
> Terry 대학 신입생 때부터 사귀기 시작했어. 거의 10년이 됐네.

UNIT 5

Beginnings and Endings
시작과 끝

(Cassie tell Amber and Madison that she and Ben have made up and they continue making wedding plans.)

Amber How did the long talk with Ben go?

Cassie Well, we ended up talking for hours. At first, I thought there was **¹no end in sight**. But we resolved a lot of our problems in the end. I really feel good about everything now.

Madison That's wonderful, I can't wait to hear all about it. **²Start from the beginning**.

Cassie Well, **³right from the start** he apologized. Then he explained about his parents…

Amber No; all of that can wait! **⁴First and foremost**, is the wedding back on?

Cassie Yes of course. After we talked, it honestly feels like this is **⁵a new beginning** for us.

Amber And… tell us. What are you guys thinking? Where will it be? Indoor or outdoor? How many guests?

Cassie Oh, we want to have a very small wedding. Just our parents and closest friends.

Madison I think you should go big! A wedding is a **⁶once-in-a-lifetime** occasion. You have to make the most of it. **⁷From start to finish**, it should be as big and grand as possible.

Cassie I don't need all that. I'm just excited to spend **⁸the rest of my life** with Ben.

Amber And I bet you're glad to have this stupid disagreement over with **⁹once and for all**.

Cassie Sorry that I have to **¹⁰bring this to an end**, but I really should get home. I have to work early in the morning. I'll call you both later with all the details.

Amber and Madison Bye!

(Casie는 Amber와 Madison에게 자신이 Ben과 화해했고 결혼 계획을 계속 진행한다고 말한다.)

Amber Ben하고 긴 대화는 어떻게 되었어?

Cassie 음, 몇 시간 동안 얘기했어. 처음에는 답이 안보였는데, 결국 많은 문제들을 해결했어. 나도 이젠 다 괜찮아졌고.

Madison 진짜 다행이다. 빨리 얘기 듣고 싶어. 처음부터 읊어 봐.

Cassie 그러니까, 처음에 Ben이 사과를 하더니 자기 부모님에 관해 설명했는데…

Amber 아니, 그건 나중에 들어도 되고! 가장 중요한 거, 결혼식은 다시 하는 거야?

Cassie 당연하지. 서로 얘기 나눠 보니까, 사실 새롭게 시작하는 기분이더라고.

Amber 그리고… 말해봐. 두 사람 생각은 어떤지? 어디에서 할 거야? 실내 아님, 실외? 하객은 몇 명이나 부르려고?

Cassie 글쎄, 우리는 아주 작은 결혼식을 하고 싶어. 부모님과 친한 친구들 몇 명만 부르려고.

Madison 크게 하는 게 좋을 거 같은데! 결혼식은 평생 한 번 있는 행사잖아. 최대한 활용해야지. 처음부터 끝까지, 가능한 한 크고 성대하게 치루는 게 좋아.

Cassie 그런 건 필요 없어. 난 Ben하고 남은 인생을 같이 보낼 생각에 신날 뿐이야.

Amber 확실히 이 쓸데없는 불화를 한 번에 깔끔하게 해결해서 속 시원하겠다.

Cassie 여기서 끝내야 해서 미안한데, 나 진짜 집에 가 봐야 해. 내일 아침 일찍부터 일해야 하거든. 자세한 내용은 너희에게 전화로 알려 줄게.

Amber and Madison 잘 가!

Collocations and Conversations about **Beginnings and Endings**

1 **no end in sight** 끝이 보이지 않는

정치에서 보수와 진보의 다툼은 끝이 보이지 않는 것 같습니다. 자영업자들에게 불경기는 끝이 안 보이는 것 같지요. 바로 이런 상황에서 no end in sight를 사용할 수 있어요. 비슷한 표현은 never-ending, endless cycle 등이 있어요.

Garrett I've been working on this project for months, but there seems to be **no end in sight**.
Courtney What's holding it up?
Garrett We keep running into unexpected issues and setbacks. It's like one problem leads to another.

- run into ~ ~에 직면하다, 부딪히다   setback 차질, 어려움

Garrett 몇 달 동안 이 프로젝트를 진행했지만 끝이 보이지 않는 것 같아.
Courtney 뭐 때문에 이렇게 길어지는 거야?
Garrett 예상치 못한 문제와 어려움에 계속 부딪히고 있어. 하나의 문제가 또 다른 문제를 가져오는 것 같아.

2 **start from the beginning** 처음부터 다시 시작하다

딱 봐도 명백하게 다가오는 콜로케이션이네요. 이 표현은 보통 처음부터 다시 더 철저하게 뭔가를 시작할 때 많이 사용하는데, start over의 의미입니다. go back to square one, from the top (주로 음악·연기·공연에서 사용) 등이 비슷한 표현이에요. 참고로 start from scratch와 헷갈리는 분들이 있는데, 이 표현은 다시 시작하는 게 아니라 아예 정말 처음부터 시작하는 거예요. 우리말의 '맨땅에 헤딩하다'와 가장 어울리네요

Claire How's the new phone?
George Terrible. Some of the apps aren't working. I think I messed up when installing them.
Claire Oh, no. Why don't you **start from the beginning**? Reset your phone and then follow the installment step-by-step. Maybe then the apps will work correctly.

Claire 새 전화기는 어때?
George 최악이야. 일부 앱은 안 돼. 설치할 때 뭔가 실수를 한 것 같아.
Claire 아, 저런. 처음부터 다시 시작해 보는 건 어때? 휴대폰 초기화하고, 설치 과정을 단계별로 차근차근 따라 봐. 그러면 앱이 아마 제대로 작동할 거야.

3 **right from the start** 처음부터 (쭉)

어떤 일을 할 때 처음부터 쭉, 계속 그래왔다는 것을 강조할 때 이 표현이 유용해요. at the beginning이 단순한 처음 시작만을 말하는 거라면, 이 표현은 처음부터 계속 지속되고 있다는 느낌을 주죠. 비슷한 표현은 from the get-go, from day one, from the outset 등이 있습니다.

Friend 1 I'm so happy for you. I can't believe you're getting married!
Friend 2 I know! Sometimes it feels totally surreal.
Friend 1 Don't be so silly. You knew **right from the start** that Brandon was a keeper!

- surreal 비현실적인   keeper 붙잡고 싶을 만큼 매력적인 사람

친구 1 정말 잘됐다. 네가 결혼한다니 믿을 수가 없어!
친구 2 나도 알아! 나도 가끔은 완전히 비현실적으로 느껴져.
친구 1 웃기고 있네. 너도 처음부터 Brandon이 놓치면 아까운 사람인 걸 알았잖아!

4 first and foremost 무엇보다도 먼저, 우선

몇몇 중요한 것들 중에서도 가장 중요한 것을 언급할 때 매우 유용한 표현이에요. The most important thing to consider is…(고려할 가장 중요한 일은…)이라는 의미입니다. 비슷한 표현은 above all, most importantly, primarily 등이 있어요.

Garrett You said you wanted to talk. What is it?
Courtney Well, there's a lot we need to go over actually. **First and foremost**, let's talk about our plans for the event tomorrow night. Then later we can discuss our plans for next weekend.
Garrett Okay, sounds good.

Garrett 너 얘기하고 싶다고 했지? 뭔데?
Courtney 그게, 우리가 검토할 사항이 많거든. 무엇보다도 먼저, 내일 밤 행사 계획에 대해서 이야기해 보자. 그리고 나중에 다음 주말에 대한 계획에 대해 논의해 보자고.
Gareet 좋아, 그렇게 하자.

5 a new beginning 새로운 시작

과거를 뒤로 하고 새로운 뭔가를 시작할 때 a new beginning을 사용해요. 창업하거나, 이별 후 새로운 만남을 시작하거나, 공부하러 학교로 돌아가는 것 모두 a new beginning이죠. 비슷한 표현에는 a fresh start, a new chapter 등이 있습니다.

Barb I just finalized my divorce yesterday.
Natalie I'm sorry to hear that. Are you okay?
Barb Yeah, it's been a tough time, but I'm ready for **a new beginning**. I'm actually feeling good.

- finalize one's divorce (법적인 소송, 재산 분배, 자녀 양육 등의) 이혼을 마무리하다

Barb 어제 이혼을 마무리지었어.
Natalie 안타깝네. 괜찮아?
Barb 응. 힘든 시간이었지만 새롭게 시작할 준비가 되었어. 사실 나 기분 좋아.

Collocations and Conversations about **Beginnings and Endings**

6 once-in-a-lifetime 평생에 한 번 있을 만한

평생 한 번 있을 만한 일이나 기회에 관해 말할 때 once-in-a-lifetime을 씁니다. 세계 최고 기업에서 잡 오퍼를 받은 일, 에베레스트 등정 정도라면 once-in-a-lifetime이라는 표현을 사용할 수 있을 거예요. 비슷한 표현으로는 rare opportunity(드문 기회), unique experience(독특한 경험), special moment(특별한 순간) 등이 있습니다.

Fiancée I was thinking what if we get married in Italy?
Fiancé That sounds amazing, but it could be expensive.
Fiancée Ok, but it's a **once-in-a-lifetime** opportunity. And we've always wanted to go to Italy.
Fiancé That's true. It would be a beautiful place to get married.

> 약혼녀 난 우리가 이탈리아에서 결혼하면 어떨까 생각 중이었어.
> 약혼자 멋지게는 들리지만 비용이 많이 들 텐데.
> 약혼녀 알아. 하지만 일생에 한 번뿐인 기회잖아. 그리고 우리 둘 다 항상 이탈리아에 가 보고 싶어 했고.
> 약혼자 맞아. 결혼하기에 정말 멋진 곳이긴 할 거야.

7 from start to finish 처음부터 끝까지

이 표현은 어떤 일의 모든 과정을 철저하게 다 포함할 때 사용합니다. 비슷한 표현은 from beginning to end, from A to Z 등이 있어요.

Jay Let's nail this project, okay?
Luke Totally, I want to see everything working together smoothly.
Jay You got it. Making sure everything's spot-on **from start to finish** is what we do best.

- nail 제대로/완벽하게 해내다   spot-on 완벽한

> Jay 이 프로젝트를 제대로 잘해 보자고. 알았지?
> Luke 당연하지. 모든 것이 제대로 잘 맞아떨어지는 것을 보고 싶어.
> Jay 그렇지. 처음부터 끝까지 완벽하게 하는 것이 우리가 가장 잘 하는 일이잖아.

8 the rest of one's life ~의 남은 평생

우리에게 남은 인생은 결국 지금을 기준으로 평생인 거죠. 결혼은 배우자와 the rest of your life를 함께한다는 약속이죠. 비슷한 표현은 lifetime, future years, remaining lifespan 등이 있어요.

Graduate 1 What do you want to do after you graduate?
Graduate 2 I really just want to travel the world for **the rest of my life**.
Graduate 1 Wow, that sounds amazing. Where do you want to go first?
Graduate 2 I've always wanted to visit France. Their culture and art fascinate me.

졸업생 1 졸업 후 무엇을 하고 싶어?
졸업생 2 그저 남은 평생 전 세계를 여행하고 싶어.
졸업생 1 와, 정말 멋지네. 가장 먼저 가고 싶은 곳은 어디야?
졸업생 2 늘 프랑스에 가 보고 싶었어. 거기 문화와 예술에 반했거든.

9 once and for all 최종적으로, 완전히

어떤 문제를 정말 마지막으로 확인하고 끝낼 때 이 표현이 매우 유용합니다. 앞으로 다시 볼 필요가 없다는 거죠. 비슷한 표현은 for good, put to rest 등이 있어요.

Manager We're updating our work-from-home policy to clear up any confusion.
Employee That's great! Will it cover all scenarios?
Manager Absolutely, we're fixing this issue **once and for all**.

매니저 혼란을 없애기 위해서 재택근무 정책을 업데이트 중입니다.
직원 잘됐네요! 모든 상황을 다 커버하는 건가요?
매니저 물론이에요. 이번에 이 문제를 완전히 해결할 겁니다.

10 bring ~ to an end ~를 끝내다

미팅을 진행하고 시간이 지나면 bring it to an end하죠. 콘서트가 마무리되고, 관객들도 다 나가고, 이제 정리가 어느 정도 되면 bring it to end하면 됩니다. 비슷한 표현은 wrap ~ up, finish ~ off, draw ~ to a close 등이 있어요.

Gina I'm so tired of this argument. We need to **bring it to an end**.
Zack Agreed. How do you suggest we do that?
Gina Let's just agree to disagree and move on.
Zack That sounds like a good plan.

Gina 이 논쟁에 지쳤어. 이제 그만 끝내자.
Zack 동의해. 어떻게 하면 좋을까?
Gina 그냥 서로의 의견 차이를 인정하고 넘어가자.
Zack 그게 좋겠다.

CHAPTER 13
HEALTH
건강

왼쪽의 QR코드를 스캔하시고 '바로듣기'를 탭하세요.
해당 도서의 음원을 바로 들으실 수 있습니다.
반복 재생과 속도 조절도 가능합니다.

UNIT 1

Injuries
부상

(Ben arrives at the hospital and talks to the doctor about Cassie's injuries.)

Ben Cassie? Where's Cassie?

Doctor You must be her husband. I'm Doctor Randall.

Ben What happened?!

Doctor Your wife was hit by a car while crossing the road. She didn't **¹suffer** any **serious injuries**. The car had slowed down before she was hit, so the main causes of her injuries were from the fall.

Ben Please tell me, how is she?

Doctor She fractured her wrist; I've already put it in a cast. And she had a small cut on her head. It was just a **²minor injury**. The nurse gave her four stitches.

Ben How did she get here?

Doctor By ambulance. She was in terrible shock when they first brought her in. I've given her something to **³relieve the pain** for now and she should make **⁴a speedy recovery**.

Ben So, she'll be able to come home soon?

Doctor I believe so. She did complain of a **⁵sharp pain** in her abdomen. It could just be internal bruising, but I want to run some tests first before we release her.

Ben Thank you, Doctor. Where is she?

Doctor Just through here. Follow me.

---

fracture 골절되게 하다; 골절   put ~ in a cast ~를 깁스하다
stitch (상처를 꿰맸을 때의) 바늘땀   abdomen 복부

(Ben은 병원에 도착하여 Cassie의 부상에 대해 의사와 이야기한다.)

Ben Cassie? Cassie 어디 있어?

의사 당신이 Cassie 씨 남편이시군요. 저는 Doctor Randall입니다.

Ben 어떻게 된 거예요?!

의사 부인이 길을 건너다 차에 치였습니다. 심각한 부상은 없었어요. 부딪히기 전에 차가 속도를 줄여서, 부인의 부상은 넘어져서 생긴 거예요.

Ben 말씀해 주세요. 아내는 어떤가요?

의사 부인은 손목이 골절되었고, 이미 깁스를 했습니다. 그리고 머리에 작은 상처가 났어요. 경미한 부상이었습니다. 간호사가 네 바늘을 꿰맸고요.

Ben 아내가 여기에 어떻게 왔나요?

의사 구급차로 왔어요. 응급대원들이 처음에 이곳에 데려왔을 때는, 매우 충격을 받은 상태였어요. 당장은 통증을 완화시킬 약을 드렸고, 빨리 회복될 겁니다.

Ben 그럼 곧 집으로 돌아갈 수 있는 건가요?

의사 그럴 것 같습니다. 부인께서 복부에 날카로운 통증이 있다고 호소했는데, 단순 내부 출혈일 수도 있지만, 퇴원하시기 전에 몇 가지 검사를 먼저 해 봐야 할 것 같아요.

Ben 감사합니다, 선생님. 아내가 어디에 있나요?

의사 이쪽입니다. 따라오세요.

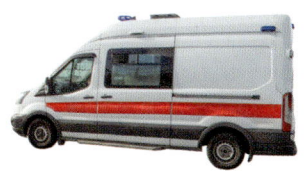

Collocations and Conversations about **Injuries**

1 suffer serious injuries 심각한 부상을 입다

자동차 사고로, 스포츠 경기를 하다가, 또는 공장에서 기계를 다루는 등의 상황에서 심각한 부상을 입을 수 있죠. 이렇게 심각한 부상을 serious injury라고 합니다. 비슷한 표현으로는 severe injuries, major injuries, critical injuries 등이 있어요.

Gracie Hey, have you heard about the car accident that happened on the highway yesterday?
Drew No, what happened?
Gracie Apparently, two cars collided and one of the drivers **suffered serious injuries**.
Drew Oh no, that's terrible.

- collide 추돌하다

Gracie 어제 고속도로에서 일어난 교통사고 소식 들었어?
Drew 아니, 무슨 일이 있었는데?
Gracie 차 두 대가 충돌해서 운전자 한 명이 크게 다쳤다고 하네.
Drew 아, 이런, 끔찍하다.

2 minor injury 경미한 부상

serious injuries와는 반대로 찰과상(scratches)이나 멍(bruises)이 드는 것 같은 가벼운 부상을 minor injuries라고 해요. minor 대신 slight, non-serious 등도 쓸 수 있습니다.

Husband Hey, did you hear about the accident at the construction site yesterday?
Wife No, what happened?
Husband A worker fell off a ladder, but thankfully, they only suffered **minor injuries**.
Wife That's a relief.

남편 어제 공사장에서 일어난 사고에 대해 들었어?
아내 아니, 무슨 일이 있었는데?
남편 작업자가 사다리에서 떨어졌는데 다행히 경미한 부상만 입었대.
아내 다행이네.

3 relieve the pain 통증을 완화하다

relieve와 함께 나오는 뭉치에 relieve stress(스트레스를 줄이다), relieve tension(긴장을 늦추다), relieve the pain(통증을 완화하다) 등이 있어요. relieve the pain과 비슷한 표현으로는 alleviate the pain, ease the pain, soothe the pain 등이 있습니다.

Allison Ugh, my head is killing me.
Don Do you want me to get you some aspirin?

Allison　That would be great, thanks.
Don　Here you go. Hopefully, that will **relieve the pain**.

> Allison 아우, 머리가 아파 죽겠어.
> Don 아스피린 좀 가져다줄까?
> Allison 그러면 좋겠어. 고마워.
> Don 여기. 이제 통증이 좀 가라앉을 거야.

4　a speedy recovery　빠른 회복

빠른 회복은 a speedy recovery라고 합니다. Wishing you for a speedy recovery.(빨리 회복하기를 빌어.)로 많이 쓰입니다. 비슷한 상황에서 사용할 수 있는 표현은 Get well soon., Feel better., Get back on your feet. 등이 있어요.

Grant　I heard that you had to go to the hospital. Are you okay?
Violet　Yeah, I'm alright. I had to have a small procedure done, but the doctor says I should have **a speedy recovery**.
Grant　That's good to hear. So you'll still be able to make the concert next week, right?
Violet　As long as everything continues to improve, I'll definitely be there for the concert next week.

- procedure 시술

> Grant 병원에 가야 했다고 들었어. 괜찮은 거야?
> Violet 응, 괜찮아. 간단한 시술을 받아야 했지만 의사가 빨리 회복할 거라고 했어.
> Grant 다행이네. 그럼 다음 주에 있는 콘서트에 올 수 있는 거겠네?
> Violet 계속 괜찮아지면 다음 주 콘서트장에 있을 수 있을 거야.

5　sharp pain　날카로운 통증

칼에 베이거나, 쥐가 나거나 할 때 느끼는 찢어질 듯한 고통을 나타내는 표현이 바로 sharp pain이에요. 비슷한 표현으로 intense pain, stabbing pain, shooting pain 등이 있습니다.

Nurse　Are you okay? You look like you're in pain.
Patient　Yeah, I have this **sharp pain** in my side. It's been bothering me all day.
Nurse　Okay, just wait over there. The doctor will see you soon.

> 간호사 괜찮으세요? 아프신 것 같아요.
> 환자 네, 옆구리에 날카로운 통증이 있어요. 온종일 아프네요.
> 간호사 알겠어요. 저기서 기다려 주세요. 의사 선생님이 곧 진료해 주실 거예요.

UNIT 2

Illnesses
병

(Cassie is still in the hospital, and she can't leave yet because the doctor is running more tests. She expresses to Ben that she's worried it is something terminal.)

Ben Cassie! How are you feeling?

Cassie I'm feeling okay, this pain in my side has [1]**remained constant** since the accident. What if I'm bleeding internally?

Ben Try not to worry about that now. Just focus on getting better.

Cassie What if they find out that I'm [2]**terminally ill** or something?

Ben Let's just wait to see what the doctor says. There's no cause for concern right now.

Cassie Of course, there is! The doctor said they need to run some tests.

Ben But you don't [3]**suffer from a chronic condition**. You don't have any symptoms.

Cassie You never know. My body could be slowly declining, and I don't even know it.

Ben You're in perfect health! You've received all your vaccinations. You haven't even caught a cold this year.

Cassie I bet it's cancer.

Ben I'm sure it's not, but even if that was the case, science has made [4]**dramatic improvements** in recent years so having cancer isn't necessarily a death sentence.

Cassie My grandmother had breast cancer, and do you know the [5]**life expectancy** of women with breast cancer?!

Ben Please Cassie, I don't think you should worry about something until you've been diagnosed with it. Just try to be patient and wait to see what the test results are.

---

death sentence 사형 선고

(Cassie는 아직 병원에 입원해 있고, 의사가 검사를 더 진행 중이라서 아직 퇴원하지 못한다. 그녀는 Ben에게 불치병이 아닐까 걱정된다고 한다.)

Ben Cassie! 몸은 좀 어때?

Cassie 괜찮아. 사고 이후 옆구리 통증이 계속 있네. 내부에 출혈이 있는 거면 어쩌지?

Ben 일단 그건 걱정하지 말고, 낫는 데 집중해 봐.

Cassie 내가 말기 병을 앓고 있다거나 그런 게 발견되면 어쩌냐고?

Ben 일단 의사가 뭐라고 하는지 기다려 보자. 지금은 걱정할 이유가 없어.

Cassie 당연히 걱정할 이유가 있지! 의사가 몇 가지 검사를 해 봐야 한다고 했잖아.

Ben 하지만 자기는 지병 같은 게 없잖아. 어떤 증상도 없고.

Cassie 알 수 없는 거지. 내 몸이 천천히 약해지고 있을 수도 있는데 난 그것도 모르는 거고.

Ben 자기 건강 상태는 아주 좋아! 백신도 다 맞았고. 금년엔 감기도 한 번 걸리지 않았잖아.

Cassie 분명 암일 거야.

Ben 그건 아닐 거야. 하지만 심지어 그게 사실이라도, 최근에는 과학 기술이 엄청 발전해서 암이라고 해서 꼭 사형 선고를 받는 것도 아니야.

Cassie 우리 할머니도 유방암이었는데, 유방암 여성의 평균 수명을 알아?!

Ben 제발 Cassie, 암이라고 진단받기 전까지 걱정할 일은 없어. 그냥 차분하게 검사 결과가 어떨지 기다리자고.

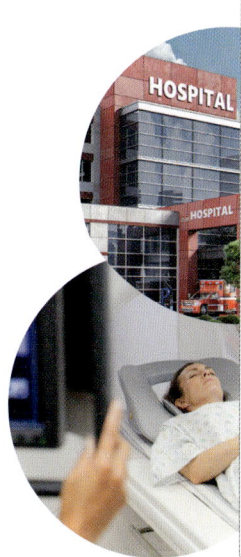

Collocations and Conversations about **Illnesses**

1 remains constant 일정하게 유지하다

어떤 상태로 꾸준히 가는 것을 말합니다. 비슷한 표현으로 stay consistent, remain steady, doesn't waver가 있어요.

Roommate 1 How's your headache?
Roommate 2 It's still there. The pain **remains constant**, no matter what I do.
Roommate 1 Maybe you should try taking some pain relievers?
Roommate 2 I already took some, but they don't seem to be helping.

- pain reliever 진통제(= pain killer)

룸메이트 1 두통은 좀 어때?
룸메이트 2 아직도 아프네. 뭘 해도 통증이 그대로야.
룸메이트 1 진통제를 먹어 봐야 하는 걸까?
룸메이트 2 이미 먹었는데, 도움이 안 되는 것 같아.

2 terminally ill 말기의

terminal은 명사로는 '종착역'을 말하고, 형용사로는 '말기의, 불치의'라는 뜻이에요. 병의 종착역이라고 하면, 마지막 단계, 즉 '말기'를 말하죠. 그래서 terminally ill이라고 하면 고치기 힘든 '말기의'라는 뜻이에요. 비슷한 표현으로 in an incurable condition(치료 불가한 질환인), in end-stage illness(말기인) 등이 있습니다.

Kurt How's your aunt doing? I heard she was sick.
Gloria Yeah, unfortunately, she's **terminally ill**. The doctors say she doesn't have much time left.
Kurt I'm so sorry to hear that.

Kurt 이모는 좀 어떠셔? 아프시다면서.
Gloria 응. 안타깝게도 말기 암에 걸리셨어. 의사들이 시간이 얼마 남지 않았다고 해.
Kurt 정말 안타깝다.

3 suffer from a chronic condition 만성 질환을 앓다

chronic pain(만성적인 통증), chronic illness(만성 질환), chronic fatigue(만성 피로)는 모두 우리 몸 문제와 관련이 있습니다. chronic은 이런 것이 오랫동안 지속됨을 강조할 때 사용하는 형용사예요. 비슷한 표현으로 long-term condition, persistent condition, long-standing health issue 등이 있어요.

Rebecca Do you know why Johnny always brings his homemade food to work?
Pete Yeah, he **suffers from a chronic condition** that makes him allergic to certain foods.
Rebecca Oh, that's too bad. What kind of condition is it?
Pete It's a digestive disorder that causes him a lot of pain if he's not careful about what he eats.

Rebecca Johnny가 왜 항상 집에서 만든 음식을 가지고 출근하는지 알아?
Pete 응, Johnny는 특정 음식에 알레르기가 있는 만성 질환을 앓고 있잖아.
Rebecca 오, 그거 안됐네. 어떤 질환인데?
Pete 음식을 조심하지 않으면 소화 장애로 큰 고통을 겪어.

4 dramatic improvements 극적인 개선

약 한 번 먹었을 뿐인데 몇 날 며칠 아프던 통증이 싹 가신다거나, 희박했던 생존율이 세 배 이상으로 길어질 때 이 표현을 쓸 수 있어요. 비슷한 표현은 major improvements, significant progress, remarkable gains 등이 있습니다.

Brother How's Grandma doing? I heard she started physical therapy.
Sister Yeah, she has. And the good news is that she's already seen some **dramatic improvements**.
Brother That's great to hear!

오빠 할머니는 좀 어때? 물리치료를 시작하셨다고 들었는데.
여동생 그래, 시작하셨어. 좋은 소식은 할머니가 벌써 상태가 아주 많이 좋아지셨다는 거야.
오빠 정말 다행이다!

5 life expectancy 기대 수명

비슷한 표현으로는 average lifespan, expected lifespan이 있고, 이를 넘어서 오래 사는 것은 longevity(장수)라고 합니다.

Doctor 1 Did you hear about the new medical breakthrough?
Doctor 2 No, what were you talking about?
Doctor 1 They found a way to extend the **life expectancy** of mice by almost 50 percent.
Doctor 2 Really? That's incredible.

- breakthrough 혁신, 돌파구, 중대한 발견

의사 1 새로운 의학 발견에 대해 들으셨나요?
의사 2 아니요, 어떤 것에 대해서 말씀하시는 거죠?
의사 1 쥐의 수명을 50% 가까이 연장할 수 있는 방법을 찾았대요.
의사 2 정말요? 대단하네요.

UNIT 3

Treatment
치료

(Shawn and Amber come to visit Cassie in the hospital.)

Amber Cas! There you are! Are you okay?

Shawn We came as soon as we heard! How are you?

Cassie I just have a broken wrist and a couple of stitches on my head.

Amber That looks really bad.

Cassie It looks worse than it is because of the ointment they added to **¹prevent infection**.

Shawn Are you in pain?

Cassie Not really. The nurse gave me some strong **²pain relievers** about an hour ago to **³ease the pain**.

Shawn That's good. I assume they're stronger than **⁴over-the-counter medication**, right?

Cassie I think so. Whatever they gave me, it seems to be working.

Amber Why are they still keeping you here then?

Cassie They're running some tests to see what the cause of the pain in my side is. They can't give me anything to **⁵alleviate the symptoms** until they know what the cause is.

Ben The doctor should be back any minute with the results.

Shawn You're going to be fine, Cas. Just rest up, get plenty of sleep, and keep taking your medicine.

---

any minute 곧   rest up 충분히 휴식을 취하다

(Shawn과 Amber가 병원에 있는 Cassie에게 면회를 온다.)

Amber Cas! 여기 있구나! 괜찮아?

Shawn 소식 듣자마자 왔어! 좀 어때?

Cassie 손목이 부러지고 머리 몇 바늘 꿰맸어.

Amber 진짜 안 좋아 보이네.

Cassie 감염을 막으려고 연고를 발라서 더 안 좋아 보이는 거야.

Shawn 많이 아파?

Cassie 아니, 그렇게 아프진 않아. 간호사가 한 시간쯤 전에 강한 진통제를 줘서 통증이 좀 가라앉았어.

Shawn 다행이다. 처방전 없이 살 수 있는 일반 약보다는 더 강한 거겠지?

Cassie 그런 것 같아. 뭘 줬는진 모르겠는데, 효과는 있는 것 같아.

Shawn 그럼 왜 아직도 계속 여기 있으라는 거야?

Cassie 옆구리 통증의 원인이 뭔지 알아내려고 몇 가지 검사를 하고 있어. 원인이 무엇인지 알기 전에는 증상을 완화시킬 약을 줄 수 없거든.

Ben 의사가 곧 결과 가지고 올 거야.

Shawn 괜찮을 거야, Cas. 그냥 푹 쉬고, 잠도 충분히 자고, 약도 계속 잘 먹어.

Collocations and Conversations about **Treatment**

1 prevent infection 감염을 예방하다

prevent는 뭔가를 막는 것이고, infection은 germs(세균), viruses(바이러스) 등에 감염되는 것을 말합니다. 우리가 hand sanitizer(손소독제)를 사용하는 것은 미리 prevent infection하기 위해서죠. 비슷한 표현으로는 avoid contamination, reduce the risk of infection 등이 있어요.

Joseph I heard you got a cut on your hand. Did you clean it and bandage it up?
Marie Yes, I did. I washed it with soap and water, put some antibacterial ointment on it, and covered it with a bandage.
Joseph Good job. That should help **prevent infection**.

- bandage up 붕대를 감다, 밴드를 붙이다

Joseph 너 손에 상처가 났다고 들었는데. 상처 잘 닦고 밴드 붙였어?
Marie 응, 그렇게 했어. 비누와 물로 씻고 항균 연고를 바르고 밴드로 덮었어.
Joseph 잘했어. 그게 감염을 예방하는 데 도움이 될 거야.

2 pain reliever 진통제

relieve는 '~를 경감하다'라는 뜻이니 pain을 relive하는 것인 pain reliever는 '진통제'가 됩니다. 비슷한 표현은 painkiller, pain medication 등이 있어요.

Phil Are you feeling okay? You look like you're in pain.
Marty Yeah, I have a stomachache. I think it's because of something I ate.
Phil Maybe you should take a **pain reliever**. I have some in my bag.
Marty Thanks, Phil, I appreciate it. I'll take one, hopefully it helps.

Phil 괜찮아? 아파 보이는데.
Marty 응, 배가 아파. 내가 먹은 무언가 때문인 것 같아.
Phil 진통제를 먹어야 할 것 같은데. 내 가방에 진통제 좀 있어.
Marty 고마워, Phil, 한 알 먹을게. 효과가 있어야 할 텐데.

3 ease the pain 고통을 완화[경감]시키다

ease는 동사로 사용되는 경우가 사실 거의 없는데요. 신기하게도 ease the pain은 함께 자주 쓰입니다. 비슷한 표현으로는 reduce the pain, alleviate the pain, relieve the pain 등이 있어요.

Husband How's your mom doing after her surgery?
Wife She's in a lot of pain, but the doctor gave her some pain reliever to **ease the pain**.
Husband That's good to hear. I hope it helps.

남편 장모님은 수술 후 좀 어떠셔?
아내 많이 아파하시는데, 통증이 덜어지도록 의사가 진통제를 주었어.
남편 다행이네. 진통제가 들었으면 좋겠다.

4 over-the-counter medication 처방전 없이 구매할 수 있는 의약품

요즘은 가벼운 두통약이나 복통약은 convenient store(편의점)에서도 구매할 수 있죠. 이런 약들을 over-the-counter medication이라고 합니다. 미국에는 이런 처방전 없이 구할 수 있는 약들이 무척 많아요. 비슷한 표현은 over-the-counter drug, non-prescription medication 등이 있어요.

Riley I heard you weren't feeling well. Is everything okay?
Sasha Yeah, I have a bit of a cold. Nothing too serious.
Riley Have you taken anything for it?
Sasha Yeah, I took some **over-the-counter medication**. It seems to be helping.

> Riley 몸이 안 좋다고 들었는데, 괜찮은 거야?
> Sasha 응, 감기 걸렸어. 심각한 건 아니야.
> Riley 약은 먹었어?
> Sasha 응, 약국에서 약 좀 사 먹었어. 약이 듣는 것 같아.

5 alleviate the symptoms 증상을 완화시키다

앞에서 ease the pain(고통을 완화시키다)이라는 표현을 배우면서, 이때 ease와 비슷한 표현으로 alleviate가 있다고 했어요. 이렇게 '뭔가를 완화시키다'라고 할 때 alleviate도 자주 사용하는데요. alleviate와 자주 나오는 콜로케이션은 이것 말고도 alleviate stress(스트레스를 줄이다), alleviate pressure(부담을 줄이다), alleviate poverty(가난을 경감하다) 등이 있어요.

Wayne How are you feeling today?
Tracy Not great, to be honest. I have a migraine and I can't seem to shake it.
Wayne Have you tried taking anything for it?
Tracy Yeah, I took some medication, but it hasn't done much to **alleviate the symptoms**.

- migraine 편두통   shake 없애다(= get rid of)

> Wayne 오늘 기분은 어때?
> Tracy 솔직히 별로. 편두통이 있는데 계속 아프네.
> Wayne 약은 먹어 봤어?
> Tracy 응, 약을 먹었는데, 증상을 완화하는 데 별 도움이 되지 않네.

UNIT 4
Pregnancy
임신

(The doctor comes in to tell Ben and Cassie the test results, and it turns out they're pregnant.)

Doctor Can I have a moment alone with Cassie? There is a [1]**delicate subject** for us to discuss.

Cassie Can Ben stay?

Doctor Of course, but everyone else, please wait in the waiting room… Thank you… I have your test results, Cassie.

Cassie Okay, I'm ready.

Doctor The pain in your side is just some minor bruising. We will keep you on the medication for the pain and that will heal up on its own. But I have other news… You're pregnant.

Ben What?? We're… we're… we're having a baby?

Doctor That's right. We tested your urine sample, and it came back positive. Cassie, you are [2]**expecting a baby**. I believe you're about six weeks into your pregnancy already.

Cassie Oh my… Ben! Can you believe it?

Ben Doc, do you know when the baby is due? Is it a boy or a girl?

Doctor We'll follow up with Cassie to determine the exact [3]**due date**. And it is too soon to tell the sex. We will need to schedule an ultrasound first. The nurse will be in shortly to make those appointments with you. Congratulations.

Cassie Oh, Ben. I'm so happy!

Ben Me too! Can you believe it? We're going to [4]**raise a family**!

Cassie When should we [5]**break the news to** everyone?

Ben Let's call our parents first, and then we can invite our friends back in to tell them.

Cassie Great idea!

---

heal up on one's own 스스로 회복되다   urine sample 소변 샘플
ultrasound 초음파   shortly 곧

(의사가 들어와 Ben과 Cassie에게 검사 결과를 알려 주는데, 검사 결과 Cassie는 임신한 것으로 판명된다.)

의사 Cassie 씨, 잠깐 우리끼리만 얘기 좀 할 수 있을까요? 민감한 주제에 대해서 말할 게 있어서요.

Cassie Ben이 여기 있어도 될까요?

의사 그럼요. 그런데 다른 분들은 대기실에서 기다려 주세요… 감사합니다… 검사 결과가 나왔습니다, Cassie 씨.

Cassie 네, 들을 준비됐어요.

의사 옆구리 통증은 그냥 가벼운 타박상이에요. 통증 약을 드릴테니 복용하면 저절로 낫게 될 거예요. 그런데 다른 소식이 있어요… 임신하셨습니다.

Ben 네?? 우리… 우리… 우리가 아기를 가졌다고요?

의사 그렇습니다. 소변 샘플을 검사했는데 양성 반응이 나왔어요. Cassie, 아기를 낳으실 거예요. 벌써 임신 6주 정도 되신 것 같은데요.

Cassie 오, 세상에… Ben! 믿어져?

Ben 선생님, 아기 예정일이 언제인지 아세요? 아들이에요, 딸이에요?

의사 정확한 예정일을 확인하기 위해 진료를 더 할 거예요. 그리고 성별을 구분하기는 아직 너무 일러요. 먼저 초음파 검사 일정을 잡아야 할 거예요. 간호사가 예약을 위해 곧 들어올 거예요. 축하합니다.

Cassie 오, Ben. 너무 기뻐!

Ben 나도! 믿어져? 우리가 가정을 꾸린다고!

Cassie 언제 모두에게 이 소식을 전하지?

Ben 먼저 부모님께 전화한 다음 친구들 들어오라고 해서 말하자.

Cassie 좋은 생각이야!

Collocations and Conversations about **Pregnancy**

1 `delicate subject` 민감한 주제

이혼 문제, 돈 문제, 죽음에 관한 문제들은 많은 사람들이 민감하게 받아들일 수 있는데요, 이런 주제를 delicate subject라고 합니다. 비슷한 표현에는 sensitive topic, touchy subject, controversial issue 등이 있습니다.

Roommate 1 Can I ask you something? It's kind of a **delicate subject**.
Roommate 2 Of course. What is it?
Roommate 1 It's about money. I'm having a really hard time making ends meet, and I was wondering if you could lend me some money.
Roommate 2 Sure, how much do you need?

- make ends meet 근근히 먹고 살다

룸메이트 1 뭐 하나 물어봐도 될까? 좀 민감한 주제이긴 한데.
룸메이트 2 그럼. 뭔데?
룸메이트 1 돈에 관한 거야. 내가 지금 생활이 너무 어려워서, 혹시 네가 돈 좀 빌려 줄 수 있나 해서.
룸메이트 2 그래. 얼마나 필요한데?

2 `expect a baby` 출산 예정이다

expect는 예상하고 기대하는 거예요. 그러면 baby(아기)를 기대하고 예상한다는 것은 이미 임신해서 '아이의 출산을 기다린다'는 의미입니다. 비슷한 표현은 have a baby, be pregnant, have a bun in the oven 등이 있어요.

Friend 1 My son and his wife are **expecting a baby**!
Friend 2 That's great news! I'm so happy for them and for you. You're going to be a grandma.
Friend 1 Do you think I'll be a good grandmother?
Friend 2 Absolutely! They're lucky to have you.

친구 1 내 아들과 며느리가 아기를 낳을 거라네!
친구 2 정말 좋은 소식이네! 정말 너무 잘됐다. 너 이제 곧 할머니가 되네.
친구 1 나 좋은 할머니가 될 수 있을까?
친구 2 당연하지! 네가 할머니라니 그 애들은 행운인 거야.

3 `due date` (출산) 예정일

due date는 보통 '지급 만기일, 마감일'을 말합니다. 또 아이가 엄마 배 속에 있다가 거기서의 삶을 마감(?)하고 바깥으로 나가는 날, 즉 '출산 예정일'도 due date이라고 합니다. 비슷한 표현은 estimated delivery date가 있어요.

Gail I heard that you're pregnant! Congratulations! So when is your **due date**?
Patty Thank you! In about six months.

Gail 임신했다면서! 축하해! 예정일이 언제야?
Patty 고마워! 6개월 정도 남았어.

4 raise a family   가정을 꾸리다

raise는 '키우다'라는 뜻이어서 아이를 기른다고 할 때 raise a child라고 합니다. child 대신 family를 쓰면 가족을 만들어 꾸려 나가는 것을 뜻합니다. 사실 이것보다 더 많이 나오는 표현은 start a family고, build a family도 자주 씁니다.

Robert What are your plans for the future?
Valerie I want to settle down and **raise a family**.
Robert That sounds nice. How many kids do you want?
Valerie I think two or three would be perfect.

Robert 앞으로의 계획이 뭐야?
Valerie 정착해서 가정을 꾸리고 싶어.
Robert 그거 좋네. 자녀는 몇 명 정도 낳고 싶어?
Valerie 두세 명 정도면 아주 좋을 것 같은데.

5 break the news to ~   ~에게 (중요한) 소식을 전하다

break the news에서 break는 중요한 것을 긴급하게 전하는 느낌이에요. 그래서 속보를 breaking news라고 합니다. 보통 결혼, 임신, 구직 소식 등 인생의 중요한 변화를 가족들에게 알릴 때 break the news를 많이 사용해요. 물론 간단하게 tell, inform, let someone know, share the news 같은 쉬운 표현을 사용해도 좋아요.

Nathan Hey, have you told your parents about your decision?
Ruth No, not yet. I'm not sure how to **break the news to** them.
Nathan It's never easy to tell someone something they might not want to hear, but it's important to be honest with them.

Nathan 부모님께 네 결정 말씀드렸어?
Ruth 아니, 아직. 부모님께 어떻게 말씀드려야 할지 모르겠어.
Nathan 상대방이 듣고 싶어 하지 않을 수도 있는 말을 한다는 게 결코 쉬운 일은 아니지만, 솔직하게 말하는 것이 중요하지.

UNIT 5
Results and Outcomes
결과

(Cassie and Ben tell their friends and family the good news, and they are excited for them.)

Madison Hey guys, how's Cassie?

Rachel Is she in really bad shape? Is that why Amber is crying?

Derek No, Amber [1]**burst into tears** because she is [2]**utterly convinced** that Cassie is dying.

Shawn We just saw Cassie and she just has a broken wrist and cut on her head, and it seemed that the pain medicine was having a [3]**beneficial effect**, so…

Madison So then why has Amber [4]**arrived at a different conclusion**? What am I missing?

Rachel Was there some [5]**adverse effect** of the pain medication?

Derek We don't know anything more. The doctor is in there with her and Ben right now.

Amber Look, the doctor just made us leave the room in order to tell her what I'm sure are the [6]**inevitable results**. That she's dying. It's the only [7]**likely outcome**…

Ben Hey everyone, come in and hear the news…

Cassie We're having a baby!!!!

Madison What an [8]**unexpected outcome**! Congratulations! And this is… well… not to be insensitive, but a [9]**desired result**, right?

Cassie Of course! I'm going to be a mom!

Amber I knew you would be okay!

Shawn No, you didn't! You just said…

Derek That's enough you two. Congrats you guys! And now [10]**order has been restored**.

Rachel This is cause for celebration! Let's all go out!

Ben Sure, but somewhere low-key. I think Cassie will be taking it easy for a while.

Cassie Yes, let's go! I can't wait to get out of here!

---

low-key 조용한

(Cassie와 Ben이 친구와 가족에게 임신 소식을 전하자 그들이 기뻐한다.)

Madison 얘들아, Cassie는 어때?

Rachel 정말 상태가 안 좋아? 그래서 Amber가 울고 있는 거야?

Derek 아니, Amber는 Cassie가 죽어가고 있다고 완전히 확신해서 눈물이 터진 거야.

Shawn 우리가 방금 Cassie를 봤는데 그냥 손목 부러지고, 머리에 상처가 있던데. 그래도 진통제 덕분인지 꽤 괜찮아 보였어. 그러니…

Madison 그럼 왜 Amber는 다른 결론에 도달한 거야? 내가 뭐 모르는 거 있어?

Rachel 진통제 부작용이 있었던 거야?

Derek 우리도 더 이상은 몰라. 의사 선생님이 Cassie랑 Ben과 함께 지금 안에 있어.

Amber 의사가 어쩔 수 없는 결과를 말하려고 우리 보고 나가라고 한 거야. Cassie가 죽어가고 있다는 거. 그게 유일하게 생각할 수 있는 결과잖아…

Ben 얘들아, 들어와서 소식 좀 들어 봐…

Cassie, Ben 우리 아이를 가졌어!!!

Madison 전혀 예상치 못한 결과네! 축하해! 근데…음… 기분 나쁘게 들리지 않았으면 하는데, 원하는 결과 맞지?

Cassie 당연하지! 내가 엄마가 된다고!

Amber 난, 너 괜찮을 줄 알았어!

Shawn 아닌데! 네가 방금 말한 건…

Derek 너희 둘 그만해라. 정말 축하해! 이제 모든 게 다 정상으로 돌아왔네.

Rachel 축하할 일이니까 다들 나가자!

Ben 물론이야. 하지만 좀 조용한 곳으로 가면 어떨까? Cassie가 당분간은 좀 쉬어야 할 것 같아.

Cassie 그래. 나가자! 빨리 여기서 나가고 싶어!

Collocations and Conversations about Results and Outcomes

1 burst into tears 울음을 터뜨리다

burst는 갑자기 뭔가 '빵' 하고 터지는 느낌이에요. 충격적인 소식을 듣고(나쁜 소식이 될 수도 있고 좋은 소식이 될 수도 있어요) 갑자기 울음을 터뜨릴 때 burst into tears라고 할 수 있습니다. 이것을 응용해 보면 burst into laughter(갑자기 빵 하고 웃음을 터뜨리다), burst into applause(갑자기 박수를 치다)도 쉽게 이해할 수 있어요.

Mike What happened? You look like you're about to **burst into tears**.
Kimberly I just got some bad news from the doctor. My health isn't as good as I thought it was.
Mike I'm so sorry to hear that. Just let me know if there's anything I can do for you.

> Mike 무슨 일이야? 너 막 울음이 터지려는 것처럼 보여.
> Kimberly 의사한테서 안 좋은 얘기 들었어. 내 건강이 생각보다 좋지 않다는 거야.
> Mike 저런, 정말 안타깝다. 내가 해 줄 수 있는 게 있으면 알려 줘.

2 utterly convinced 완전히 확신하는

be convinced는 '확신하다'인데, utterly가 앞에서 convinced를 강조해 주고 있습니다. utterly 대신 completely, absolutely, firmly 등을 사용해도 좋아요.

Jennifer Have you decided which laptop to buy?
Erin Yes, I'm **utterly convinced** that this new model is the best choice for me. It has all the features I need, and the reviews are great. Plus, it's within my budget.
Jennifer That's great. You seem confident in your decision.

> Jennifer 어떤 노트북을 살 건지 결정했어?
> Erin 응, 이 새 모델이 나한테 최고의 선택인 게 확실해. 나한테 필요한 모든 기능을 갖추고 있고 리뷰도 아주 좋아. 게다가 내 예산 범위 안에 있어.
> Jennifer 잘됐네. 아주 확신에 찬 결정인 것 같은데.

3 beneficial effect 유익한 효과

영어로 꾸준히 세상 정보를 접하면, 여행할 때 그 지역 사람들과 대화가 편하고, 또 치매도 예방할 수 있다고 해요. 이 모두가 beneficial effect인 것입니다. 비슷한 표현은 positive impact, favorable outcome 등이 있어요.

Diego Have you noticed any changes in your mood since you started working out regularly?
Andrew Yes, I've noticed a **beneficial effect** on my mental health. I feel more energized and positive.
Diego That's great to hear. Maybe I should start working out too.

Diego 규칙적으로 운동하기 시작한 후 기분에 어떤 변화가 좀 생겼어?
Andrew 응, 정신 건강에 유익한 효과를 봤어. 더 활기차고 긍정적인 기분이 들거든.
Diego 좋은 소식이네. 나도 운동을 시작해야겠다.

4 arrive at a different conclusion 다른 결론에 도달하다

동일한 데이터와 상황에서 다른 이들과 다른 결론에 도달할 때 쓰는 표현이에요. 비슷한 표현으로 arrive at 대신에 come to, reach, draw 등을 쓸 수 있습니다.

Investor 1 I think we should invest in this new stock. The market is showing signs of growth.

Investor 2 Actually, I disagree. I've been following the market closely and I've **arrived at a different conclusion**. I think we should hold off on investing until the market stabilizes.

- hold off on ~ ~를 보류하다   stabilize 안정화되다

투자자 1 이 새로운 주식에 투자해야 할 것 같아요. 그 시장이 성장할 기미를 보이고 있어요.
투자자 2 사실, 전 생각이 다릅니다. 그 시장을 면밀히 관찰해 왔는데, 다른 결론에 도달했어요. 시장이 안정될 때까지 투자를 보류해야 한다고 생각합니다.

5 adverse effect 부작용

positive effect 또는 beneficial effect와 반대되는 것을 adverse effect라고 합니다. 비슷한 표현은 negative impact, harmful consequence, undesirable outcome, side effect가 있어요.

Physician Have you started taking the new medication?
Patient Yes, I have. But I've been experiencing some **adverse effects**.
Physician Oh no, what kind of effects?
Patient I've been feeling really dizzy and nauseous. It's been difficult to function normally.

- dizzy 어지러운   nauseous 메스꺼운

의사 새 약을 복용하기 시작하셨나요?
환자 네, 시작했습니다. 하지만 몇 가지 부작용을 겪고 있어요.
의사 아, 이런. 어떤 부작용인가요?
환자 정말 어지럽고 메스꺼운 느낌이 들어요. 정상적으로 생활하기가 힘듭니다.

Collocations and Conversations about **Results and Outcomes**

6 inevitable result 불가피한 결과

열심히 하지 않는데 결과가 좋을 수 없습니다. 면접을 보는데 그 회사에 대한 조사를 전혀 하지 않고 갔다가 떨어진 것은 inevitable result겠죠. 비슷한 표현으로는 sure thing, unavoidable outcome, inevitable consequence 등이 있어요.

Supervisor 1 I heard that the company is going bankrupt. Is that true?
Supervisor 2 Yes, unfortunately. It was an **inevitable result** of poor financial management and market conditions.
Supervisor 1 That's really sad. I wonder what will happen to the employees.

> 관리자 1 그 회사가 파산할 거라고 들었는데, 사실인가요?
> 관리자 2 네, 안타깝게도 그래요. 부실한 재무 관리와 시장 상황으로 인한 불가피한 결과였습니다.
> 관리자 1 정말 애석하네요. 직원들은 어떻게 될지 궁금하군요.

7 likely outcome 있을 법한 결과

likely는 '~할 것 같은, 있음직한'의 뜻이에요. 그렇다면 likely outcome은 '가능성이 있는 결과'를 말하는 거겠죠? 비슷한 표현들로는 probable result, expected outcome, anticipated conclusion 정도가 있겠네요.

Teammate 1 Do you think we'll be able to finish the project on time?
Teammate 2 Based on our progress so far, the **likely outcome** is that we will be able to finish it on time.
Teammate 1 That's great news. I was worried we wouldn't be able to meet the deadline.

> 팀원 1 우리가 프로젝트를 제시간에 완료할 수 있을 것 같아?
> 팀원 2 지금까지의 진행 상황으로 볼 때 제시간에 완료할 수 있을 것 같아.
> 팀원 1 좋은 소식이네. 마감일을 맞추지 못할까 봐 걱정했거든.

8 unexpected outcome 예상치 못한 결과

unexpected는 '예상치 못한, 깜짝 놀랄 만한'이란 의미예요. 예를 들어 2016년 미국 대선에서 거의 대부분 힐러리가 대통령이 될 거라고 예상했지만, 트럼프가 된 것이 unexpected outcome이었죠. 비슷한 표현으로 surprising outcome, unforeseen consequence, unanticipated outcome 등이 있어요.

Alice How did the meeting with the investors go?
Joe Unfortunately, we had an **unexpected outcome**.
Alice How so?
Joe They were initially going to invest in our company, but then they changed their minds.

Alice 투자자과의 미팅은 어떻게 진행되었어?
Joe 안타깝게도 예상치 못한 결과가 나왔어.
Alice 어떻게?
Joe 처음에는 투자자들이 우리 회사에 투자하려고 했는데, 나중에 마음을 바꾸더라고.

9 desired result 원하는 결과

desire는 '바라다'이고, 내가 '바라는 결과'가 바로 desired result예요. 비슷한 표현으로는 intended outcome, preferred outcome 등이 있어요.

Kate Did you get the test results back from the doctor?
Melanie Yes, I did. The good news is that everything looks normal, and I got the **desired result**.
Kate That's great to hear! I'm glad everything is okay.

> Kate 의사한테서 검사 결과는 받았어?
> Melanie 응, 받았어. 좋은 소식은 모든 것이 정상으로 보이고 내가 원하는 결과를 얻었다는 거야.
> Kate 정말 다행이네! 모든 것이 괜찮아서 다행이야.

10 order is restored 질서가 회복되다

폭동 사태가 진압되고, 자연재해로 파괴된 도시가 복구되고, 파산 신청으로 문제가 있었던 회사가 인수되어 안정되는 상황에서 order is restored가 매우 자연스럽게 쓰일 수 있습니다. 비슷한 표현은 return to normalcy, regain control, establish equilibrium 등이 있어요.

Lucas Did you experience the power outage last night?
Nat Yes, I did. It was chaotic at first, but thankfully the power came back on after a few hours.
Lucas That's good to hear. Did everything go back to normal after that?
Nat Of course. Once the power was back on, **order was restored**.

> Lucas 어젯밤에 너도 정전 겪었어?
> Nat 응. 처음에는 정신이 없었는데, 다행히도 몇 시간 후에 전기가 다시 들어왔어.
> Lucas 다행이네. 그 후 모든 것이 정상으로 복귀된 거야?
> Nat 그렇지. 전원이 다시 들어오니까, 모든 게 정상으로 돌아갔어.

INDEX

A

abdomen	복부	304
absolutely essential	정말 꼭 필요한	82
achieve one's goals	목표를 이루다	18
achieve one's personal best	개인 최고 성과를 달성하다	186
address the issue	문제를 해결하다	82
admire the view	(멋진) 경치에 감탄하다/감상하다	108
adopt	입양하다	133
adorable	예쁜, 귀여운	133
adverse effect	부작용	323
affordable housing	저렴한 주택	234
agree to disagree	의견 차이를 인정하다, 서로의 의견을 존중하다	291
alien	외계인	78
alleviate the symptoms	증상을 완화시키다	315
all-time favorite	역대 가장 좋아하는 것	190
along the coast	해안을 따라	98
altitude	고도	88
amenities	편의 시설	277
an acquired taste	(시간이 갈수록 길들여져) 좋아지는 맛	203
an easy read	쉽게 읽히는 것 (기사, 책 등)	191
any minute	곧	312
argument	주장	175
around the block	근처	108
arrive at a different conclusion	다른 결론에 도달하다	323
as a last resort	최후의 수단으로	271
as of ~	~부터, ~ 날짜로	208
as planned	계획대로	175
as soon as possible	최대한 빨리	37
associate A with B	A와 B를 연결하다	67
astrology	점성술	124
at a stage in one's life	인생의 상황/단계	35
at ease	(마음이) 편안한	250
at the moment	현재, 지금	36
athletic build	근육질의 보기 좋은 몸매	119
attend a lecture	강의를 듣다	162
attentive	배려하는, 신경을 쓰는	66
awkward silences	어색한 침묵	154

B

back in time	늦지 않게 돌아와서	178
back up	뒷받침하다	175
bandage up	붕대를 감다, 밴드를 붙이다	314
be fully aware	충분히 인지하다	27
be headed	향해서 가다	94
be moved	감동하다	284
be off	뭔가 잘못되다	284
be on the go	매우 바쁘다, 정신없다	42
be stressed about ~	~에 스트레스 받다	16
be swamped	매우 바쁜	223
beneficial effect	유익한 효과	322
between jobs	구직 중인	226
big deal	큰일	140
birth mother	친엄마(생모)	143
blessing	축복	142
blushing	얼굴이 붉어진	152
boarding pass	탑승권	274
bold	대담한, 선명한	128
book a flight	비행기 표를 예약하다	178
bottle up one's emotions	감정을 억누르다	126
box-office hit	흥행작	195

break even	손익 분기를 맞추다	270
break the news to ~	~에게 (중요한) 소식을 전하다	319
breakthrough	혁신, 돌파구, 중대한 발견	311
breathtaking	숨 막힐 정도로 아름다운	92
breeze	산들바람, 미풍	98
brief chat	간단한 대화	70
briefly summarize	간략히 요약하다	70
bright red	밝은 빨간색(선홍색) (red 대신 다른 색 사용하여 '밝은 ~색'을 표현	131
brighten ~	~를 밝게 해 주다	51
bring ~ to an end	~를 끝내다	301
bring back fond memories	행복한 추억을 떠오르게 하다	146
bring up	(의견을) 가지고 오다	174
brings out the best in ~	~의 능력을 최대한 끌어내다	286
broad shoulders	넓은 어깨	119
broke	돈이 한 푼도 없는	216
broken home	결손 가정	144
brush up on ~	~를 복습하다, 다시 살펴보다	180
brutally honest	너무 (지나칠 정도로) 솔직한	123
bully	괴롭히는 사람	120
bumpy flight	기체가 흔들리는 비행	276
burst into tears	울음을 터뜨리다	322
business is booming	사업이 번창하고 있다	266
bustling streets	붐비는 거리	102
butcher	정육점	244

C

calm and collected	침착한	122
can't afford (to) ~	~할 형편이 안 되다	16, 186
can't seem to ~	~하려 해도 쉽지가 않다	290
can't seem to ~	~하려고 해도 안 되다	51
can't stand ~	~를 참다, 견디다	103
can't wait to + 동사	어서 빨리 ~하고 싶다	31
care package	사랑하는 사람에게 보내는 선물 또는 위로의 마음을 전하는 선물	140
carefree childhood	걱정 없는 즐거운 어린 시절	146
carry-on bag	기내용 가방	274
casual acquaintance	가볍게 알고 지내는 사람	138
catch a train	기차를 잡아 타다	102
catch one's eye	시선을 사로잡다	133
catch up	만나다	42
a catchy tune	귀에 쏙쏙 들어오는 중독성 있는 음악	199
a cause for celebration	축하할 일/이유	31
change of scenery	상황의 변화	106
cheat on an exam	시험에서 부정행위를 하다	163
check in	안부를 묻다, 잘 지내는지 확인하다	70
check into the hotel	호텔에 체크인하다	276
chemo	항암치료	72
chirp	(새가) 지저귀다	96
choice to make	할 선택	30
choppy water	거친 파도	98
clear preference	확실한 선호 (확실히 좋아하는 것)	78
clearly state	명확하게/확실하게 말하다(적혀 있다)	78
close-knit family	끈끈한 가족	142
cold feet	불안감	284
college sweethearts	대학 캠퍼스 커플	295

collide	추돌하다	306
come around	(기존의) 입장을 바꾸다	64
come close	가까이 다가가다	54
come close to ~	거의 ~할 뻔하다	176
come to a total of ~	총계가/총액이 ~가 되다	54
come to mind	떠오르다	55
common ground	공통점, 공감대	290
companion	친구, 벗	242
company	말동무	138
competitive advantage	경쟁 우위	263
competitive salary	높은 급여	218
complete failure	완전한 실패	85
completely forget	완전히 까먹다, 완전히 깜빡하다	83
complexion	피부색	128
compromise	합의, 협의점	224
computer crashes	컴퓨터가 고장나다 (다운되다)	170
computer freezes	컴퓨터가 먹통이 되다	170
computer-savvy	컴퓨터에 능숙한	170
concession stand	구내 매점	184
conduct a study	연구를 하다	166
confess	고백하다	200
confrontation	대립	124
connecting flight	환승 비행기	275
consider all one's options	모든 선택지(옵션)를 고려하다	151
constant struggle	끊임없는 힘겨움	71
constantly remind	계속해서 상기시키다 (잊지 않도록 알려주다)	70
constructive criticism	건설적인 비판	180
controversial topic	논쟁적인 주제	23
copy-editing	교정	224

corporate sellout	돈의 노예	212
correlation	상관관계	167
could (really) use	원하다, 필요하다	138, 256
couldn't agree more.	정말 그래. (너무 동의해서 이보다 더 많이 동의할 수는 없다는 느낌)	31
count on ~	~에 의지하다, ~를 믿다	294
counterclaim	반대 주장	172
cozy	포근한	72
cozy little house	아담한 작은 집	95
crack jokes	농담하다	126
crash	(컴퓨터가) 다운되다	83
crate	풀려 있는, 느슨한	96
crave ~	~를 몹시 원하다	78
create a budget	예산을 세우다	239
crush one's hopes	~의 희망을 꺾다, 짓밟다	156
cuisine	요리, 음식	200
curse	저주	188
cut back on one's hours	~의 근무 시간을 줄이다	222
cut out for ~	~에 적합한	256
cut-throat competitor	치열한 경쟁자	262
cutting board	도마	244

D

daring	과감한, 대담한	94
dark brown	어두운 갈색 (brown 대신 다른 색 사용하여 '어두운 ~색'을 표현	130
death sentence	사형 선고	308
decent looking	나름 괜찮게 생긴, 준수한 외모의	156
decor	장식	202

deep dislike	정말 싫어하는 것, 깊은 혐오	82
deeply concerned	큰 걱정이 되는	84
defeat an/one's opponent	상대를 물리치다	186
delicate subject	민감한 주제	318
deliver a speech	청중들 앞에서 연설하다, 말하다	172
demanding job	힘들고 어려운 일	215
desired result	원하는 결과	325
desperately in love	몹시 사랑에 빠진	282
desperately need	몹시 필요하다	26
detention	(방과 후) 나머지 공부	163
diagnose	진단하다	170
dismiss criticism	비판을 무시하다	271
distant	서먹한	288
distant relative	먼 친척(사돈의 팔촌)	143
distinctly remember	확실히 기억하다	27
distract	관심을 딴 데로 돌리다	48
distracting	방해하는	126
dizzy	어지러운	323
Do I know you?	저 아세요?	27
do me a favor	부탁 좀 들어줘	51
do one's best	최선을 다하다	50
Do you have a second?	시간 좀 있어?	148
Don't get ahead of yourself.	너무 앞서가지 마.	164
don't stand a chance	가능성이 없다	164
doomed to failure	실패할 운명인	270
double shift	2교대	220
down payment	계약금	238
dramatic drop	급격한 하락	106
dramatic improvements	극적인 개선	311

draw (one's) conclusions	(~의) 결론을 내다	166
drop the course	수업을 중간에 그만두다	162
due	기한이 된, 마감 기일인	116
due date	(출산) 예정일	318
dull blade	무딘 칼날	247
dysfunctional	기능을 제대로 못하는, 문제가 있는	140
dysfunctional family	문제가 있는 가족	142

E

earn a living	생계를 유지하다	218
ease the pain	고통을 완화[경감] 시키다	314
eerie vibe	으스스한 분위기	120
eight solid hours	8시간 연속	223
emotional wreck	(감정적으로) 엉망진창, 멘붕 (상태)	115
enhance one's performance	성과(경기력)를 향상시키다	187
entry-level job	신입직, 신입직 업무	210
errand	심부름, (자질구레한) 일	42
error-free	오류가 없는	229
essential	필수품	274
establish a connection	인맥을 쌓다	155
established	자리를 잡은	270
evolve	발전하다	34
exceed one's expectations	~의 기대를 넘어서다	66
excessive	지나친	181
exchange money	환전하다	277
exhibit	전시	67
expect a baby	출산 예정이다	318
expertise	전문 지식	223
extended family	대가족(친척들 포함)	140

F

face	접하다	27
fail miserably	완전히/처참하게 실패하다	66
failed marriage	실패한 결혼	295
faint sound	희미한 소리	79
fall behind	처지다	227
fall for someone	~에게 (홀딱) 빠지다, 반하다	150
fall madly in love with	미치도록 사랑에 빠지다	282
feel at home	마음이 편안하다	250
feel down	기분이 별로이다	114
feel homesick	향수병을 겪다, 집이 그립다	114
fierce competitor	막강한 경쟁자	263
figure out	해결하다, 이해하다	51
file for divorce	이혼 소송을 제기하다	294
finalize one's divorce	(법적인 소송, 재산 분배, 자녀 양육 등의) 이혼을 마무리하다	299
fire a complaint	(공식적으로) 불만 신고하다	271
firmly believe	굳게 믿다	175
first aid kit	구급상자	82
first and foremost	무엇보다도 먼저, 우선	299
fit	딱 맞는 사람	122
five-story building	5층 건물	252
follow instructions	안내/지시에 따르다	228
food drive	음식 모금 행사	59
foot traffic	유동 인구	102
for a change	기분 전환으로	35
for a while	한동안	34
for anything	무엇을 준다 해도, 절대로	190
for dear life	목숨을 걸고, 필사적으로	276
for one	먼저	19
fracture	골절되게 하다; 골절	304
free up some time	시간을 내다	223
fresh produce	신선한 농산물	247
a fresh start	새로운 시작	181
from dawn till dusk	새벽부터 저녁까지 (온종일)	222
from start to finish	처음부터 끝까지	300
fully furnished	(집이) 풀옵션인 (가구가 다 갖추어진)	235

G

gain market share	시장 점유율을 높이다	266
generous benefits	풍부한 혜택(복지)	219
gentle rolling hills	완만하고 부드러운 언덕	99
get ahead	앞서가다	224
get caught in a downpour	비를 쫄딱 맞다	83
get dehydrated	탈수되다	80
get expelled	퇴학당하다	130
get into ~	~를 (시작)하다 (여기서는 '투자하다')	27
get settled in	자리를 잡다, 적응하다	104
get started	시작하다	54
get stuck in one's head	머리에 맴돌다	199
get the word out	알리다	264
get to the point	핵심을 말하다	55
give a great performance	멋진 공연을 하다	194
give a presentation	발표하다	166
give it a shot	시도하다	54
give it one's all	최선을 다하다	187
give one's blessing	축복해 주다, 허락해 주다	286
give one's word	약속하다	294

given ~	~를 고려해 볼때	263, 291
go all the way to the top	정상까지 쭉 올라가다	94
go bankrupt	파산하다	268
go for a run	달리기하다	83
go for a walk	산책하다	36
go insane	미치다, 정신 나가다	47
go on a hike	하이킹 하다	43
go on and on	계속해서 (말)하다	47, 188
go under	망하다	268
go up for rent	임대로 내놓다	253
going-away party	송별회, 작별파티	64, 76
gourmet restaurants	고급 음식점	202
grab a quick bite	빨리 먹다	179
grade one's assignment	과제를 평가하다	163
gradually increase	점증하다	239
grand	웅장한	104
greasy hair	기름기 많은 머리 (떡이 진 머리, 지성인 머리)	118
grueling schedule	빡센 일정	162
grueling schedule	빡센 스케줄	220
gut feelings	직감	287

H

half the time 대개	그게 말이야, 내가 하고 싶은 말은 ~야	152
hand in one's notice	사직서를 제출하다	226
hand in one's work	일을 제출하다	228
harsh	가혹한, 냉혹한	268
hassle	귀찮은 일	215
a hasty decision	성급한 결정	242
haunted	귀신 들린	120

have a crush on ~	~에게 (첫눈에/홀딱) 반하다	152, 200
have a different opinion	의견을 달리하다	43
have a feeling	~한 예감이/느낌이 들다	42
have a major impact	큰 영향을 미치다	43
have a strong feeling	~일 것 같다는 느낌이 강하게 들다	85
have an affair	바람을 피우다	292
have chemistry with~	~와 케미가 잘 맞다	152
have second thoughts	다시 생각해 보다	284
head out	나가다	83
head to	~로 향하다	116
heal up on one's own	스스로 회복되다	316
healthy appetite	왕성한 식욕	203
heated argument	열띤 논쟁	290
heavy rain	폭우	91
heavy workload	버거운 업무량	226
Help yourself.	맘껏 먹어.	248
high recommendation	강력한 추천	84
highly unlikely	정말 그럴 것 같지 않은, ~할 확률이 낮은	84
high-rise building	고층 빌딩	253
hit it off	죽이 딱 맞다, 쿵짝이 잘 맞다	150, 282
hold off on ~	~를 보류하다	323
home-cooked meal	집밥	246
homeless shelter	노숙자 쉼터	59
hooked	~에 꽂힌, 푹 빠진	190
horoscope	별자리 운세	124
How dare you!	감히 네가 어떻게 (그런 말/행동을)!	184
huge relief	큰 안도	22
hunky	건장한	116

I

I can do more than tell.	말로 하는 것보다 뭔가 행동으로 보여 주려고 할 때 쓰는 표현	128
I feel you.	네 마음 이해하지.	142
I might add.	(약간 거들먹거리며) '거봐, 내가 말한 대로 됐지'의 의미로 문장을 마무리하는 느낌	128
I see.	알겠어. 그렇구나	18
I swear.	정말이야, 맹세해.	90
I'll say	(상대방 말에 동의하며) 그렇지, 동의해	196
I'm afraid I disagree.	(미안하지만) 난 생각이 좀 달라.	42
I'm telling you.	정말이야.	90
I've got this.	제가 할 수 있어요. (걱정 마세요.)	72
If only ~	~했다면 좋았을 텐데	96
if you ask me	개인적인 생각으로는	88
if you know what I mean	굳이 직접적으로 말하지 않아도 방금 말한 것에 함축된 또는 미묘한 의미가 있음을 듣는 사람에게 알리는 문구	120
immediate family	직계 가족	142
implement	시행하다	174
improvise	즉석에서 하다	83
in a crisis	위기 상황에서	123
in a hurry	급한	55
in a rush	서두르는	178
in exchange	그 대신, 답례로	28
in her defense	그녀를 옹호하자면	188
in no time	바로, 즉시	268
in plenty of time	여유 있게, 넉넉하게	36
in recent years	최근 몇 년간	34
in the distance	먼 곳에	94
in the mood for ~	~할 기분이 드는	36
industrial zone	공단 지대	100
inevitable result	불가피한 결과	324
inherit money	돈을 물려받다	238
inner-city areas	도시 중심부	108
input	의견	175
inquiry	문의	210
insect repellent	방충제	82
insecure	자신이 없는	132
integral	중요한	34
It could just be me.	나만의 생각일 수도 있어.	284
It turns out ~ 알고 보니 ~더라	시간 좀 있어?	152
It's a shame.	안타까워.	132
It's all yours.	(상황에 따라) 앉으세요, 가져가세요	116
It's not fair to ~	~하는 것은 옳지 않다	61
It's not that ~, but it just …	~한 건 아니고, …이다	26
It's up to you.	(결정은) 너한테 달려 있어.	36
itinerary	여행 일정표	275

J

jet black	완전 새까만	132
job description	직무 기술서	210
job seeker	구직자	210
join the workforce	일을 시작하다 (노동 시장에 진입하다)	211
jump to conclusions	속단하다	220
just not one's type	~의 스타일이 아닌	151
just one's luck	글렀네	37

K

keep ~ secret	~를 비밀로 하다	60
keep an eye on	계속 지켜보다, 주시하다	60

keep in mind	명심하다	61
keep in touch	연락을 계속 유지하다	61
keep pushing oneself	힘들어도 계속 밀고 나가다	18
keep to the schedule	스케줄대로 진행하다	175
keep track of	~를 계속 파악하다	58
Keep up the good work.	잘하고 있어요, 계속 이렇게 해 줘요.	90
Keep your head up!	용기 내!, 포기하지 마	216
keeper	붙잡고 싶을 만큼 매력적인 사람	299

L

lack the confidence	자신감이 부족하다	132
land a job	직장을 잡다	211
language	글	59
launch a product	제품을 출시하다	259
leading role	주인공	194
leave ~ to the last minute	~를 마지막까지 놔두다, 미루다	122
leftover	남은 음식	204
lengthy discussion	긴 논의	290
life expectancy	기대 수명	311
a lifelong fan	광팬, 열성 팬	190
light gray	밝은 회색(gray 대신 다른 색 사용하여 '연한 ~색'을 표현)	130
likely outcome	있을 법한 결과	324
lingering doubts	자꾸만 드는 의심	155
local cuisine	향토 요리, 지역 요리	202
look forward to ~	~를 고대하다(to 뒤에 명사(구)가 위치)	84
look great on ~	~에게 잘 어울리다	59
look over ~	~를 검토하다	260
look up to ~	~를 존경하다, 우러러보다	292
lookout point	전망대	107
loose	풀려 있는, 느슨한	96

lose one's patience	인내심을 잃다, 참지 못하다	126
lose one's temper	화를 확 내다	115
love at first sight	첫눈에 반한 사랑	282
low-key	조용한	320
luxury hotel	고급 호텔	277

M

mad	화난	64
main character	주인공	19
major disagreement	큰 의견 차이	290
make a breakthrough	혁신을 하다	256
make a comeback	다시 (강하게) 돌아오다	184
make a comment	(의견을) 말하다	58
make adjustments	조절하다	58
make an assumption	추정하다, 가정하다	60
make an impact	영향을 미치다[주다]	59
make an improvement	개선하다, 좋아지다	59
make ends meet	근근히 먹고 살다	318
make it	(제때) 도착하다	37
make it up to ~	~에게 보상해 주다, 만회하다	66
make progress	발전하다	18
make small talk	잡담하다	139
marinate	양념장에 재우다	246
marriage vow	결혼 서약	292
a massive hit	대박, 엄청난 흥행	199
meadow	초원	96
medical procedure	의료 시술	23
mediocre performance	평범한 성과/경기	270
meditation	명상	71
memorable	기억에 남는	194
menial job	허드렛일	214
mess up ~	~를 망치다	292

messy	엉망인, 문제투성이인	144
mid-century building	(20)세기 중반 건축물	107
migraine	편두통	315
mild flavor	순한 맛	205
minor injury	경미한 부상	306
miss out on ~	~를 놓치다 (기회, 가능성)	140
modest success	적당한 성공	267
music blaring	음악이 크게 울리는	198
musically talented	음악적으로 재능이 있는	198
must-tries	꼭 먹어 봐야 하는 것들	203
mutual friend	서로 아는 친구	138

N

nail	제대로/완벽하게 해내다	300
narrow streets	좁은 거리	95
nauseous	메스꺼운	323
navy-blue	남색	132
a new beginning	새로운 시작	299
no end in sight	끝이 보이지 않는	298
No offense!	기분 나쁘게 듣지 마!	212
No way	말도 안 돼! (놀랐을 때 종종 사용)	37
noise pollution	소음 공해	103
None taken.	신경 쓰지 말아요.	212
not entirely satisfied	썩 만족스럽지 않은	26
Not this again.	또 그런다.(같은 말을 여러 번 반복하는 이에게 하는 말)	220

O

obstructed	막힌	248
obstructed view	(부분적으로) 가려진 전망[시야]	253
occasionally	가끔	43
of your choice	직접 선택하는	36

on display	전시 중인	128
on fire	너무나 잘하는, 불이 붙어 날아다니는	186
on one's mind	신경 쓰이는	288
on sale	세일 중인	52
once and for all	최종적으로, 완전히	301
once-in-a-lifetime	평생에 한 번 있을 만한	300
one last time	마지막으로 한 번 더	229
one's living expenses	생활비	218
open an attachment	첨부 파일을 열다	171
or so	대략	94
order is restored	질서가 회복되다	325
outfit	옷	51
outgoing personality	사교적인 성격	122
outskirts of the city	도시 외곽	102
outstanding performance	뛰어난 업무 성과	266
overall	전반적인, 전체적으로	71, 72, 272
overbooked	초과 예약된	
overlooking the ocean	바다가 내려다 보이는	252
over-the-counter medication	처방전 없이 구매할 수 있는 의약품	315
overthink	지나치게 고민하다	288

P

pain reliever	진통제(= pain killer)	310
pain reliever	진통제	314
pale blue	옅은 푸른색의	133
part	배역	194
particularly memorable	특히 기억에 남는	157
pass away	돌아가시다	239
pay a compliment	칭찬하다	50
pay a visit	방문하다, 찾아 뵙다	50

pay attention	집중하다, 주의를 기울이다	51
pay off	(빚, 돈 등을) 다 갚다	236
perfect timing	딱 맞는 타이밍	22
phenomenal success	대박 성공	267
picturesque	그림같이 아름다운	92
Pisces	물고기 자리	124
pitch	프레젠테이션	291
a place of one's own	~만의 공간	30
play by the rules	규칙에 따르다	187
play gigs	공연을 하다	198
play the role of ~	~ 역을 하다	194
a pleasant experience	즐거운 경험	67
pleasantly surprised	(뜻밖에) 기분 좋게 놀란	66
plot hole	줄거리의 허점(앞뒤가 안 맞는 부분)	19
portion sizes	제공량	204
potential	잠재적인	27
prank	장난	124
precious	예쁜, 소중한	118
preferred	선호하는	112
premonition	징후, 예감	284
press release	보도자료	268
pressing	긴급한	46
prevent infection	감염을 예방하다	314
prioritize	우선순위를 정하다	27
procedure	시술	307
a promising start	순조로운/미래가 밝은 시작	229
prompt payment	신속한 지불	219
property	부동산, 건물 구내	107
pros and cons	장단점	18
prove one's point	주장을 증명하다	181
psychic	점쟁이, 심령술사	284
pup	강아지	109

put ~ in a cast	~를 깁스하다	304
put an ad	광고를 내다	268
put in a good word	(~에 대해) 좋게 말을 해 주다	212
put others first	남을 우선시하다	123
put the finishing touches on it	마지막으로 꼼꼼히 살펴보다	229

Q

quarter	분기	266
quick glance	빠르게 (휙) 봄	75

R

raise a family	가정을 꾸리다	319
raise questions	의문을 제기하다	18
rapid change	빠른 변화	74
rapidly decrease	빠르게 감소하다	74
reach a compromise	타협하다, 양보하다	19
recently remodeled	최근에 리모델링 된	250
refresh one's memory	다시 기억을 상기시키다	147
reliable	믿을 말한	61
relieve	줄이다, 경감시키다	115
relieve the pain	통증을 완화하다	306
remain undecided	망설이다, 결정을 못하다	18
remains constant	일정하게 유지하다	310
remarkable achievements	놀라운 성취/성과	23
remote work	원격 근무	43
reroute	다른 노선으로 변경하다	272
resolve	(문제를) 해결하다	210, 271
rest up	충분히 휴식을 취하다	312
reveal one's true character	본성을 드러내다	127
revise the paper	문서를 수정하다	167

revolutionize the way	방식에 혁신을 일으키다	258
rewarding job	보람 있는 일	214
ridiculously expensive	터무니없이 비싼	235
right from the start	처음부터 (쭉)	298
rival company	경쟁 회사	262
room for improvement	발전의 여지, 개선의 여지	180
roomie	룸메이트	112
round face	둥그런 얼굴	118
rumble of thunder	천둥 소리	90
run a scan	(바이러스) 스캔을 하다, 스캔을 돌리다	171
run into ~	우연히 만나다, ~에 직면하다, 부딪히다	154, 298
run out of time	시간이 얼마 없다, 시간이 부족하다	179

S

Sagittarius	궁수자리	124
scare off	겁을 주어 쫓아내다	54
scattered showers	산발적으로 내리는 비	91
scorching hot	엄청 매운/더운/뜨거운	204
see eye-to-eye	서로 의견이 일치하다, 마음이 맞다	291
sell A on B	A에게 B가 좋다고 설득하다	252
set aside money	돈을 따로 모으다	238
set me up	나에게 소개해 주다	157
set up	준비하다	208
set up a company	회사를 설립하다	259
setback	차질, 어려움	298
shaggy beard	덥수룩한 수염	118
shake	없애다(= get rid of)	315
share one's view	의견을 공유하다	174
sharp pain	날카로운 통증	307

sharp rise	급상승	90
sheer enjoyment	순수한 즐거움	283
shelter	보호소	133
sheriff	보안관	192
short layover	짧은 경유, 짧은 환승 시간	275
shortly	곧	316
short-term rental	단기 임대	234
should	~할 예정이다(will의 의미지만 좀 부드러운 느낌)	22
show one's true colors	진짜 본색을 드러내다	130
significant contribution	상당한 기여	258
significant other	연인, 짝	294
silverware	식기류	235
sing along	함께 노래를 따라 부르다	196
skim through the book	책을 대충 훑어보다	190
sleepy little town	조용한 시골 마을	109
slight disagreement	약간의 불일치	291
slow down	천천히 하다	75
slowly decline	천천히 감소하다, (체력 등이) 천천히 떨어지다	74
smooth surface	매끈한 면	246
soap opera	연속극	127
socialize with ~	~와 어울리다	19
something is up	뭔가 이상하다	288
somewhat attractive	다소 매력적인	157
a snap decision	성급한 결정	286
spacious living room	넓은 거실	251
speak highly of ~	~를 칭찬하다	264
speak one's mind	터놓고 말하다	127
special occasion	특별한 경우	123
spectacular view	(너무나 멋진) 장관	252

a speedy recovery	빠른 회복	307
split the work 50/50	일을 반반 나누어서 하다	128
spoil one's appetite	식욕을 떨어뜨리다	204
spot	자리, 장소 (명) 발견하다 (동)	37, 75
spot-on	완벽한	300
spread a rumor	소문을 내다	139
square	광장	104
stabilize	안정화되다	323
a stable home	안정된 가정	146
start from the beginning	처음부터 다시 시작하다	298
start over	처음부터 다시 시작하다	181
stay committed to ~	~에 최선을 다하다	18
stay focused	집중하다, 집중 상태를 유지하다	18
stay hydrated	수분을 충분히 섭취하다	70
stay in	(나가지 않고) 머물다	35
steady stream	꾸준한 유입	71
steep cliffs	가파른 절벽	99
step up one's game	업그레이드하다, 향상시키다	262
stick to the schedule	일정대로 진행하다	179
stiff competition	치열한 경쟁	262
stitch	(상처를 꿰맸을 때의) 바늘땀	304
strengthen one's position	입장/주장을 강화하다	175
strict deadline	반드시 지켜야 하는 마감 기간	228
strike up a conversation	말을 걸다, 대화를 시작하다	138
strongly suggest	강하게 제안하다, 강추하다	83
stunning	놀랄 정도로 멋진, 너무 아름다운	98, 104
a subtle hint of	약간의, 미묘한	205

suffer from a chronic condition	만성 질환을 앓다	310
suffer serious injuries	심각한 부상을 입다	306
superstition	미신	172
support one's claims	주장을 뒷받침하다	167
Sure thing!	당연하죠! (상대방 말에 강하게 동의, 맞장구 침)	22, 26, 82
surreal	비현실적인	299
suspicious	미심쩍은, 수상한	167

T

tactic	전술	82
take a break	휴식을 취하다	46
take a chance	위험을 무릅쓰다	91
take action	조치를 취하다, 행동을 하다	46
take care of ~	~를 돌보다, 처리하다	46
take into account	고려하다	174, 242
take off	잘나가다, 성공하다	264
take one's time	천천히 하다, 여유 있게 하다	18
Take that back.	(말한 거) 취소해.	184
take the lead	앞서다	184
talk out	솔직하게 터놓고 이야기하다	126
target audience	(광고) 타겟 대상자	191
Taurus	황소자리	124
tech-savvy	기술을 잘 알고 있는	264
tender meat	부드러운 고기	246
terminally ill	말기의	310
terrible memory	형편없는/최악의 기억력	67
terribly sorry	정말로 유감스러운, 안타까운	66
that color looks good on you	그 색깔이 너한테 잘 어울린다	131

English	Korean	Page
That doesn't make sense.	그건 말이 안 돼.	19
That's not it.	그게 다가 아니야.	272
That's too bad.	아쉽다.	88
The apple doesn't fall far from the tree.	피는 못 속인다.	118
the colors match	색깔이 잘 어울리다	132
the feelings are not mutual	서로 같은 감정이지 않다	154
the foot of a mountain	산기슭	94
the love of my life	내 삶의 사랑, 내 인생의 전부	283
the memory still haunts me	기억이 아직 날 괴롭히다	147
the pros and cons	장단점들	242
the rest of one's life	~의 남은 평생	300
the rooms are rather cramped	방들이 다소 비좁다	251
The thing is ~	그게 말이야, 내가 하고 싶은 말은 ~야	148
the time of one's life	최고의 시간	31
the wind dies down	바람이 약해지다	90
things	상황	294
think it over	(중요한 결정을 앞두고) 고민해 보다	150
throw a housewarming party	집들이하다	250
tie the game	동점이 되다	186
time-consuming tasks	시간이 많이 걸리는 일들	227
tiny little village	아주 작은 시골 마을	94
tiring journey	피곤한 여행	274
to my advantage	나에게 유리하게	187
toiletries	세면도구	72
tone-deaf	음치의	196
touch on several issues	여러 이슈들을 다루다	180
a tough choice	힘든 선택	243
towering skyscrapers	솟아오른 고층 건물	103
trailer	예고편	192
travel arrangements	여행 준비	276
travel	이동하다	96
trendy cafés	유행하는 카페들	202
trim	손질, 다듬기	58
trust one's intuition	직감을 믿다	287
turbulence	난기류	88

U

English	Korean	Page
ultrasound	초음파	316
unauthorized	승인 안 된, 승인되지 않은	35
unexpected outcome	예상치 못한 결과	324
unforgettable experience	잊을 수 없는 경험	22
unseasonably cold	계절에 맞지 않게 추운	106
up ahead	그 앞쪽에	88
upcoming	곧 있을	50
upscale neighborhood	고급 동네	234
urgent	시급한	46
urine sample	소변 샘플	316
user-friendly	사용하기 쉬운	174
utterly convinced	완전히 확신하는	322
utterly impossible	완전히 불가능한	26
utterly ridiculous	정말 바보 같은	156

V

English	Korean	Page
vague	애매모호한(= unclear)	59
vague idea	대충 알고 있는 것	79
vaguely remember	기억이 가물가물하게 나다	78
valuables	귀중품	60
venue	(행사가 일어나는) 장소	287
villain	악당, 나쁜 놈	127

visibly disappointed	딱 봐도 실망한	154
voice one's opinion	의견을 내다	174

W

a waste of time	시간 낭비	30
waves crashing	파도가 부딪히는 것	98
Way to go!	잘했어! 바로 그거야!(칭찬이나 축하할 때 많이 사용)	42
We believe in you.	우린 네가 잘할 거라고 믿어.	80
We've got you.	너한텐 우리가 있잖아.	164
weaken one's point	~의 논점을 약화시키다	174
weigh the possible outcomes	가능한 결과들을 따져 보다 (저울질하다)	243
welcome you home	네가 집에 온 것을 환영하다	109
well in advance	훨씬 전에	178
well worth seeing	정말 볼 만한 가치가 있는	195
well-paid position	보수가 괜찮은 포지션	214
well-supported	잘 뒷받침된	59
What a relief!	다행이다!	112
What do you say?	어떻게 생각해?	176
What makes you say that?	왜 그렇게 말하는데?	56
What's it like?	그건 어때?	109
What's on your mind?	뭔데 그래?	55
Why don't you ~?	~하지 그래? (권유할 때)	19
will	유언	239
win one's approval	~로부터 인정을 받다	258
win one's respect	인정을 받다, 존경을 받다	287
wind whistling	휘파람 소리가 나는 바람 (소리)	108
winding path	구불구불한 오솔길	107
wish to avoid	피하고 싶다, 안 하고 싶다	19
within commuting distance	출퇴근 가능 거리에 있는	215
without one's knowledge	모르는 사이에	34
work overtime	시간 외로 일하다, 초과 근무하다	222
worried sick	걱정이 돼서 죽을 것 같은	114

Y

Yellow Page	업종별 전화번호부 또는 업체 목록 홈페이지	268
You might want to ~	~하는 게 어때? (부드러운 제안)	75
You're not alone.	너만 그런 거 아니야.	220
You're one to talk.	사돈 남 말하네. (= 네가 말할 자격이 있는 것 같진 않은데	216
Your secret is safe with me.	나한테 말하면 안전해. (누구에게도 비밀이 안 새어 나가.)	60

Z

zodiac sign	별자리	124